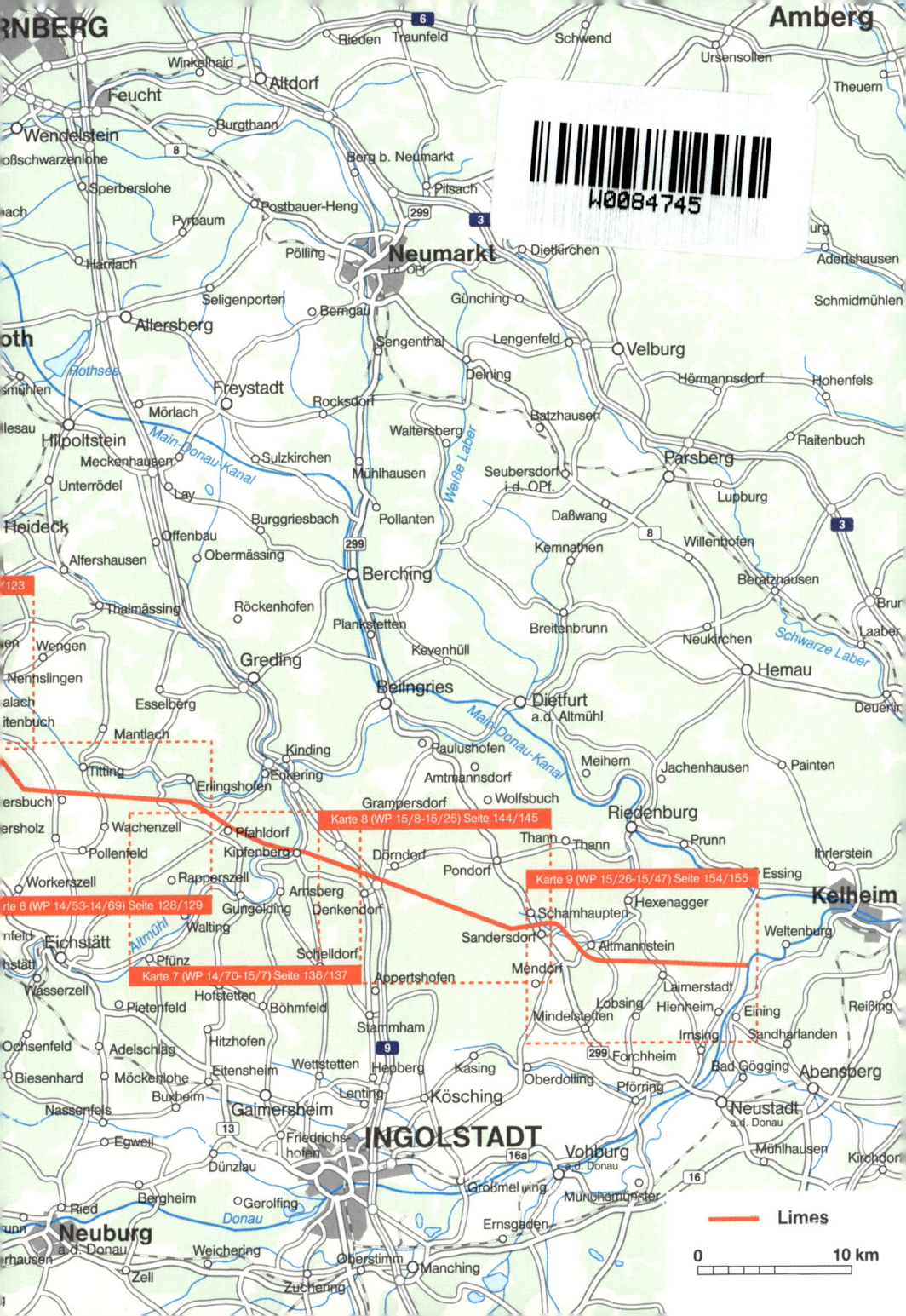

RNBERG

Amberg

Rieden Traunfeld Schwend Ursensollen Theuern

Winkelhaid Altdorf

Feucht Burgthann

Wendelstein

oßschwarzenlohe Berg b. Neumarkt Aderlshausen

Sperberslohe Pitsach urg

Pyrbaum Postbauer-Heng Schmidmühlen

ach

Harlach Pölling **Neumarkt** Dietkirchen
i.d. OPf.

Seligenporten Berngau Günching

Allersberg Sengenthal Lengenfeld **Velburg**

oth Deining Hörmannsdorf Hohenfels

Rothsee **Freystadt** Rocksdorf Batzhausen

smühlen Mörlach Waltersberg Raitenbuch

llesau Main Donau-Kanal Weiße Laber Seubersdorf **Parsberg**

Hilpoltstein Sulzkirchen i.d. OPf.

Meckenhausen Mühlhausen Daßwang Lupburg

Unterrödel Lay Pollanten Kemnathen 8 Willenhofen 3

Heideck Offenbau Burggriesbach Berching Beratzhausen

Alfershausen Obermässing Brur

123 Thalmässing Röckenhofen Plankstetten Breitenbrunn Neukirchen Laaber

en Wengen Kevenhüll Schwarze Laber

Nennslingen Greding **Beilngries** **Hemau** Deuer

alach Esselberg **Dietfurt** Meihern Jachenhausen Painten
itenbuch Mantlach a.d. Altmühl

Kinding Paulushofen Amtmannsdorf **Riedenburg**

ersbuch Titting Erlingshofen Enkering Grampersdorf Wolfsbuch Prunn Ihrlerstein

ersholz Wachenzell Pfahldorf Karte 8 (WP 15/8-15/25) Seite 144/145 Thann Thann Essing **Kelheim**

Pollenfeld Kipfenberg Dörndorf Pondorf Karte 9 (WP 15/26-15/47) Seite 154/155

Workerszell Rapperszell Arnsberg Hexenagger Weltenburg

rte 6 (WP 14/53-14/69) Seite 128/129 Gungolding Denkendorf Schamhaupten

nfeld **Eichstätt** Walting Altmannstein

hstätt Pfünz Sandersdorf

Wasserzell Schelldorf Mendorf Laimerstadt Reißing

Karte 7 (WP 14/70-15/7) Seite 136/137 Lobsing Hienheim Eining Sandharlanden

Pietenfeld Appertshofen Mindelstetten Irsing

Ochsenfeld Hofstetten Böhmfeld Oberdolling Forchheim Bad Gögging **Abensberg**

Biesenhard Adelschlag Hitzhofen Wettstetten Hepberg Kasing Pförring

Nassenfels Möckenlohe Buxheim 9 Neustadt
a.d. Donau

Egweil Eitensheim Lenting **Kösching** Vohburg Mühlhausen Kirchdor

Gaimersheim 13 a.d. Donau Kirchdor

Friedrichs- **INGOLSTADT** 16a 16

Ried Bergheim hofen Großmehring

Neubug Dünzlau Gerolfing Münchsmünster

rn a.d. Donau Weichering Ernsgaden

hausen Zell Oberstimm Manching Zuchering

Donau

━━━ **Limes**

0   10 km

DER RÖMISCHE LIMES
IN BAYERN

Thomas Fischer
Erika Riedmeier-Fischer

DER RÖMISCHE LIMES IN BAYERN

Geschichte und Schauplätze entlang des UNESCO-Welterbes

Herausgegeben vom
Bayerischen Landesamt für Denkmalpflege

Verlag Friedrich Pustet
Regensburg

Legende für die Detailkarten:

— Limes
☐ vermutete Wachtposten
◪ ergrabene, aber heute nicht mehr sichtbare Wachtposten
■ ausgegrabene und sichtbare Wachtposten
■ Kleinkastell
☐ Kastell

0 ⸺ 1 km   Maßstab der Detailkarten

UMSCHLAGMOTIVE
Kleine Abbildungen von links nach rechts:
Gesichtsmaske eines Paradehelms aus Eining: Foto M. Eberlein
Reiterhelm aus Theilenhofen: Foto M. Eberlein
Hadrianssäule bei Hienheim: Foto Th. Fischer
Rekonstruierter Holzwachturm 14/48 bei Burgsalach: Foto E. Riedmeier-Fischer
Römerfigur im Museum Quintana, Künzing: Foto Th. Fischer
Silbermünzen aus dem Münzschatz von Kirchmatting: Foto M. Eberlein
Das römische Bayern um 200 n. Chr.: Nach Fischer 2002 (Vorspann)
Epitaph des Johannes Turmair in St. Emmeram, Regensburg: Foto Th. Fischer
Hauptmotiv:
Rekonstruiertes Nordtor Kastell Weißenburg: Stadt Weißenburg, Foto R. Renner
Karte Vorsatz:
© Stefan Krabichler, Schernfeld
Karten im Innenteil:
Kartengrundlage: DTK50 (Maßstab 1:50.000) © Landesamt für Vermessung und Geoinformation Bayern, Nr. 5196/07; Bearbeitung nach Vorgaben des Autors: Stefan Krabichler, Schernfeld

Bibliografische Information der Deutschen Nationalbibliothek

Die Deutsche Nationalbibliothek verzeichnet diese Publikation in der Deutschen Nationalbibliografie; detaillierte bibliografische Angaben sind im Internet über http://dnb.d-nb.de abrufbar.

www.pustet.de
ISBN 978-3-7917-2120-0
© 2008 by Verlag Friedrich Pustet, Regensburg
Satz, Layout und Umschlaggestaltung: Heike Jörss, Regensburg
Druck und Bindung: Friedrich Pustet, Regensburg
Printed in Germany 2008

INHALT

Teil III
Streckenbeschreibung des raetischen Limes in Bayern 78

Teil IV
Ausgewählte sonstige römische Militärplätze
in Bayern von A–Z 163

Anhang

Vorwort
DES HERAUSGEBERS

1972 hat die UNESCO die Konvention zum Schutz des Erbes der Menschheit ver-abschiedet. Seit Inkrafttreten dieser Konvention führt sie eine Liste des Welterbes, welche fortwährend ergänzt, in seltenen Fällen auch gekürzt wird. Im Jahre 2007 umfasste die Liste des Welterbes 830 Objekte in 138 Ländern, davon 650 Kultur-denkmäler und 160 Naturdenkmäler.

Als erstes Objekt in Bayern wurde 1981 die Würzburger Residenz in die Welter-be-Liste aufgenommen. 1720–1744 nach Plänen des fürstbischöflichen Hofbau-meisters Balthasar Neumann erbaut, gehört sie zu den einheitlichsten und außer-gewöhnlichsten aller barocken Schlossanlagen. Zusammen mit erheblichen Teilen der Stadt Würzburg war die Residenz in den letzten Tagen des Zweiten Weltkrieges fast völlig zerstört worden; ihr Wiederaufbau dauerte nahezu 40 Jahre. 1981 stellte die UNESCO zur Würzburger Residenz fest: *Sie ist einzigartig durch ihre Originali-tät, ihr ehrgeiziges Bauprogramm und die internationale Zusammensetzung des Bau-büros.* 1983 folgte die Aufnahme der Wallfahrtskirche zum Gegeißelten Heiland auf der Wies, kurz Wieskirche genannt. Sie entstand in den Jahren 1745 bis 1754 und gilt als ein Höhepunkt des Rokoko. In der Klassifizierung dieser beiden Bauwerke zeigt sich schon, dass bei der Eintragung in die Welterbeliste auch Zeitströmungen, zeitgebundene Interessen und Bewertungen eine Rolle spielen. Das Interesse dieser Jahre galt eben den künstlerisch bedeutenden Einzelmonumenten, sogar wenn es sich, wie im Fall der Würzburger Residenz, in wesentlichen Teilen um Rekonstruk-tionsleistungen handelte.

Zehn Jahre später richtete sich der Blick weg vom künstlerisch bedeutsamen Einzel-monument auf ein Denkmalgeflecht, auf ein Ensemble: Die Altstadt von Bamberg wird wegen ihrer Modellhaftigkeit seit 1993 auf der Welterbeliste geführt. Da sie von den Bombardements des Zweiten Weltkrieges verschont blieb, ist ihre gesamte Entwicklung an den baulichen Zeugnissen und der Topografie ablesbar. Über 1000 Gebäude stehen als Einzeldenkmäler unter Schutz. Die Bamberger Altstadt, so be-gründete die UNESCO ihre Entscheidung, repräsentiere in einzigartiger Weise die europäische Stadt, sei geprägt durch die monumentalen Bauten aus dem 11.–18. Jahrhundert, einer Synthese mittelalterlicher Kirchen, barocker Palais und Bürger-häuser. Die Baukunst Bambergs habe über Mitteldeutschland bis nach Ungarn ge-wirkt und zeige enge Verbindungen zu Böhmen. Damit war der für die UNESCO-

Qualifikation bedeutende internationale Aspekt angesprochen. Am 13. Juli 2007 erhielt, nach jahrelangen Bemühungen, die Altstadt von Regensburg mit Stadtamhof das Welterbeprädikat. Dies ist dem reichen baulichen und historischen Erbe dieser Stadt zu verdanken und den großen, nicht selten kämpferischen Anstrengungen der städtischen und staatlichen Denkmalpflege seit etwa 1970. Das als Welterbe ausgewiesene Gebiet umfasst exakt die Grenzen, welche auch für das in die Denkmalliste eingetragene Ensemble *Altstadt Regensburg und Stadtamhof* gelten. Auch der Name des Welterbegebietes ist identisch mit demjenigen des Ensembles. Diese Übereinstimmung in Umrisslinien und Namensgebung ist nicht zufällig, sondern beschreibt in beiden Fällen die Kontinuität einer fast 1800-jährigen Stadtentwicklung von den römischen Anfängen bis zum Ende des Heiligen Römischen Reiches Deutscher Nation.

Schon ein Jahr vor der Altstadt von Regensburg war am 15. Juni 2005 der Obergermanisch-Raetische Limes eine dieser international klassifizierten Stätten geworden. Zusammen mit dem Hadrianswall in Großbritannien steht der Limes als Teil des erweiterbaren, die ganze klassische Welt umspannenden Welterbes *Frontiers of the Roman Empire* auf einer Bedeutungsebene mit den Pyramiden von Gizeh, dem Tadsch Mahal und der Großen Mauer in China. Mit über 50 km am Main in der römischen Provinz Obergermanien und 110 km in Raetien zwischen der Grenze zu Baden-Württemberg bei Mönchsroth und Eining an der Donau hat Bayern einen erheblichen Anteil an diesem Denkmal.

Im Welterbe *Grenzen des römischen Reiches – Limes* war der Blick auch auf die Bodendenkmäler gerichtet, die, dem papierenen Schutz und den Lippenbekenntnissen zum Hohn, extrem gefährdet sind. Der Blick galt auch den Werten der Kulturlandschaft, in welche das Welterbe Limes eingebettet ist. Auszeichnungen verpflichten. Der Welterbe-Status bietet große Chancen, Schutzgüter der Naturlandschaft, der Kulturlandschaft und der Denkmallandschaft im Verbund zu betrachten, zu bewerten, zu pflegen und zu erhalten. Tourismus und Freizeitgestaltung erhalten Impulse, welterbebezogene Bauleitplanung ist gefordert.

Im Managementplan des Welterbeantrags, im Limesentwicklungsplan Bayern (LiEP 2006) sowie im Bayerischen Denkmalschutzgesetz sind die Grundzüge der Behandlung des Denkmals und Welterbeobjekts Limes festgelegt. Dabei spielen Schutz und Erhalt, Erschließung, Präsentation und wissenschaftliche Erforschung zentrale Rollen. Mit einem eigenen Limeskoordinator im Bayerischen Landesamt für Denkmalpflege und finanziellen Sondermitteln unterstützt der Bayerische Landtag die betroffenen Eigentümer, Kommunen, Landkreise, Bezirke und Vereine, um die erwähnten Ziele besser verwirklichen zu können. Mittlerweile sind z. B. in Weißenburg mit dem Limes-Infocenter, in Kipfenberg mit dem Limes-Infopoint, in Altmannstein mit einer speziellen Limesinformation, am Hesselberg mit dem Römerpark und Römerkastell Ruffenhofen wichtige Etappenziele erreicht; Projekte in Obernburg, Wörth am Main, Gunzenhausen, Eining und vielen anderen Orten entlang der Limesstrecke sind in Vorbereitung.

Gerade auch für die Gemeinden und Menschen am Limes wie für ihre Besucher sind alle Schritte wichtig, die ihnen das Denkmal erschließen, erfahren und verstehen helfen. Nicht unerheblich ist nämlich die touristische Bedeutung, die das Welterbe Limes besitzt. Die kontinuierliche Auszeichnung und Pflege eines Limeswanderwegs möglichst nah am Denkmal als Ergänzung zu der vom Verein Deutsche Limesstraße e. V. markierten und beworbenen Deutschen Limesstraße und dem Limesradweg, die Erläuterung einzelner Elemente des Welterbes vor Ort durch Informationstafeln in einem einheitlichen Design, vor allem auch die Unterstützung von Limesführern werden aktiv betrieben, z. T. mit Unterstützung des Bezirks Mittelfranken und lokaler Initiativen. Im Frühjahr 2008 werden die offiziellen Karten des UNESCO-Welterbes Limes komplett sein und mit ihrer allgemeinverständlichen und -zugänglichen Kartierung ein leichtes „Erlaufen, Erradeln und Abfahren" des Limes möglich machen.

Ich bin außerordentlich dankbar, dass es nun Prof. Dr. Thomas Fischer und Frau Dr. Erika Riedmeier-Fischer mit dem vorliegenden Limesführer gelungen ist, die in Bayern liegenden Teile des Welterbes vor dem Hintergrund der provinzialrömischen Geschichte in kurzer, aber vollständiger, allgemeinverständlicher Form zu erläutern. Die beiden Autoren haben sich seit Jahrzehnten beruflich und privat mit dem Limes beschäftigt und gehören zu seinen besten Kennern.

Ich freue mich ganz persönlich, dass ich zu diesem Buch ein Vorwort beisteuern kann. Gemeinsame Regensburger Zeiten vor über 30 Jahren verbinden mich mit Thomas Fischer und Erika Riedmeier-Fischer. Damals war die Debatte um die Herkunft und Stammesbildung der Bayern wieder einmal im vollen Gange.[1] Thomas Fischer trat mit archäologischen Argumenten für die Herkunft aus Böhmen und für eine frühe Stammesbildung im Raum Regensburg ein;[2] mein Lehrer Andreas Kraus hingegen mochte dieser These überhaupt nicht folgen. Dem freundlichen Verhältnis zwischen Thomas Fischer und mir tat dies keinen Abbruch. Es schmälert auch heute meine Freude als Herausgeber des Limesbuches in keiner Weise, wenn der Autor bei seiner alten Böhmenthese bleibt (S. 46ff.). Aber immer noch halte ich dagegen, dass die bayerisch/böhmischen schwarzen Keramikscherben für meinen

Geschmack ein bisschen dünn gesät, und dass für das Bajuwarenproblem mehrere, auch neue Lösungsansätze auf dem wissenschaftlichen Markt sind.[3]

Ich bin sicher, dass das Limesbuch zu einem wichtigen Begleiter aller Menschen wird, die sich für den Limes interessieren, ganz gleich, ob sie als Limes-Anrainer den Limes gelegentlich auf dem Sonntagsspaziergang besuchen, ob sie als Lehrer Schüler führen, als Wanderer oder Radfahrer sich auf die Strecke einlassen und den Limes in großen Abschnitten oder gar insgesamt erleben oder ob sie als Autofahrer einzelne Orte ansteuern. Limeskarte und Limesführer werden zum sich gegenseitig unterstützenden Hilfsmittel beim Limesbesuch. Als besondere Zugabe bietet der Führer auch Hinweise und kurze Erläuterungen des Donaulimes von Aislingen bis Passau und vieler sichtbarer römischer Denkmäler im Hinterland. Leider blieben die Bemühungen des Jahres 2006, das Welterbe Limes nach Osten um die Strecke des Donaulimes zu erweitern, im Ansatz stecken, nicht zuletzt wegen des geplanten massiven und denkmalabträglichen Ausbaus der Donau zwischen Straubing und Vilshofen.

Ich hoffe, dass mit dem Verständnis des Limes als antiker und moderner Grenze, als Element unserer Kulturlandschaft, aber auch als Völker verbindendes System, die Einsicht wächst, dass es wert ist, den Limes zu schützen und zu erhalten. Ich hoffe, dass dies möglich wird, nicht nur weil der Limes das Etikett „Welterbe" trägt und damit Touristen anzieht, sondern weil er als Teil unseres einzigartigen archäologischen Erbes zusammen mit den anderen Bodendenkmälern Bayerns unersetzliche Quelle für unsere Vergangenheit ist.

Prof. Dr. Egon Johannes Greipl
Generalkonservator
Bayerisches Landesamt für Denkmalpflege

[1]Kurt Reindel, Professor an der Universität Regensburg, hat die Positionen damals zusammengefasst: Die Herkunft der Bayern, in: Max Spindler (Hrsg.), Handbuch der Bayerischen Geschichte Bd. 1, 2. Auflage, München 1981, 101–116.
[2]Fischer,Thomas, Geisler, Hans, Herkunft und Stammesbildung der Baiern aus archäologischer Sicht, in: Die Bajuwaren. Von Severin bis Tassilo 488-788, Salzburg 21988, S. 61–68; Fischer, Thomas, Rieckhoff-Pauli, Sabine, Von den Römern zu den Bajuwaren, München 1982 (Bavaria antiqua 19); Fischer, Thomas, Römer und Bajuwaren an der Donau. Bilder zur Frühgeschichte Ostbayerns, Regensburg 1988.
[3]Arno Rettner, Baiuaria Romana. Neues zu den Anfängen Bayerns aus archäologischer und namenkundlicher Sicht, in: Gabriele Graenert, Reto Marti, Andreas Motschi, Renata Windler (Hrsg.), Hüben und drüben. Räume und Grenzen in der Archäologie des Frühmittelalters. Festschrift für Max Martin zum 65. Geburtstag, Basel 2004, S. 255–286, bes. S. 269–278; Gesellschaft für Archäologie in Bayern in Verbindung mit dem Bayerischen Landesamt für Denkmalpflege (Hrsg.), Archäologie in Bayern. Fenster zur Vergangenheit, Regensburg 2006, bes. S. 241 und 251.

Vorwort
DER AUTOREN

Unsere gemeinsame intensivere Beschäftigung mit dem Limes in Bayern geht bis auf das Jahr 1980 zurück, als wir noch in Regensburg wohnten. Damals beschlossen wir (ohne größere wissenschaftliche Nebenabsichten) im Urlaub den bayerischen Anteil des raetischen Limes von Wilburgstetten bis Hienheim zu Fuß abzuwandern. Kaum zurückgekehrt, kam ein Schreiben des damaligen bayerischen Landesarchäologen Dr. Rainer Christlein. Er schlug vor, in Anbetracht des Internationalen Limeskongresses, der für das Jahr 1983 in Aalen geplant war, einen bayerischen Limesführer zu verfassen. Zusammen mit Prof. Dr. Günter Ulbert wurde diese Anregung aufgegriffen und verwirklicht (Ulbert/Fischer 1983). Das Buch wurde dann auf besagtem Kongress an die Teilnehmer verteilt. Der Initiator des Ganzen, Rainer Christlein, sollte aber das Erscheinen des Führers nicht mehr erleben, das Werk wurde seinem Andenken gewidmet. Wenige Jahre später war das Buch vergriffen und wurde nicht ersetzt.

Der Entschluss, diesen hier vorliegenden neu konzipierten Führer zu verfassen, geht auf einen privaten Urlaubsaufenthalt 2006 in der Region Eichstätt zurück: Bei einem Besuch diverser Museen im Raum Weißenburg-Böhming und der Sichtung der dortigen Museumsshops fiel uns auf, dass es keinen adäquaten Ersatz für den längst vergriffenen bayerischen Limesführer von 1983 gab. Auf der anderen Seite war deutlich zu verspüren, dass das Interesse am Limes in Bayern nicht nachgelassen hatte – im Gegenteil! Nicht zuletzt die Ernennung des Denkmalensembles zum Welterbe durch die UNESCO im Jahre 2005 hat offenbar immer mehr Menschen bewegt, die Zeugnisse der römischen Grenzsicherung in Bayern direkt im Gelände oder in den diversen, zum Teil neu eingerichteten Museen, aufzusuchen. So kam es zu der spontanen Idee, das vorliegende Buch gemeinsam zu schreiben.

Schon bei den ersten Überlegungen zur Konzeption des neuen Führers haben wir beschlossen, gegenüber dem Limesführer von 1983 einige grundlegenden Änderungen vorzunehmen. Damals stand ja nur der raetische Limes bis zur Donau bei Hienheim im Mittelpunkt des Interesses. Diese Einschränkung ermöglichte eine geschlossene und im wahrsten Sinne des Wortes geradlinige Konzeption des Buches.

Andererseits bedeutete diese Beschränkung auf die mittelkaiserzeitliche Landgrenze in Raetien aber auch, dass dabei nur ein zeitlicher und räumlicher Ausschnitt der römischen Limites und militärisch gesicherten Flussgrenzen vom 1. bis zum 5. Jahrhundert n. Chr. berücksichtigt wurde, deren Spuren auf bayerischem Boden zu finden sind. So wurde zum Beispiel die ostraetisch-norische Donaugrenze in Bayern damals völlig ausgeklammert, ebenso der bayerische Anteil am obergermanischen Mainlimes in Unterfranken. Ausgeklammert wurden auch die früheren Stadien der römischen Grenzverteidigung im 1. Jahrhundert n. Chr. vor dem Überschreiten der Donau und der Besetzung des raetischen Limesgebietes sowie der spätrömische Donau-Iller-Rhein-Limes des 4. und 5. Jahrhunderts n. Chr.

All diese Themen sind nun im vorliegenden Buch mit eingebunden, auch auf die Gefahr hin, dass etwa der bayerische Abschnitt am obergermanischen Mainlimes in Unterfranken als willkürlicher Ausschnitt aus einer wesentlich größeren Einheit etwas isoliert wirkt. Aber wir sind der Meinung, dass ein Werk mit dem Titel „Der römische Limes in Bayern" auch einen Anspruch auf eine möglichst vollständige Abhandlung des Themas rechtfertigt. Allerdings geht die Vollständigkeit nicht so weit, dass *jeder* ehemals vom römischen Militär besetzte Ort in Bayern in Teil IV detailliert dargestellt werden soll: Hier sind – zusätzlich zu den Kastellen am raetischen Limes – vor allem Orte berücksichtigt, an denen heute noch etwas zu sehen ist. Dies kann sich auf die besonders bemerkenswerte topografische Lage, auf gute Erhaltung und Restaurierung oder auf ein Museum am Ort beziehen. Alleine schon um das Buch als Führer für unterwegs nicht zu unhandlich zu machen, war hier eine (zweifellos subjektive!) Auswahl geboten.

Die Angaben zum raetischen Limes wurden auf einer Begehung im Juli/August 2007 aktualisiert. Dabei hat sich deutlich gezeigt, dass in jüngster Zeit am Limes in Bayern einige positive Veränderungen eingetreten sind: Die Ernennung des obergermanisch-raetischen Limes zum Welterbe der UNESCO hat eine beeindruckende Aufbruchstimmung erzeugt. Innerhalb weniger Jahre kamen mehrere Initiativen zum Tragen, den Limes für die interessierte Bevölkerung erfahrbar zu machen, etwa durch den Römerpark Ruffenhofen oder durch das Limes Info-Center der Stadt Weißenburg. So kann man, wenn dieser Trend anhalten sollte, durchaus optimistisch in die Zukunft blicken. Das bedeutet, dass schon bald wesentlich mehr Ausschilderungen von Wanderwegen, Hinweisschilder an Türmen, Kastellen und sonstigen besonderen Stellen, Museen und Rekonstruktionen, als diejenigen, die hier in diesem Führer noch beschrieben werden, dem Wanderer den Limes in Bayern besser erläutern und näherbringen werden.

Besonders freuen wir uns, dass das Bayerische Landesamt für Denkmalpflege, vertreten durch den Generalkonservator Prof. Dr. Egon J. Greipl und den Abteilungsleiter für Bodendenkmalpflege Herrn Dr. C. Sebastian Sommer, von Anfang an unser Vorhaben gefördert hat. Für Hinweise, Diskussion, Abbildungsvorlagen und sonstige freundliche Unterstützung danken wir auch Richard Ambs, Prof. Dr. Helmut Bender, Dr. Wolfgang Czysz, Dr. Andrea Faber, Dr. Claus-Michael Hüssen, Prof. Dr. Michael Mackensen, Dr. Jürgen Obmann, Dr. Salvatore Ortisi, Dr. Johannes Prammer, Dr. Karl-Heinz Rieder, Prof. Dr. Egon Schallmayer, Dr. Karl Schmotz und Edgar Weinlich M. A. Für Fotos danken wir besonders Heinz Sperling (Köln), für technische Hilfe Philipp Groß M. A. und Amira Smadi M. A. (beide Archäologisches Institut der Universität zu Köln).

Besonders herzlich möchten wir den studentischen Teilnehmern der Exkursion des archäologischen Instituts der Universität zu Köln am raetischen Limes im Juli/ August 2007 danken, die das fertige Manuskript des Führerteils im Gelände praktisch erproben halfen und mit ihren Referaten und kritischen Fragen in der vorbereitenden Übung und vor Ort das Projekt förderten. Dank schulden wir auch unserer Tochter Veronika für ihre Hilfe beim Korrekturlesen. Und schließlich danken wir dem Verlag für die gute Zusammenarbeit, insbesondere der Lektorin Heidi Krinner-Jancsik, dann Evelyn Meyer, die sich um die Bildbeschaffung kümmerte, und Sabine Karlstetter, die die Herstellung des Buches betreute.

Prof. Dr. Thomas Fischer
Dr. Erika Riedmeier-Fischer

Teil I
GESCHICHTE DER RÖMISCHEN
MILITÄRGRENZEN IN BAYERN

Die Begriffe „Limes" und „Ripa"

Eine militärisch gesicherte Grenze der römischen Kaiserzeit wird in der modernen Forschung, ebenso wie schon in der Antike, als Limes bezeichnet. Das lateinische Wort *limes* hatte diese spezielle Bedeutung nicht von Anfang an. Es stammt ursprünglich aus der Fachsprache römischer Landvermesser, in der *limes* nur einen Weg, der die Grenze zwischen zwei Grundstücken oder Vermessungssystemen bildete, bezeichnete. Daraus entwickelte sich dann im Verlauf des 1. Jahrhunderts n. Chr. eine etwas andere Bedeutung, nämlich die Bezeichnung für die militärisch kontrollierte Grenze des römischen Reiches der Kaiserzeit.

Der Begriff *limes* beinhaltet die eigentliche Grenzmarkierung durch eine künstlich errichtete Sperranlage, zum Beispiel eine Palisade, eine Mauer oder Erdwälle und Gräben. Dazu kommt ein System von grenzbegleitenden Militärstraßen, ein Signalsystem aus auf Sichtweite errichteten Türmen sowie ein Netz aus größeren und kleineren Kas-tellen, die, mit Straßen verbunden, zum Kontroll- und Verteidigungssystem des Limes gehören. Weiter im Hinterland des obergermanischen Limes lagen in Straßburg und Mainz die großen Festungen der römischen Elitetruppen, die Legionslager. Diese hatten im Notfall auch die Grenzen der Provinz Raetien mit zu sichern, wo es vor 179 n. Chr. kein Legionslager gab.

Ersetzte ein Fluss die künstlichen Grenzmarkierungen, so wurde für solche Grenzabschnitte in der Antike das Wort *ripa* (ursprünglich „Ufer") in gleicher Bedeutung wie *limes* verwendet. Auch hier finden sich Straßen, größere und kleinere Kastelle sowie Wachtürme, die Legionslager liegen zumeist direkt an die Flussgrenzen vorgezogen. Bei den Flussgrenzen greift die moderne Forschung nicht immer auf die antike Begrifflichkeit zurück: Man kann gelegentlich auch vom Rhein-, Donau- oder Euphratlimes lesen.

All diese *limites* und *ripae* sollten kein starres militärisches Verteidigungs- und Festungssystem darstellen, an dem sich

– gleich modernen Festungsgürteln – die Angriffswellen größerer Truppenkonzentrationen brechen sollten. Vielmehr dienten sie dazu, den Grenzverkehr zu kontrollieren und – damit verbunden – Zölle zu erheben. Auch hatten die *limites* das Eindringen kleinerer Räuberbanden zu vereiteln und als Signalsystem umfangreichere Invasionen auszumachen und zu lokalisieren. Solche größeren Attacken von außen mussten dann im Bewegungskrieg durch Heere bekämpft werden, die aus dem Inneren der Provinz oder gar von anderen Grenzabschnitten herangeführt wurden. Dabei handelte es sich vor allem um die in den Legionslagern entlang der Grenzen stationierten Eliteeinheiten der römischen Armee, die Legionen.

Während der fast 500-jährigen Römerzeit in Bayern gab es mehrere Varianten von militärischer Kontrolle, von denen der Land-Limes nur eine war. In der Frühzeit ab 15 v. Chr. hatte man das neu eroberte Gebiet flächig ohne Grenzlinie besetzt, bald schon wurde dann – wie auch im letzten Abschnitt der römischen Geschichte des Landes – eine militärisch kontrollierte Flussgrenze *(ripa)* an der Donau etabliert. Die größte territoriale Ausdehnung des römischen Bayern aber sicherte eine Landgrenze, der obergermanisch-raetische Limes, vom späten 1. bis zum mittleren 3. Jahrhundert n. Chr.

Politische Gliederung Bayerns zur Römerzeit

Das Gebiet des heutigen Freistaates Bayern hatte in der Römerzeit (15 v. Chr.– Mitte 5. Jh. n. Chr.) Anteil an drei Provinzen mit militärisch gesicherten West- und Nordgrenzen, nämlich Obergermanien *(Germania Superior)*, Raetien *(Raetia)* und Noricum **(Abb. 1)**. Einheiten der römischen Berufsarmee sicherten diese Grenzen gegen germanische Stämme. Im Verlauf der mehr als 400-jährigen römischen Geschichte dieser Gebiete hatte man Legionen und Hilfstruppen in nur vorübergehend belegten oder festen Garnisonsorten und an wechselnden Grenzlinien bzw. in deren Hinterland stationiert. Sie nahmen hier an der Nordgrenze des römischen Reiches eine wichtige Funktion wahr, nämlich den Schutz Italiens und der Reichshauptstadt Rom gegen die Germanen. Bis zum Ende der römischen Herrschaft nördlich der Alpen um die Mitte des 5. Jahrhunderts n. Chr. ist dies den Römern trotz aller dramatischen Rückschläge immer wieder gelungen. Nordbayern nördlich des Limes bildete einen Ausschnitt aus der *Germania Magna*, des von den Römern nicht besetzten germanischen Siedlungsgebietes.

Die römischen Provinzen Obergermanien und Noricum sind auf dem heute bayerischen Gebiet nur in kleinen Ausschnitten im äußersten Westen und Osten vertreten. Dagegen nahm das

Abb. 1: Das römische Bayern und sein Umfeld um 200 n. Chr.: Die Provinzen Obergermanien *(Germania Superior)* im Westen, Raetien *(Raetia)* im Zentrum und Noricum *(Noricum)* im Osten sowie das germanische Siedlungsgebiet *(Germania Magna)* im Norden. Im Süden liegt Italien *(Italia)*. Nach Fischer 2002 (Vorspann).

Territorium der Provinz Raetien einen großen Teil des heutigen Bayern ein. Dies macht eine halbwegs ausgewogene Darstellung der römischen Geschichte Bayerns nicht einfacher. Um das etwas zu kompensieren, muss bei der nun folgenden Beschreibung der Geschichte der römischen Fluss- und Landgrenzen in Bayern immer wieder auf Orte und Regionen außerhalb Bezug genommen werden. Vor allem bei der Behandlung des raetischen Limes kommt man um eine kurze Darstellung der Geschichte des in seinem Verlauf wesentlich dynamischeren obergermanischen Limes nicht herum, wenn man die Ent-

wicklung zumindest seines westlichen Endes richtig verstehen will.

Die Provinz Raetien

Wie schon erwähnt, befand sich auf dem Gebiet des heutigen Freistaates Bayern der größte Teil der römischen Provinz Raetien. Dieses Gebiet, das durch den Alpenfeldzug von 15 v. Chr. durch Rom besetzt und wohl schon unter Tiberius (14–37) als römische Provinz Raetia organisiert wurde, umfasste rund 80 000 km². Außer dem bayerischen und württembergischen Teil im Norden

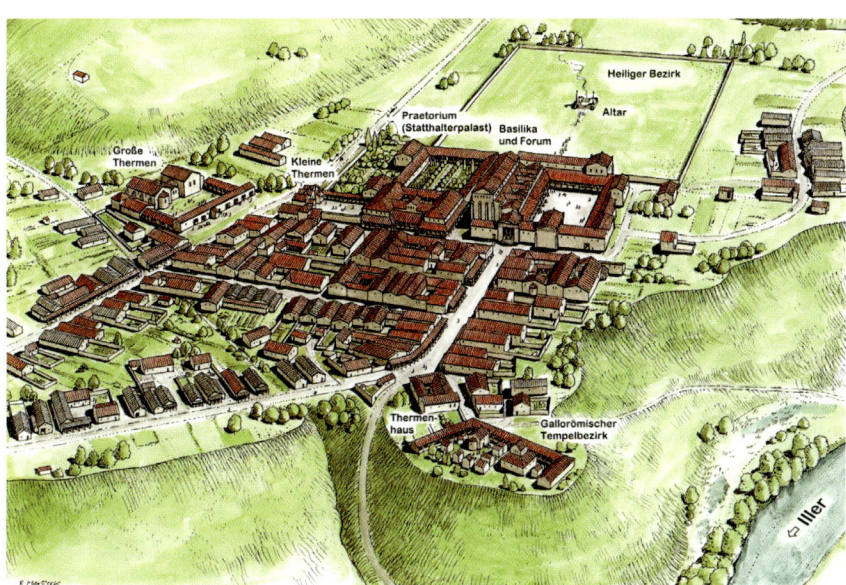

Abb. 2: Rekonstruktionsversuch des zentralen Bereichs von Kempten/*Cambodunum* am Ende des 1. Jhs. n. Chr. Nach Weber 2000 Abb. 78.

gehörten dazu die Südostschweiz, Vorarlberg und Teile Tirols (einschließlich Südtirols) und große Bereiche der Zentralalpen. Der größte Teil Raetiens aber lag im heutigen Freistaat Bayern, und zwar im nördlichen Alpenbereich, dem nördlichen Alpenvorland zwischen Bodensee, Donau und Inn bzw. dem raetischen Limesgebiet nördlich der Donau. Die erste Hauptstadt der Provinz Raetien war im 1. Jahrhundert n. Chr. *Cambodunum*/Kempten **(Abb. 2)**, spätestens seit der Regierungszeit des Kaisers Hadrian (117–138) wurde der Statthaltersitz nach *Augusta Vindelicum*/Augsburg verlegt. Hadrian hat den

vorherigen Garnisonsort auch zur Stadt *(municipium)* mit dem zweithöchsten römischen Stadtrecht erhoben.

Begrenzt wurde Raetien während der frühen mittleren Kaiserzeit im Norden von dem unbesetzten Teil Germaniens, der Germania Magna, im Westen von der Provinz Obergermanien und der Provinz Alpes Graiae et Poeninae, im Süden vom italischen Mutterland und im Osten von der Provinz Noricum. Diese Form der Provinzorganisation wurde erst in der Spätantike mit den Reformen des Kaisers Diokletian (284–305) modifiziert (s. u. S. 41f.). Waren die

West-, Süd- und Ostgrenzen Raetiens über Jahrhunderte hinweg weitgehend stabil, so änderten sie sich im Norden an der Grenze zu den Germanen immer wieder. Hier wurde die seit der Zeit des Kaisers Tiberius erreichte und durch Kaiser Claudius (41–54) ausgebaute Donaugrenze ab der Zeit des Kaisers Vespasian (69–79) überschritten und nach und nach verstärkt, bis dann um die Mitte des 2. Jahrhunderts unter dem Kaiser Antoninus Pius (138–161) das raetische Limesgebiet seine größte Ausdehnung erhielt. Um die Mitte des 3. Jahrhunderts erzwangen die Einfälle der germanischen Alamannen sowie innere Wirren die Räumung des Limesgebietes. Unter dem Kaiser Diokletian hat man die alte Donaugrenze aus der Zeit vor 69 n. Chr. zum größten Teil als Donau-Iller-Rhein-Limes wieder neu ausgebaut und befestigt.

Das nördlich des obergermanisch-raetischen Limes gelegene Gebiet war Teil des riesigen von Germanen bewohnten Raumes, der von den antiken Geographen als Germania Magna bzw. einfach als Barbaricum bezeichnet wurde. Hier überliefert Tacitus für das 1. Jahrhundert n. Chr. die Stämme der Hermunduren, Sueben und Markomannen, wobei Letztere bereits unter Augustus nach Böhmen umgesiedelt wurden. Soweit die archäologische Forschung Aussagen zur Besiedlung zulässt, konzentrierte sich im 1. und 2. Jahrhundert die germanische Besiedlung im Limesvorland auf das Maingebiet. Die unmittelbar dem Limes vorgelagerte Grenzzone nördlich der Donau blieb zunächst weitgehend siedlungsleer, erst im Laufe des späten 3. Jahrhunderts und in der Spätantike wurden dann germanische Stämme, wie die Alamannen und Juthungen, direkte Nachbarn des römischen Reiches.

Der Alpenfeldzug und die frühe Kaiserzeit

Im Jahre 15 v. Chr. eroberten die Legionen des Kaisers Augustus (27 v. Chr.–14 n. Chr.) unter Führung der Prinzen Drusus und Tiberius das zentrale Alpengebiet und die heute bayerischen Teile des Voralpenlandes. Zur gleichen Zeit wurde auch das östlich angrenzende keltische Königreich von Noricum im heutigen Österreich kampflos von Rom annektiert. Die Grenze am Rhein hatten die Römer schon mit dem Ende des Gallischen Krieges von C. Julius Caesar um die Mitte des 1. Jahrhunderts v. Chr. erreicht.

Der Feldzug des Jahres 15 v. Chr., durchgeführt in einem großen Zangenangriff, stand unter dem Kommando der beiden Adoptivsöhne des Augustus, Drusus und Tiberius. Während Drusus die östliche Heeresgruppe kommandierte, welche auch das römische Bayern besetzte, befehligte der spätere Kaiser und Nachfolger des Augustus, Tiberius, die Westarmee, die an den Oberrhein und zum Bodensee vorstieß. Der ganze Feldzug dauerte nur einen Sommer lang. Vorher war dieses Gebiet im Alpenbereich von den Stämmen der Raeter besiedelt, die der späteren Provinz ihren Namen geben sollten. Im Voralpenland lebten keltische Stämme, wie die Vindeliker oder die Licati. Neuere Forschungen zeigen, dass die Römer zwischen Alpen und Donau die keltische Kultur aber nicht mehr in ihrer Blüte antrafen, sondern in einem fortgeschrittenen Stadium der Auflösung, aller Wahrscheinlichkeit nach verursacht durch Auseinandersetzungen mit aus dem Norden eindringenden Germanenstämmen. Die großen stadtähnlichen Zentralsiedlungen der Kelten *(oppida)*, wie Manching oder Kelheim, waren jedenfalls zur Zeit des Alpenfeldzugs längst verlassen.

Die römische Eroberung selber hat wenig greifbare Spuren hinterlassen. Nur direkt am Alpenrand bei Oberammergau sind seit wenigen Jahren sichere archäologische Belege für den Alpenfeldzug 15 v. Chr. aufgetaucht. Auf der markanten Bergkuppe des Döttenbichl kam eine größere Anzahl von Metallfunden römischer und einheimischer Herkunft, vor allem aber römische Waffen der augusteischen Zeit zutage. Besonders bedeutsam sind eiserne Schuhnägel römischer Militärstiefel, mehrere Dolche sowie hunderte von dreiflügeligen Pfeilspitzen und einige Spitzen von Katapultpfeilen der römischen Le-

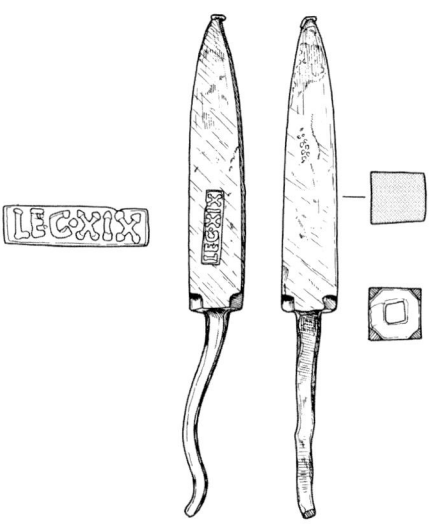

Abb. 3: Eiserne Spitze eines römischen Katapultpfeiles mit Stempel der 19. Legion vom Döttenbichel bei Oberammergau. Nach RiB 1995 Abb. 186.

gionsartillerie. Auf Letzteren fand sich ein Stempel der 19. Legion (**Abb. 3**). Anscheinend wurde hier beim Alpenfeldzug eine von Einheimischen besetzte Position durch die römische Armee erobert, nachdem sie durch Hilfstruppen (orientalische Bogenschützen) und durch Legionsartillerie der 19. Legion sturmreif geschossen worden war. Das Schicksal der 19. Legion kann man durch entsprechende Kleininschriften auch nach dem Gefecht am Döttenbichl verfolgen: Teile der Truppe lagen danach bis ca. 8/9 v. Chr. in dem Lager von Dangstetten am Oberrhein, sind dann in Köln und schließlich im Lager von Haltern an der Lippe in Westfalen be-

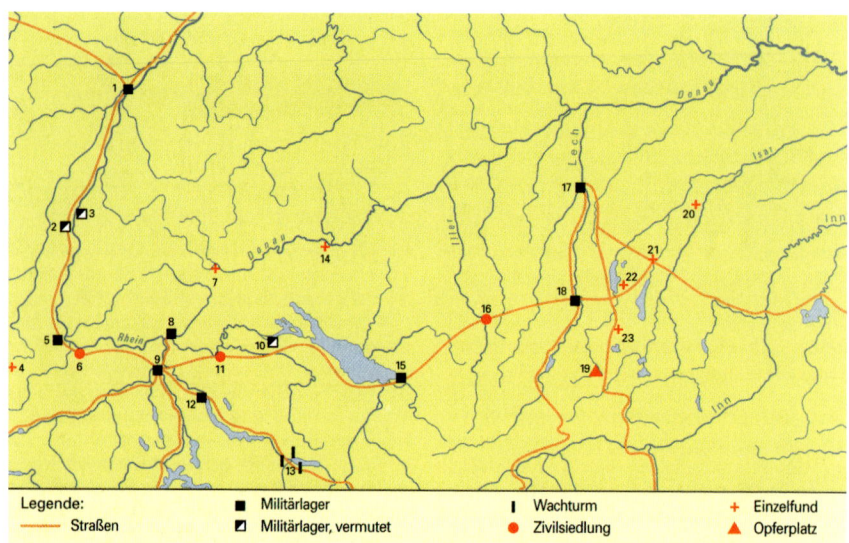

Abb. 4: Fundplätze der augusteischen Zeit im Alpenvorland (etwa 15 v. Chr. bis 14 n. Chr.):
1. Straßburg, 2. Biesheim, 3. Sasbach, 4. Mont Terri, 5. Basel, 6. Augst, 7. Hüfingen, 8. Dangstetten,
9. Vindonissa, 10. Insel Werd, 11. Oberwinterthur, 12. Zürich, 13. Walenseetürme, 14. Inzigkofen,
15. Bregenz, 16. Kempten, 17. Augsburg-Oberhausen, 18. Lorenzberg bei Epfach, 19. Oberammergau, 20. Eching, 21. Gauting, 22. Andechs, 23. Hechendorf. Nach Wamser 2000 Abb. 13.

legt. Im Jahre 9 n. Chr. in der Schlacht im Teutoburger Wald, inzwischen mit großer Sicherheit lokalisiert bei Kalkriese in Niedersachsen, wurde die 19. Legion völlig aufgerieben und nie wieder neu aufgestellt.

Der archäologische Nachweis von weiteren Kampfplätzen oder von Truppenlagern der Drususarmee, wie sie im Rahmen des Alpenfeldzuges eigentlich zu erwarten wären, fehlt bisher im bayerischen Alpenvorland. Nur im Westen sind archäologische Spuren entdeckt worden, die man mit den Ereignissen des Jahres 15 v. Chr. und der Zeit unmittelbar danach in Verbindung bringen kann. Zu nennen wären hier Truppenlager und kleinere Stützpunkte z. B. in Windisch und Basel in der Schweiz oder das Lager von Dangstetten in Baden-Württemberg **(Abb. 4)**.

Straßenbau und erste Truppenstandorte

Bald nach der Okkupation müssen die Römer auch im Alpenvorland begonnen haben, das eroberte Gebiet mit Straßen zu erschließen. Diese waren für die militärische Logistik und für schnelle Truppenbewegungen unerlässlich. Später hat dann auch der zivile Verkehr von Menschen und Waren zunehmend von dieser zivilisatorischen Glanzleistung Roms profitiert.

Als erste wichtige Römerstraße war von Oberitalien über den Brenner und das Lechtal ein Verkehrsweg angelegt worden, den man im Lechtal als Via Claudia Augusta bis zur Donau ausbaute. Neben dieser Süd-Nord-Verbindung entstand als weitere wichtige Straße die Südwest-Nordost-Achse von Bregenz über Kempten, den Lechübergang bei Epfach, Seebruck nach Salzburg, welche lange Zeit die wichtigste Verbindung zwischen den Rhein- und Donauprovinzen darstellte. Beide Straßen hat man durch kleine militärische Stationen gesichert. Von diesen am besten erforscht ist der bisher älteste Posten auf dem markanten Höhenrücken des Lorenzbergs bei Epfach. Man vermutet dort eine Besatzung von ca. 150 Mann, bestehend aus Legionsinfanterie und Auxiliarreiterei. Die anderen Militärstationen der frühesten Zeit sind entweder nur durch Funde erschlossen oder vielleicht noch gar nicht entdeckt. Zu nennen wären etwa Kempten, Gauting oder Andechs. Bis zu der Zeit des Kaisers Tiberius (14–37) genügten die-

se von Hilfstruppensoldaten besetzten Posten vollauf zur Sicherung des Landes. Sie waren eher mit Polizeiaufgaben als mit rein militärischen Tätigkeiten betraut.

Ein erstes größeres römisches Truppenlager kennt man erst ein oder zwei Jahrzehnte nach der Okkupation im Raum von Augsburg. Die Garnison eines durch eine Hochwasserkatastrophe am Ufer der Wertach aufgegebenes Lagers in Augsburg-Oberhausen wurde danach auf den Sporn zwischen Lech und Wertach verlegt, wo es die Keimzelle der späteren Provinzhauptstadt *Augusta Vindelicum*/Augsburg bildete. Dort lagen in der frühen Kaiserzeit zumindest zeitweise Legionsinfanteristen und berittene Hilfstruppen. Auch in größeren Zivilsiedlungen der Frühzeit gab es

Abb. 5: Schnalle und Beschläge aus Bronze mit Niellodekor eines frühkaiserzeitlichen Militärgürtels *(cingulum)* vom Auerberg bei Schongau. Nach Wamser 2000 Abb. S. 319 Nr. 18a4.

Garnisonen: Aus *Cambodunum*/Kempten und der Höhensiedlung *Damasia (?)*/Auerberg bei Schongau stammen z.T. beträchtliche Mengen von militärischen Kleinfunden, welche auf die Anwesenheit von Soldaten hinweisen (**Abb. 5**). Allerdings war es mangels eindeutiger Baubefunde bisher nicht zu klären, ob in diesen frühen Stadtanlagen baulich und organisatorisch abgesonderte militärische Anlagen bestanden oder ob diese Funde nicht von Veteranen stammen, welche bereits ihr bürgerliches Leben wieder aufgenommen hatten, aber in ihren letzten Dienstjahren noch unter Waffen standen *(sog. veterani sub vexillo)*.

Das Lager von Marktbreit

Drusus, der als einer der fähigsten Feldherrn seiner Zeit nicht nur das Voralpenland, sondern auch Teile des germanischen Gebietes zwischen Rhein und Elbe unterworfen hatte, verstarb im Jahre 9 v. Chr. bei einem Sturz vom Pferd. Noch in seinem Todesjahr war es ihm gelungen, den germanischen Stamm der Markomannen, vielleicht im Maingebiet, zu besiegen, woraufhin ein Teil des Stammes auf römischem Gebiet angesiedelt wurde, der Rest wanderte, gewiss nicht ohne römische Zustimmung, nach Böhmen aus. Dort bildete sich kurz darauf unter dem König Marbod das z. T. nach römischem Vorbild straff organisierte Markomannenreich, das später für Rom als nicht ungefährlich eingeschätzt wurde.

Damit steht indirekt wohl eine der spektakulärsten Neuentdeckungen zum römischen Bayern in einem engen Zusammenhang: Über der Mainschleife bei Marktbreit im Landkreis Kitzingen (Unterfranken) wurde 1985 ein großes frühkaiserzeitliches Truppenlager der augusteischen Zeit von 37 ha Fläche entdeckt. Es bot Platz für zwei Legionen und Hilfstruppen. Die wenigen Funde lassen sich nur der Zeitspanne vom ersten Jahrzehnt vor und nach Christi Geburt zuweisen. Der im Vergleich zu anderen augusteischen Militäranlagen extreme Mangel an Kleinfunden lässt den Schluss zu, dass diese befestigte Großkaserne ihre Bestimmung nie erfüllt hat, also gar nicht oder nicht langfristig mit Truppen belegt war. Vielmehr wurde sie nach kurzer Zeit wahrscheinlich von den Römern selber abgebrannt, um eine Nutzung durch germanische Gegner zu verhindern.

Ursprünglich wurde das Lager wohl in Verbindung mit dem Feldzug des Tiberius gegen Marbod im Jahre 6 n. Chr. errichtet, der in einer großräumig konzipierten Aktion als Zangenoperation geplant worden war: Von Mainz aus im Westen und von *Carnuntum* an der Mündung der March in die Donau von Osten aus sollten die Heeresgruppen vorstoßen und sich in Böhmen treffen. Die Ostarmee führte der Thronfolger Tiberius selber an. Im Zusammenhang mit den umfangreichen logistischen Vorbereitungen der westlichen Heeresgruppe des Mainzer Legaten Sentius Saturninus ist das Lager von Marktbreit wohl zu sehen. Schon waren beide Armeen auf dem Marsch in Richtung Böhmen, da musste der Feldzug ganz unerwartet und plötzlich abgebrochen werden. Denn kaum war er begonnen, da brach in der römischen Provinz Illyrien (etwa im heutigen Ungarn, Slowenien, Kroatien) ein verheerender Aufstand aus. Dieser band alle römischen Kräfte und zwang Rom zum Abbruch der Feindseligkeiten gegen Marbod und zu einer vertraglichen Übereinkunft mit den Markomannen.

Raetien wird Provinz

Bis zur Regierungszeit des Kaisers Tiberius wurde das römisch besetzte Alpenvorland eher provisorisch vom Militär verwaltet. Doch nun scheint man begonnen zu haben, Verwaltung und Truppenverteilung straffer zu organisieren. Ja, es gilt inzwischen als ziemlich sicher, dass unter Tiberius Raetien als reguläre römische Provinz mit einem ritterlichen Statthalter, einem *Procurator*, an der Spitze eingerichtet worden ist. Nun wandte man sich verstärkt der Nordgrenze zu, zumindest wurde jetzt erstmals mit der Anlage von Kastellen an der Donau begonnen. Auch das Straßennetz und die ersten zivil besiedelten Zentralorte wurden weiter ausgebaut. Die ältesten regulären Kastelle, die im Alpenvorland wirklich nachweisbar sind, liegen beide bei Friedberg-Rederzhausen südlich von Augsburg auf der

Niederterrasse des Lechtals, nahe der römischen Lechtalstraße. Sie waren jeweils nur kurzfristig belegt und die Aufgabe ihrer Besatzungen bestand nicht in Kampfeinsätzen, sondern in der Erkundung und Vermessung des besetzten Gebietes, der Festlegung von Straßentrassen und dem Bau von Straßen und Brücken.

Die Donau wird Nordgrenze: Der tiberisch-claudische Donaulimes

Anders dagegen ist die Anlage der fest belegten spättiberischen Kastelle Aislingen (Lkr. Dillingen) und neuerdings auch Burghöfe (Lkr. Donau-Ries) zu beurteilen, mit denen erstmals Truppen unmittelbar an der Donau nachzuweisen sind. Dazu kamen Kleinkastelle, wie die von Nersingen und Burlafingen. Durch diese Truppenverlegung aus dem Hinterland an die Grenze deutete sich eine neue Sicherungskonzeption für Raetien an, eine Konzeption, die dann unter Kaiser Claudius (41–54) vollends verwirklicht wurde. Er hat den Ausbau der Donaulinie und die Neuverteilung der Truppen Raetiens offenbar systematisch weitergeführt **(Abb. 6)**.

Die schrittweise Besetzung der Donaugrenze mit linear an den Flüssen aufgereihten Standlagern von Auxiliarverbänden ermöglichte eine bessere Kontrolle der Grenzlinie. Ein verstärkter Schutz gegen eventuelle Angreifer

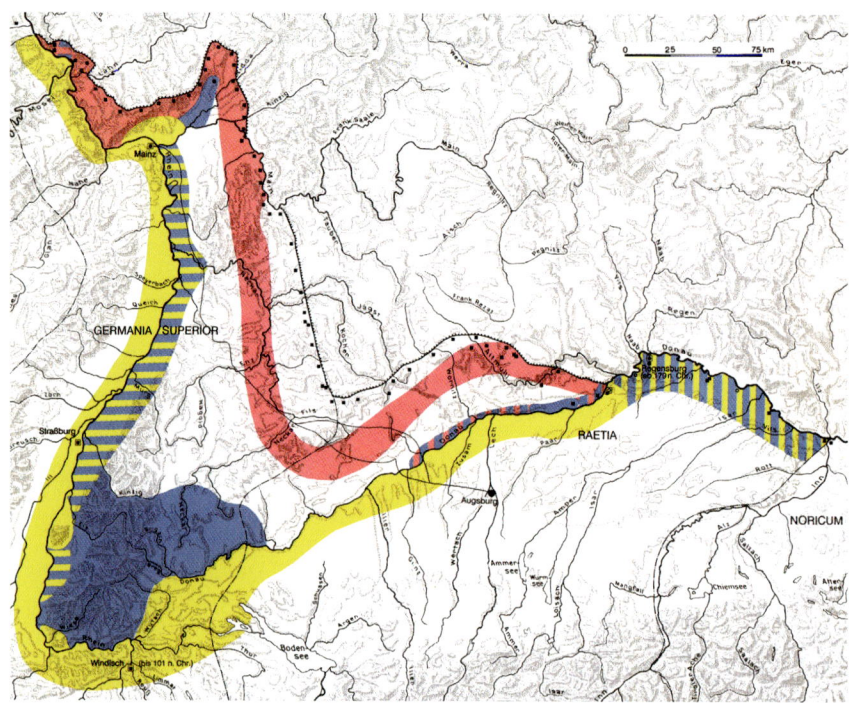

Abb. 6: Phasen der Okkupation am obergermanischen und raetischen Limes: Grenzzonen in claudischer Zeit an Rhein und Donau (gelb), in frühflavischer Zeit um 80 n. Chr. (blau) in domitianisch-trajanischer Zeit (rot) und Limesverlauf seit der Mitte des 2. Jhs. bis um 260 n. Chr. Nach: Der römische Limes in Deutschland (Stuttgart 1992) Abb. 23.

ist darin sicher nicht zu sehen, und ein solcher war offensichtlich nach wie vor unnötig. Größere Machtkonzentrationen nördlich der Donau, die eine unmittelbare Gefährdung Raetiens bedeutet hätten, sind auch um die Mitte des 1. nachchristlichen Jahrhunderts nicht zu erkennen. In Raetien bewirkte diese Neuverteilung der Truppen, dass die kleinen Binnengarnisonen von ihren Besatzungen geräumt wurden und – mit Ausnahme des Auerbergs, der völlig aufgegeben worden ist – dann als zivile Ansiedlungen weiterlebten. Nur Augsburg behielt seine Funktion als wichtigster Militärplatz der Provinz im Hinterland der Donaugrenze noch für längere Zeit bei.

Neue Kastelle entstanden nur noch entlang der Donau zwischen Hüfingen (Baden-Württemberg) und Oberstimm. Ihre Umwehrungen waren ausschließlich in Holz-Erde-Technik errichtet, im Inneren standen Lehmfachwerkbauten. Die Besatzungen dieser claudischen Kastelllinie (die Namen dieser Einheiten sind durchwegs unbekannt) bestanden ausschließlich aus Reitern und Infanteristen der Hilfstruppen *(auxilia)*. Man kennt solche Hilfstruppenkastelle in Hüfingen/*Brigobanne,* Tuttlingen, Mengen-Ennetach, Emerkingen, Rißtissen und Unterkirchberg in Baden-Württemberg und Günzburg/*Guntia,* Aislingen, Burghöfe/*Summuntorium,* Burgheim und Oberstimm in Bayern. Von den dazwischen eingestreuten Kleinkastellen sind bisher die Anlagen von Burlafingen, Nersingen, Neuburg a. d. Donau, Oberstimm (?), Eining (?), Weltenburg-Frauenberg, Weltenburg-Galget, Regensburg (?), Straubing (?), Haardorf-Mühlberg und Passau (?) bekannt oder vermutet.

Offenbar war zunächst ein intensiverer Grenzschutz durch größere, fest stationierte Einheiten östlich von Oberstimm deshalb nicht nötig, weil auf der anderen Seite des Flusses niemand siedelte und die Urwälder des Bayerischen Waldes und des Böhmerwaldes jede Annäherung größerer gegnerischer Verbände aus dem dichter besiedelten böhmischen Kessel erschwerten.

Bürgerkrieg nach Neros Tod

In den Bürgerkriegen der Jahre 68/69 n. Chr., die sich der Absetzung und dem Selbstmord des Kaisers Nero anschlossen, geriet auch Raetien zwischen die Fronten. Von den vier Rivalen um Neros Nachfolge, Galba, Otho, Vitellius und Vespasian, konnte sich schließlich Letzterer siegreich durchsetzen. Im Rahmen der Kämpfe wurden auch Siedlungen und Kastelle zerstört, so etwa Kempten/*Cambodunum,* Augsburg/*Augusta Vindelicum* sowie die Donaukastelle Hüfingen, Rißtissen, Aislingen und Burghöfe. All diese Kastelle hat man dann in frühflavischer Zeit wieder neu erbaut, bald aber im Rahmen der Vorverlegung des Limes in das Gebiet nördlich der Donau wieder geräumt, wobei die Zivilsiedlungen (Kastellvici) dieser Anlagen in der Regel (bis auf Aislingen) weiter existierten.

Rom überschreitet Rhein und Donau: Die Anfänge des obergermanisch-raetischen Limes

Die militärischen Operationen während der Kriege nach Neros Tod hatten deutlich gezeigt, dass der Umweg, den die Truppen aus dem Donauraum ins Rheinland über obere Donau, Bodensee und Oberrhein nehmen mussten, höchst unpraktisch war. T. Flavius Vespasianus (69–79), der Sieger im Bürgerkrieg und Begründer der flavischen Dynastie, machte sich, kaum dass die ersten Schäden des Krieges beseitigt waren, an die Änderung dieses Zustandes. Er ließ im Jahre 74/75 n. Chr. eine Straße von Argentorate (Straßburg) über den Schwarzwald bis zur oberen Donau in Raetien bauen und durch feste Truppenlager sichern. Wichtigster militärischer Stützpunkt an dieser Route war Rottweil/*Arae Flaviae*. Nun wurden die Wetterau und das rechte Rheinufer besetzt. Auch in Raetien erfolgten Veränderungen an der Grenze durch Vespasian und seinen Sohn und Nachfolger Titus (79–81). Die Flavier ließen die zerstörten Donaukastelle wieder aufbauen. Darüber hinaus wurde das Alenkastell Günzburg/*Guntia* gegründet. Bald erfolgten dann die ersten Neugründungen von Kastellen nördlich der Donau in Nassenfels und Kösching/*Germanicum*. Auch ging man nun daran, die Lücke in der linearen Besetzung der Donau östlich von Oberstimm zu schließen, obwohl in dieser Zeit keine konkreten Belege existieren, dass im Bereich nördlich des Stromes eine gegnerische Bevölkerung ansässig geworden wäre. Man wird also diese Maßnahmen eher im Rahmen der Sicherung der Verkehrswege zu Wasser und zu Lande und der Aufrechterhaltung der Kommunikation sehen dürfen. Es entstanden Auxiliarkastelle in Eining, Regensburg-Kumpfmühl, Straubing, Moos-Burgstall und Passau (?). Inwieweit hier die dazwischenliegenden älteren Kleinkastelle noch für längere Zeit weiter existierten, ist schwer zu sagen (**Abb. 6**).

Die Chattenkriege unter Domitian und ihre Folgen

Die weiteren Phasen in der Entwicklung der römischen Grenzen in Raetien nördlich der Donau sind direkt von der römischen Grenzpolitik in Obergerma-

nien östlich des Rheins abhängig. Hier führte Domitian (81–96), der zweite Sohn des Vespasian, in den Jahren 83–85 Krieg gegen das germanische Volk der Chatten im Gebiet des heutigen Nordhessen. Nach dem Sieg über die Chatten wurden das Waldgebirge des Taunus und die fruchtbare Ebene der Wetterau endgültig besetzt und durch Kastelle und Kleinkastelle militärisch gesichert. Dieser Landgewinn von ehemals germanischem Gebiet veranlasste Domitian, um 85 die bisher provisorisch verwalteten Militärbezirke Obergermanien und Niedergermanien zu regulären Provinzen umzuwandeln. Propagandistisch bedeutete dies, dass ihm die Einrichtung germanischer Provinzen gelungen war, ein Plan, den Augustus nach der Niederlage im Teutoburger Wald 9 n. Chr. hatte aufgeben müssen. Nach der Niederschlagung eines Aufstandes des obergermanischen Statthalters Saturninus im Jahre 89 folgten weitere Auseinandersetzungen mit den Chatten, aber das besetzte Land östlich des Rheins war nun fest in römischer Hand.

Auch in Raetien kamen nun die Dinge in Bewegung. Die Maßnahmen in dem Gebiet westlich Raetiens bedingten ein entsprechendes Vorgehen weiter östlich: Wohl schon in den ersten Jahren Domitians wurde die obere Donau als Grenze aufgegeben und auf der Höhe der Schwäbischen Alb eine Kastellkette errichtet. Mit diesem sogenannten Alblimes war aber keineswegs eine lineare

Grenzsicherung auf der Alb selber angestrebt, sondern nur die Kontrolle derjenigen Täler, welche von Natur aus die besten Übergangsmöglichkeiten über die Alb boten. Diese lockere Art der Grenzüberwachung spricht nicht für eine große einheimische Bevölkerung zu jener Zeit in Südwestdeutschland. Nördlich der Donau waren die Kastelle Weißenburg, Munningen, Nördlingen, Oberndorf am Ipf und Heidenheim entstanden, um eine Verbindung zum sogenannten Alblimes herzustellen. Man ist heute – im Gegensatz zu der älteren Forschung – nicht mehr so sicher, dass bereits damals unter Domitian das Konzept einer durchgehenden militärisch kontrollierten linearen Landgrenze, also ein Limes, in Obergermanien und Raetien beabsichtigt war. Vielmehr hat sich durch neuere Analysen der Fundmünzen herausgestellt, dass möglicherweise sowohl in Obergermanien als auch in Raetien der Plan einer linearen militärisch gesicherten Grenze, also des obergermanisch-raetischen Limes, erst auf Traian zurückgeht.

Einrichtung des obergermanisch-raetischen Limes unter Traian (98–117)

Unter Traian erfolgte in den westlichen Militärprovinzen von Britannien bis Raetien eine einschneidende Umgruppierung der römischen Armee. Bereits unter Domitian (81–96) war es an der mittleren Donau zu heftigen und für beide Seiten verlustreichen Kämpfen mit den Dakern und den germanischen Sueben gekommen. Auf der anderen Seite blieb es in Schottland und an den Germanengrenzen an Rhein und oberer Donau ruhig. Traian, der nun verstärkt den Krieg mit den Dakern einer Entscheidung zugunsten Roms zuführen wollte, zog in erheblichem Umfang Truppen aus den Provinzen Britannien sowie Ober- und Niedergermanien ab und verlegte sie an die mittlere Donau. So halbierte er z. B. die Legionsbesatzungen dieser Gebiete. Auf der anderen Seite war es nun nötig, die unter den Flaviern entstandenen Provisorien der Zivil- und Militärverwaltung in den Gebieten östlich des Rheins und nördlich der Donau zugunsten einer tragfähigen Dauerlösung zu beenden und die Grenzen dieser Provinzen in einen geordneten Zustand zu bringen. Traian richtete deshalb den obergermanisch-raetischen Limes im Sinne einer deutlich markierten und überwachten klaren Landgrenze ein **(Abb. 6)**. Am Neckar und an der Donau ab Eining erfolgte die Grenzsicherung an Flüssen *(ripae)*. Somit begann er die letzten bisher im Hinterland der Provinzen stationierten Hilfstruppen an die Grenzlinien vorzuziehen. Das Hinterland Obergermaniens wurde systematisch in den sogenannten *Civitates*, in Form von zivilen Verwaltungseinheiten, organisiert. Für Raetien ist dergleichen nicht belegt.

Auf diese Weise entstand jetzt erst in Obergermanien und Raetien eine lückenlose militärische Grenzsicherung durch *limites* und *ripae* vom Rhein bei Neuwied bis nach Passau an der Donau: zunächst als Taunus- und Wetteraulimes, der bei Groß-Krotzenburg auf den Main traf. Als sogenannter älterer Mainlimes zog sich nun ein Stück Flussgrenze bis nach Wörth am Main. Dann führte der Odenwaldlimes bis nach Bad Wimpfen an den Neckar. Die Fortsetzung der Grenzlinie bildete der in der Forschung sogenannte Neckarlimes, der eigentlich eine Flussgrenze darstellte. Zwischen Köngen, dem damals südlichsten Kastell Obergermaniens, und dem raetischen Alblimes zog sich quer zum Tal der Lauter der sogenannte Lautertallimes, eine eigentümliche Grenzsperre aus zwei Spitzgräben und einem wohl mit einem Wehrgang begehbaren Erdwall dahinter. Ein am südöstlichen Ende der Anlage gelegenes Kleinkastell reichte aber sicherlich nicht aus, um diese ca. 600 m lange Anlage zu bemannen. Ob es sich gar nicht um einen „Limes" im engeren Sinne handelt, sondern nur um die Spuren einer kurzfristigen militärischen Aktion?

Noch zeigte sich der Westteil der Nordgrenze Raetiens nach wie vor als offene Anlage mit Straßen und Kastellen, aber ohne Grenzmarkierung im Sinne eines Limes. Erst ab dem Kastell Ruffenhofen errichtete man in der Regierungszeit Traians eine militärisch überwachte Grenzlinie im raetischen Teil des Limes nördlich der Donau bis nach Eining. Über das Kastell Oberdorf bestand die Verbindung zum Alblimes und damit zur damals stärksten Garnison der Provinz, dem Alenkastell Heidenheim a. d. Brenz/*Aquileia*. Die genauere Rolle der Kastelle Nördlingen und Unterschwaningen in dieser Konzeption der Grenzsicherung ist noch nicht ganz geklärt. Ab Eining zog sich nun eine befestigte Flussgrenze bis zur Donaumündung, ab dem Ende der Dakerkriege unterbrochen von den *limites* der dakischen Provinzen nördlich der Donau.

Bei dem Kastell Günzburg traf die durch die Neckar- und Alblinie geschützte Straße von Mainz her auf die Donau. Damit erhielt die neue Westverbindung von Augsburg nach Mainz und Straßburg und mit ihr der Donauübergang bei Günzburg eine besondere Bedeutung. Zwischen Eining und Ruffenhofen entstand die in späteren Ausbauphasen im Wesentlichen beibehaltene Limeslinie mit ihren ersten Patrouillenwegen und dem Signalsystem der Holztürme. Die Führung der Grenzlinie in diesem bei Weißenburg und Gnotzheim so weit nach Norden vorspringenden Bogen ist nicht aus den Zwängen der Topographie heraus zu erklären, sondern von den Römern so beabsichtigt gewesen. Die plausibelste Erklärung für den Limesbogen liefern wohl rein wirtschaftliche Argumente: Zum einen schloss so der Limes das fruchtbare Vorland der Alb noch mit ein, während dessen Übergang zu weniger fruchtbaren Böden hier ziemlich genau den Verlauf der Grenze markierte. Zum anderen sicherte dieser Verlauf des Limes die militärische Sicherung der für die Versorgung der Grenztruppen und der Provinzhauptstadt gleichermaßen wichtigen Kornkammer des Nördlinger Rieses, die so in das Imperium einbezogen werden konnte. Auch die wirtschaftliche Bedeutung der Steinbrüche und Eisenerzvorkommen im Jura sollte nicht unterschätzt werden.

Weiter nach Osten zu wurde seit der Spätzeit Domitians die Befestigungsreihe entlang der „nassen" Grenze des „Donaulimes" durch die Kastelle Straubing III und Künzing ausgebaut und verstärkt, Letzteres als Ersatz für das wegen Hochwasser aufgegebene Kastell von Moos-Burgstall. Auch die Errichtung der Kleinkastelle Alkofen (Lkr. Kelheim) und Steinkirchen (Lkr. Deggendorf) darf wohl in diesem Zusammenhang gesehen werden.

Der obergermanisch-raetische Limes unter Hadrian (117–138) und Antoninus Pius (138–161)

Unter Hadrian waren die alten Donaukastelle Unterkirchberg, Burghöfe und Oberstimm wahrscheinlich als Nachschubbasen anfangs noch besetzt, bevor

Abb. 7: Rekonstruierte Limespalisade bei WP 14/4 auf dem Vorderen Schloßbuck östlich von Gunzenhausen. Foto: E. Riedmeier-Fischer.

sie endgültig aufgegeben worden sind. Ob auf Hadrian die durchgehende Errichtung der Limespalisade in Raetien zurückgeht, ist zwar sehr wahrscheinlich, mangels dendrochronologisch datierter Befunde aber immer noch nicht gesichert (**Abb. 7**).

In der Zeit des Kaisers Antoninus Pius wurde der obergermanische Limes noch einmal vorgeschoben (vorderer Limes). Dazu hat man um 155 die Mainlinie verlängert und die Landgrenze vorverlegt. Nach einem Knick beim Kastell Walldürn (Baden-Württemberg) wurde der Limes in einer ca. 80 km langen schnurgeraden Linie bis zum Kastell Welzheim (Baden-Württemberg) geführt. Im Rothenbachtal zwischen den Kastellen Lorch (Obergermanien) und Schirenhof (Raetien), beide in Baden-Württemberg gelegen, befand sich die Grenze zwischen den beiden Provinzen und ihrer *Limites* (**Abb. 6**).

Der bayerische Abschnitt des obergermanischen Mainlimes

In Unterfranken liegen als isolierter Ausschnitt aus dem obergermanischen Limes Teile des älteren und jüngeren Mainlimes in den bayerischen Landkreisen Aschaffenburg und Miltenberg (**Abb. 8**). Sie sind Bestandteile der Strecke 6 nördlicher Teil (ältere Mainlinie von Seligenstadt bis Miltenberg) und südlicher Teil (jüngere Mainlinie von Wörth bis Miltenberg. Die ältere Mainlinie wurde bereits unter Domitian (81–96) als *ripa* eingerichtet. Sie reichte bis zum Numeruskastell Wörth, dann setzte sich die ältere Limeslinie als Odenwaldlimes (Strecke 10) fort. Dieser ältere Mainlimes war zunächst nur mit kleineren Einheiten *(numeri)* besetzt. Bekannt sind die Numeruskastelle Hainstadt, Stockstadt Kastell A und Wörth. Dann erfolgte mit der Einrichtung des obergermanischen Limes unter Traian (98–117) eine Verstärkung mit größeren Truppen (Kohortenkastelle) in Seligenstadt, Stockstadt, Niedernberg und Obernburg. Auch als Flussgrenze war der Mainlimes mit einer Wachtturmkette als Kommunikationslinie versehen, man kennt bisher aber nur zwei Türme zwischen Obernburg und Wörth (Strecke 6: 2,5 km südlich von Obernburg ein Steinturm, 600 m südlich ein weiterer). Von dem vom Main bei Wörth ausgehenden Odenwaldlimes haben sich auf bayerischem Boden keine Spuren erhalten.

Nach der Vorverlegung des obergermanischen Limes unter Antoninus Pius (138–161) verlängerte man den Mainlimes ab Wörth. Es entstanden nun das Numeruskastell Trennfurt, das Kohortenkastell Miltenberg-Altstadt und das Numeruskastell Miltenberg-Ost. Den Odenwaldlimes samt Neckar- und Alblimes hat man um 160 n. Chr. mit der Vorverlegung der Limeslinie aufgegeben. Vom Mainlimes nahe der Nordecke des Kastells Miltenberg-Ost beginnt am Main die Strecke 7 des vorderen obergermanischen Limes. Sie ist durch einen ausgeschilderten Wanderweg markiert und zieht den Berg hinauf in Richtung Wenschdorf. Der Weg verläuft an der Südwestseite eines kleinen Tals. An dessen oberem Bereich befindet sich **WP 7/6**, von dem heute ein Steinturmfundament sowie ein westlich davon liegendes Nebengebäude sichtbar sind. Von den noch auf bayerischem Gebiet liegenden Türmen bis **WP 7/11** ist dies der einzige sichtbare. Auch von dem weiteren auf bayerischem Boden befindlichen Limesabschnitt zwischen **WP 7/13** bis **7/17** ist heute nichts mehr zu sehen.

Westliche Erweiterung des Limes in Raetien

Die Vorverlegung des obergermanischen Limes unter Antoninus Pius hatte zur Folge, dass man nun auch in Raetien den Anschluss an diese neue Trassenführung herstellen musste. Aber ebenso kam es im Bereich der schon

Abb. 8: Verlauf des obergermanischen Mainlimes. In Bayern liegen die Kastelle Stockstadt, Niedernberg, Obernburg, Wörth, Trennfurt und Miltenberg.
Nach Thiel 2005 Abb. 57.

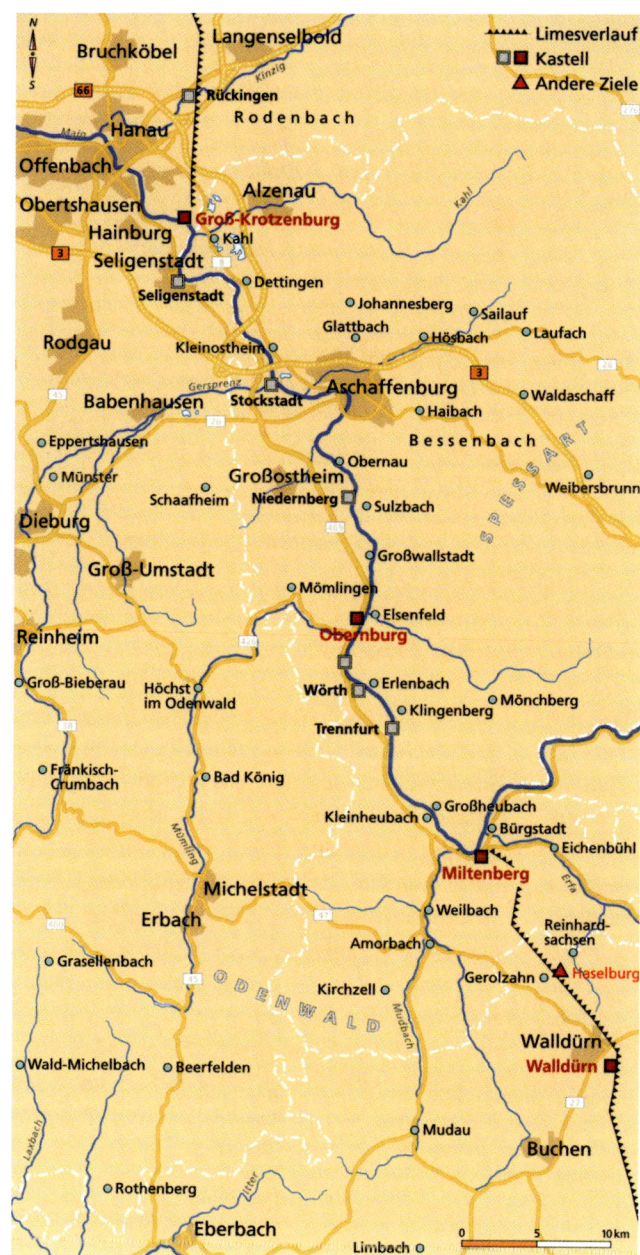

Abb. 9: Bauinschrift des Kastells Pfünz (Kopie) über dem rekonstruierten Nordtor. Sie bezeugt den Ausbau des Kastells in Stein unter dem Kaiser Antoninus Pius (138–161 n. Chr.) durch die *Coh. I Breucorum civium Romanorum*, die Besatzungstruppe des Kastells. Foto: Th. Fischer.

länger bestehenden Abschnitte des raetischen Limes zu weiteren Baumaßnahmen: Die in Holz-Erde-Bauweise errichteten Wehranlagen der Kastelle verstärkte man durch Steinmauern mit festen steinernen Türmen und Toren. Dies belegen u. a. zahlreiche Bauinschriften **(Abb. 9)**. Ebenso hat man nun die hölzernen Limestürme durch mehrstöckige Steinbauten ersetzt.

Für den raetischen Limes bedeutete das Vorrücken vom Neckar an die äußere Linie in Obergermanien aber auch, dass an seinem westlichen Teil neue Kastelle errichtet werden mussten. Es sind dies die Anlagen von Schirenhof, Unterböbingen, Aalen, Rainau-Buch und Halheim (in Baden-Württemberg gelegen). Damit war die Lücke, welche durch diese letzte Ausbauphase des Limes entstanden war, bis zu den bereits existierenden Kastellen des raetischen Limes im Osten geschlossen. In diese Linie wurden noch einige kleinere Kastelle eingeschoben, wobei bei diesen Anlagen der Forschungsstand für eine genauere Datierung nicht immer ausreicht (Gunzenhausen, Oberhochstatt und Böhming).

Der „nasse" Limes entlang der Donau war gleichfalls in diese Bautätigkeit miteinbezogen: Straubing/*Sorviodurum* präsentierte sich seit dieser Zeit sogar als Standort zweier Steinkastelle (Kastelle I und III). Das Gleiche kann man mit einiger Berechtigung für Regensburg annehmen, wo neben dem Kohortenlager von Kumpfmühl zumindest der Vicus samt Gräberfeld eines zweiten Kastells an der Donau festgestellt worden ist. Auch in Künzing/*Quintana* und wahrscheinlich in den beiden kleinen Zwischenlagern von Alkofen und Steinkirchen hat man die Holz-Erde-Umwehrungen in feste Steinmauern umgewandelt.

Die Markomannenkriege (167–182) und ihre Folgen: Die Errichtung der raetischen Mauer unter Commodus (180–192)

Obwohl sich die Auseinandersetzungen zwischen Rom und den Germanenstämmen des norisch-pannonischen Limesvorlandes hauptsächlich im mittleren Donauraum abspielten, kam es auch am raetischen Limes zu Zerstörungen, etwa in Straubing und Regensburg-Kumpfmühl (kurz nach 172 n. Chr.). An anderen Orten bleibt eine Zerstörung vorerst eher fraglich (etwa Eining und Pfünz). Die Provinzhauptstadt *Augusta Vindelicum*/Augsburg war zumindest bedroht, hier errichteten Teile der neu in Raetien stationierten 3. Italischen Legion nun eine steinerne Stadtbefestigung. Der größere Teil dieser Legion war in den Jahren nach 172 n. Chr., also nach der Zerstörung des Kastells Regensburg-Kumpfmühl und vor 179 n. Chr. (dem Jahr der Fertigstellung des Regensburger Legionslagers) zusammen mit berittenen Hilfstruppensoldaten in dem Lager von Eining-Unterfeld stationiert (**Abb. 10**).

Von hier aus hat man wohl in die Provinz eingedrungene Germanentrupps verjagt und den wichtigen Donauübergang der Straße von Mainz durch das Limesgebiet gesichert. Nach Erfüllung dieser Aufgaben und nach der Fertigstellung der Augsburger Stadtmauer und des Regensburger Legionslagers wurde die 3. Italische Legion nun am nördlichsten Punkt des Stromes, nämlich an der Mündung des Regen in die Donau, stationiert und damit die militärische Sicherung Raetiens beinahe bis zum Ende der römischen Herrschaft in Bayern wesentlich verstärkt. Der Legat der Legion, ein Senator, wurde Statthalter der Provinz und löste somit den ritterlichen Procurator ab. Zumindest zeitweise hielt er sich auch an seinem Dienst-

sitz als Statthalter in Augsburg auf.

In den kriegsgeschädigten Gebieten des Reiches, vor allem in Noricum und in Pannonien, waren die Jahre nach 180 n. Chr. durch den Wiederaufbau des Zerstörten und durch Maßnahmen zur zusätzlichen Festigung und Sicherung der nördlichen Reichsgrenze bestimmt. Auch in Raetien entwickelte man vielfache Aktivitäten. Dies war nicht zuletzt auf die Verstärkung des Heeres durch die Regensburger Legion zurückzuführen, die man – zumal nach Kriegszeiten – beschäftigen musste. Offenbar war der von der 3. Italischen Legion überwachte Grenzabschnitt friedlich. Deshalb konnte schon 181 n. Chr. ein Centurio der Regensburger Legion mit Mannschaften dieser Truppe die Mauer *(vallum)* des Numeruskastells Böhming bauen. Im Jahr danach ließ ein anderer Legionscenturio Mauer und Tore des Kleinkastells Ellingen/*Sablonetum* durch die anschließend als Besatzung fungierende Infanteriegarde *(pedites singulares)* des nunmehr durch den Legionslegaten als Statthalter abgelösten ritterlichen Procurator in Stein ausbauen. Vieles spricht dafür, dass bald nach den Markomannenkriegen unter Kaiser Commodus, und nicht erst unter Caracalla nach 212, auch die rund 106 km lange Holzpalisade am raetischen Limes in Bayern durch eine rund 2–3 m hohe Steinmauer ersetzt wurde (**Abb. 11**). Endgültige archäologische Belege dafür, wann die raetische Mauer erbaut worden ist, fehlen aber immer noch!

Abb. 10: Ostecke des nur um 175 n. Chr. in den Markomannenkriegen kurzfristig belegten Vexillationslagers Eining-Unterfeld. Der noch sichtbare Graben überdauerte bis heute als Hohlweg. Foto: Th. Fischer.

Abb. 11: Ein Stück rekonstruierter Limesmauer bei dem vermuteten WP 13/39 östlich des Dennenloher Sees. Foto: E. Riedmeier-Fischer.

Die Krise des 3. Jahrhunderts und die Aufgabe des obergermanisch-raetischen Limes

Um 200 n. Chr. waren im Vorfeld des Limes neue Stammesverbände entstanden, deren klares Ziel offensichtlich Plünderungszüge bis tief in die römischen Provinzen hinein, ja bis nach Italien selber bildeten (**Abb. 12**). Das Entstehen dieser Gruppierungen ist schwer zu erklären, vielleicht spielt hier auch eine Ernährungskrise, hervorgerufen durch eine erst seit Kurzem belegte einschneidende Klimaverschlechterung eine Rolle. Jedenfalls tauchen zum ersten Mal die Alamannen auf, gegen die im Jahre 213 n. Chr. Kaiser Caracalla (211–217) einen Feldzug unternahm. Archäologische Zeugnisse davon findet man mehrfach: in der letzten Phase des als Triumphbogen umgestalteten Limestores in Dalkingen sowie in Straßenbauten und dem Bau der Stadtmauer bei und in Faimingen, wo Caracalla das Heiligtum des Apollo

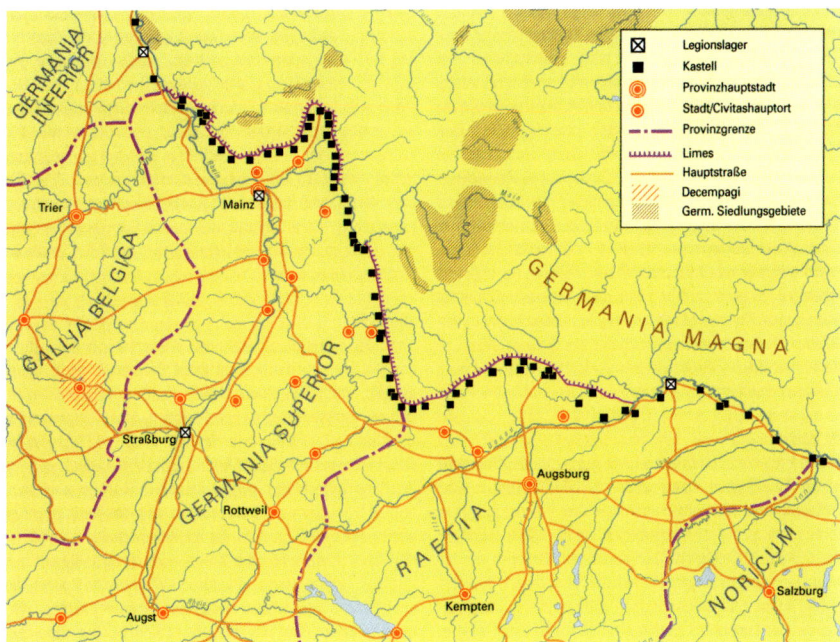

Abb. 12: Obergermanischer und raetischer Limes und germanische Besiedlung im Limes-Vorfeld (schraffiert) in der 1. Hälfte des 3. Jhs. n. Chr. Nach Wamser 2000 Abb. 56.

Grannus besuchte. Nach diesem Kriegszug herrschte noch einmal für 20 Jahre Ruhe am Limes. Weiter im Norden bildete sich etwa zur selben Zeit der noch mächtigere Stammesverband der Franken heraus. Durch die Überfälle dieser Völkerschaften wurden die nördlichen Provinzen des Reiches und der Norden Italiens für fast ein Jahrhundert zum Schauplatz heftiger Kämpfe und großer Verheerungen.

Erste Durchbrüche durch den Limes

Als es im Jahre 231 n. Chr. an der Euphratgrenze zu einem Krieg mit den Parthern gekommen war, zog der Kaiser Severus Alexander (222–235) ein Heer zusammen, dem Truppen von den Grenzen an Rhein und Donau angehörten. Diese spürbare Schwächung der Grenzverteidigung am Limes nutzten die Alamannen aus: Sie brachen mit großer Wucht erstmals über die Limesgrenze herein, um zu morden und zu plündern. Nun offenbarten sich gnadenlos die Mängel der römischen Grenzverteidigung: Denn für den Fall von Kriegen an mehreren Fronten stand keine mobile Heeresreserve zur Verfügung. Ja schlimmer noch – aus den ohnedies minimierten Grenzgarnisonen mussten für die Aufstellung von Eingreiftruppen Teile der Kastellbesatzungen (Vexillationen) abgezogen werden, was viel Zeit brauchte und die Grenzverteidigung noch mehr schwächte. Diese stetige Verminderung der Verteidigungskraft blieb natürlich den Gegnern nicht verborgen, und so standen im 3. Jahrhundert im weiten römischen Reich die großen Kämpfe und Kriege an den Nord- und Ostgrenzen in einem ursächlichen inneren Zusammenhang.

Auch in den folgenden Jahren nutzten germanische Völker, unter ihnen die Franken, Alamannen, Juthungen und Vandalen, oft solche Notlagen des Reichs zu Plünderungszügen bis nach Oberitalien und Spanien aus, ohne dass uns die römische Überlieferung hierüber ein schlüssiges Bild liefern würde. Archäologische Befunde aus dem 3. Jahrhundert, welche die unruhigen Verhältnisse widerspiegeln, sind aber gerade in Raetien nicht selten: Abbruch von Siedlungen, gehäuftes Auftreten von Zerstörungs- und Brandschichten mit Metallfunden (**Abb. 13**). Hortfunde von Münzen (**Abb. 14**) und wertvollem Material aus Metall sind ebenfalls ein sicheres Indiz für unruhige Zeiten. Das schrecklichste Zeugnis für die Germaneneinfälle aber stellen die Überreste erschlagener Menschen dar. Auch das Ende der Steininschriften im Limesgebiet (Bauinschriften, Weihe- und Grabsteine) um die Mitte des 3. Jahrhunderts bezeugt einen weitgehenden Zusammenbruch der römischen Lebensart im Limesgebiet.

Die Lage des Reiches wurde immer schwieriger; an allen Grenzen hatte

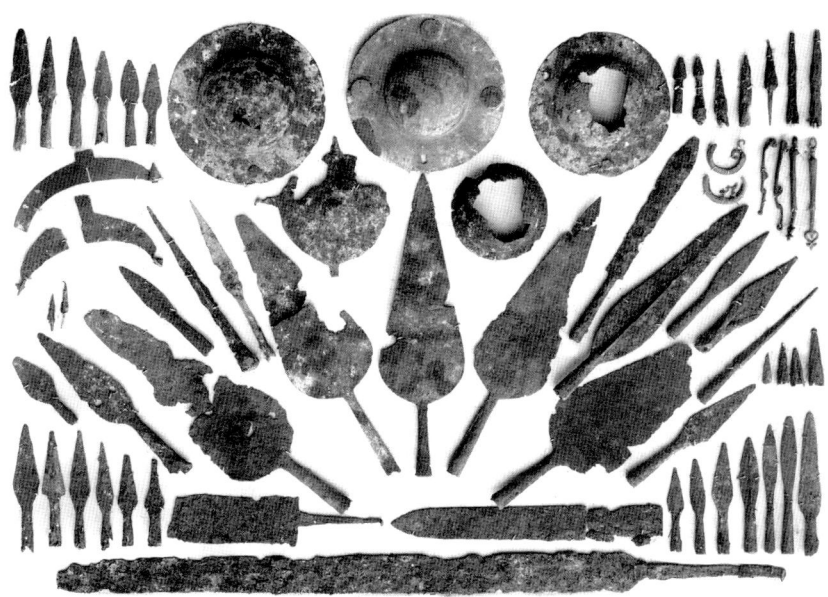

Abb. 13: Waffenfunde aus dem Kastell von Pfünz. Zumeist aus Brandschichten des 3. Jhs. n. Chr. Helmteile, Schwerter und Schwertscheidenbeschläge, Schildbeschläge, Lanzen - und Pfeilspitzen.

Abb. 14: Silbermünzen (Denare) aus dem in der 1. Hälfte des 3. Jhs. n. Chr. verborgenen Münzschatz von Kirchmatting (Lkr. Straubing-Bogen). Archäologische Staatssammlung München. Foto: M. Eberlein.

man sich gegen mächtige Feinde zu wehren, an Rhein und Donau gegen germanische Völkergruppen, im Orient gegen die Perser, und sogar in Afrika machten kriegerische Wüstenstämme zu schaffen. Gleichzeitig erschöpften sich in der Periode der sogenannten Soldatenkaiser die Kräfte in Bürgerkriegen, in denen die von verschiedenen Heeren ausgerufenen Kaiser alle paar Jahre wechselten. Dazu kamen Seuchen, Wirtschaftskrisen und Inflation.

Der Augsburger Siegesaltar

Aus den schriftlichen Überlieferungen erfährt man aber kaum Konkretes über diese Notzeit. Wesentliche Fortschritte für die Erforschung der Provinzgeschichte Raetiens brachte hier ein sensationeller Neufund von 1992 aus Augsburg. Es handelt sich dabei um einen steinernen Altar, der für einen Germanensieg vom 24./25. April 260 n. Chr. gesetzt worden war. Seine Inschrift besagt, dass der raetische Statthalter Marcus Simplicinius Genialis mit einem Heer aus Soldaten der Provinz Raetien, solchen aus (Ober)Germanien und einer Art Bürgerwehr den barbarischen Volkstamm der Semnonen, nun Juthungen genannt, geschlagen und verjagt und bei dieser Gelegenheit viele Tausende gefangener Italiker befreit hatte (manche Forscher dachten dabei schon an die Soldaten der 3. Italischen Legion). Die damit zum ersten Mal in

der Geschichte auftauchenden und auch – mit ihrem älteren Namen – als Semnonen bezeichneten Juthungen wurden also auf dem Rückmarsch von einem Plünderungszug nach Italien überfallen und in einer zweitägigen Schlacht besiegt. Wichtige Informationen liefert diese Inschrift auch zum Zustand des Limesheeres: Es werden gar keine Namen von einzelnen Einheiten mehr genannt, sondern nur noch ein „Volkssturm", ein „germanisches" und ein „raetisches" Heer! Anscheinend waren viele der traditionellen Truppeneinheiten bereits aufgelöst und zu einer Art „Alarmeinheit" zusammengefasst worden.

Das Ende des raetischen Limes

Dieser Erfolg des Marcus Simplicinius Genialis blieb aber nur Episode – das Chaos ging weiter und Rom war gezwungen, sich auf die Flussgrenzen von Rhein und Donau zurückzuziehen. Wann Rom endgültig das Limesgebiet östlich des Rheins und nördlich der Donau räumte, ist immer noch ein schwieriges Forschungsproblem. Während der östliche Teil des obergermanischen Limes erst im Jahre 260 n. Chr. unter Kaiser Gallienus (253–268) verloren ging, könnte der raetische Limes nördlich der Donau unter der gemeinsamen Herrschaft von Valerian (253–260) und seinem Sohn Gallienus wohl schon etwas früher zusammengebrochen sein.

Alle dendrochronologischen und numismatischen Daten aus anderen raetischen Kastellen lassen an ein Ende des Limes knapp nach 254 n. Chr. denken. Der Juthungensieg von Augsburg im Jahre 260 hätte dann bereits nach dem „Limesfall" stattgefunden. Auch im Regensburger Legionslager haben sich trotz einer ersten Zerstörung nach 242 n. Chr. noch Teile der 3. Italischen Legion gehalten, zumindest bis zu einer durch Münzen datierten Zerstörung um 280 n. Chr.

Die Zeit zwischen dem Zusammenbruch des Limes bis um 300 n. Chr. ist dort momentan schwer zu überblicken. Augsburg konnte sicherlich ohne größere Brüche gehalten werden, blieb aber von Verwüstungen nicht verschont. Die Lage auf dem offenen Lande war dagegen recht schwierig geworden: In besonders geschützten Gegenden gab es auf schwer zugänglichen Höhen vereinzelt kleine, in Eile errichtete befestigte Fluchtburgen mit Funden aus jener Zeit. Aber auch Städte wurden verlagert und entstanden an geschützten Plätzen in reduzierterem Umfange neu. Kempten/*Cambodunum* lebte auf dem anderen Illerufer als kleine Befestigung auf der Burghalde weiter, in Bregenz/*Brigantium* verschanzte man sich auf dem Hügel der Oberstadt hinter starken Mauern.

Durch die heftigen Kämpfe beim Untergang des Limes, durch dauerhafte Abkommandierungen in andere Provinzen und improvisierte Zusammenlegungen von Resteinheiten sind fast sämtliche traditionellen Truppennamen der Garnisonen am obergermanischen und raetischen Limes aus der Überlieferung verschwunden. Keiner der früheren Formationen von der Limesstrecke nördlich der Donau begegnet man in spätrömischer Zeit wieder. Lediglich an der Donaustrecke haben die Traditionseinheiten der *cohors III Brittannorum* in Eining/*Abusina* und der *legio III Italica* in Regensburg diese Krisenzeiten überlebt.

Die Spätantike

In Raetien, wie auch sonst im ganzen Reich, verbesserte sich die Lage wieder, nachdem der energische Kaiser Diokletian (284–305) die Herrschaft übernommen hatte. Er schuf zunächst ein neues Regierungssystem, die sogenannte Tetrarchie („Vierkaiserherrschaft"). Nun hatte man das Reich zweigeteilt und im Osten und im Westen herrschte jeweils ein Kaiser mit dem Titel „Augustus" zusammen mit einem Unterkaiser, der den Titel „Caesar" führte. Diokletian und sein Nachfolger Constantin setzten nun jenes gewaltige Reformwerk in Gang, welches das römische Reich noch einmal für einen längeren Zeitraum erhalten sollte, der in der späteren Geschichtsschreibung als Spätantike bezeichnet wird.

Neuordnung der Provinz Raetien

Diese Reformen hatten auch für Raetien beträchtliche Konsequenzen. Die Provinz wurde im Laufe des 4. Jahrhunderts in zwei Provinzen aufgeteilt. Das „erste Raetien" *(Raetia prima)* trennte vom „zweiten Raetien" *(Raetia secunda)* eine der Linie Isny, Arlberg, Münstertal, Stilfserjoch folgende Nordsüdgrenze, wobei die Raetia Prima mehrheitlich im Gebiet der heutigen Schweiz, die Raetia Secunda überwiegend im heutigen Bayern und Tirol lag. Beide Verwaltungseinheiten gehörten zur Präfektur Italien und innerhalb dieser zur Diözese *Italia annonaria,* welcher ein Vicarius mit Sitz in *Mediolanum*/Mailand vorstand. Jede der beiden raetischen Provinzen wurde von einem eigenen Zivilbeamten mit dem Titel *praeses* verwaltet, wobei der eine in Chur, der andere in Augsburg saß. Das militärische Oberkommando über die Grenztruppen beider Raetien war nicht getrennt, sondern in einer Hand zusammengefasst. Es unterstand dem „Grenzabschnittsgeneral" *(dux limitis)* mit dem Titel „General der ersten und zweiten raetischen Provinz" *(dux provinciae Raetiae primae et secundae)* mit dem Rangprädikat einer „Exzellenz" *(vir spectabilis).*

Heeresreform

Im Rahmen dieser Reformen hat man auch das römische Heer grundlegend verändert. Wiewohl noch die alten Be-zeichnungen, wie *legio, ala* und *cohors* im Gebrauch waren, ist doch sicher, dass die Truppen nicht mehr ihre alten Sollstärken hatten, sondern erheblich reduziert waren. Dies galt auch für die 3. Italische Legion in *Castra Regina*/Regensburg, die in der Spätantike in mehrere Teileinheiten mit verschiedenen Garnisonsorten aufgespalten worden ist. Ferner wurde das römische Heer dauerhaft zweigeteilt: Es gab nun ein fest in den Grenzfestungen stationiertes Grenzheer und ein im Hinterland beweglich operierendes Bewegungsheer. Das Grenzheer ist durch eine Art Truppenverzeichnis des frühen 5. Jahrhunderts, die *Notitia dignitatum,* auch für Raetien überliefert. Beide Heeresteile bestanden zum Großteil aus angeworbenen Germanen. Im Prinzip hat sich dieses neue System der Spätantike bewährt, allerdings nur so lange, bis die römische Armee sich dann in Bürgerkriegen rivalisierender Anwärter auf den Kaiserthron selbst dezimierte. So sind im Bereich des römischen Westreiches die militärisch bewachten Grenzen, die *ripae* und *limites,* schließlich weniger dem Ansturm der Feinde von außen zum Opfer gefallen, sondern lösten sich bis um die Mitte des 5. Jahrhunderts, auch aufgrund innerer Kämpfe und Wirren, in der Endphase der römischen Herrschaft nach und nach von selber auf.

Der spätrömische Donau-Iller-Rhein-Limes in Bayern

Durch den Wegfall des Limesgebietes spätestens nach 260 n. Chr. musste eine neue Verteidigungslinie angelegt wer-

den. Dies sollte aber erst nach einigen Jahrzehnten des Chaos gelingen. Unter Diokletian richtete man ein durchgehendes Grenzsystem ein, den Donau-Iller-Rhein-Limes (**Abb. 15**).

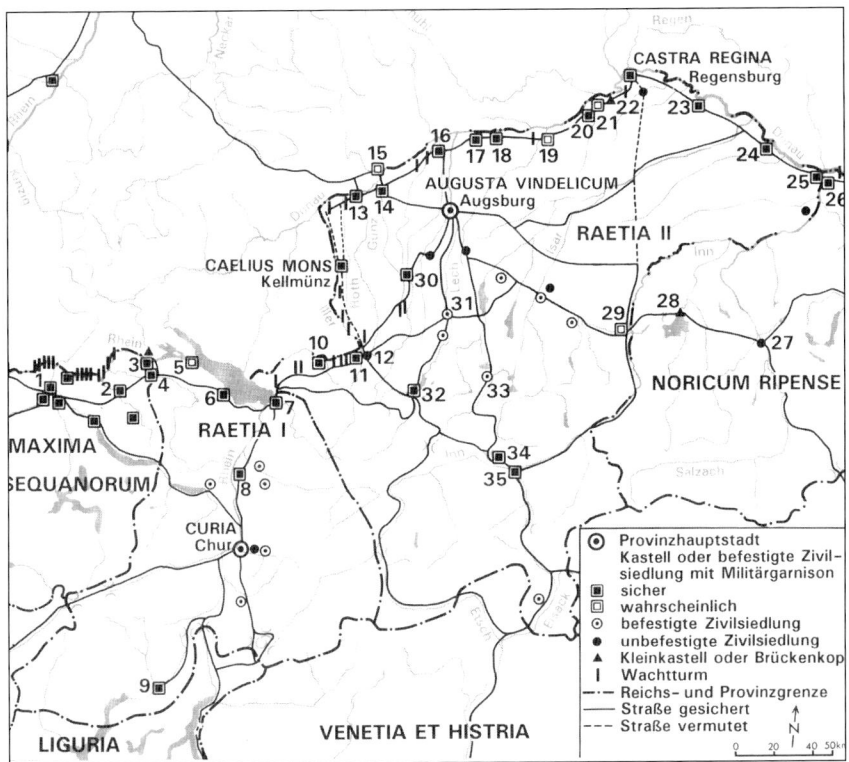

Abb. 15: Verlauf des Donau-Iller-Rhein-Limes in *Raetia* I und II sowie in der Maxima Sequanorum. Nach Mackensen in Weber 2000 Abb. 245. 1 Windisch; 2 Oberwinterthur; 3 Burg bei Eschenz; 4 Pfyn; 5 Konstanz; 6 Arbon; 7 Bregenz; 8 Schaan; 9 Bellinzona; 10 Betmauer bei Isny; 11 Kempten-Burghalde; 11a Kempten-Lindenberg; 12 Kellmünz; 13 Günzburg; 14 Bürgle bei Gundremmingen; 15 Faimingen; 16 Burghöfe; 17 Burgheim; 18 Neuburg; 19 Manching; 20 Eining; 21 Weltenburg; 22 Untersaal; 23 Straubing; 24 Künzing; 25 Passau; 26 Passau-Innstadt; 27 Salzburg; 28 Seebruck; 29 Pfaffenhofen; 30 Goldberg bei Türkheim; 31 Lorenzberg bei Epfach; 32 Füssen; 33 Moosberg bei Murnau; 34 Martinsbühel bei Zirl; 35 Innsbruck-Wilten.

Viele der Grenzschutzeinheiten an Iller und Donau bis in die Gegend von Ingolstadt sind in der Zeit der Tetrarchie neu ausgehoben worden: Über diese Einheiten und ihre Gründung ist man nur über eine Quelle informiert – über ihre Namen: Sie und die der anderen Garnisonen der Spätantike sind über das spätantike „Truppenhandbuch", die *Notitia dignitatum*, noch im frühen 5. Jahrhundert überliefert. Darin tragen noch einige Einheiten Namen, die von den Beinamen der Augusti und Caesares der Tetrarchie gewählt worden sind. So hat man z. B. Truppen mit den Beinamen „Valeria" oder „Herculea" unter der Herrschaft von Valerius Diocletianus oder Maximianus Herculius neu geschaffen.

Letzter Ausbau der Grenzverteidigung

Unter der Regierungszeit des Kaisers Valentinian I. (364–375) raffte sich Rom in einem letzten Kraftakt noch einmal zu einer erheblichen Verstärkung der Grenzfestungen auf, auch zahlreiche Kleinfestungen *(burgi)* wurden nun errichtet. Spuren dieser Aktivitäten hat man auch in Bayern immer wieder feststellen können. Die Kastelle des Grenzheeres an den neuen Flussgrenzen an Iller und Donau waren im Vergleich zu den Anlagen der mittleren Kaiserzeit stark verkleinert worden. Dafür hat man sie aber wesentlich massiver erbaut. Man kennt an Kastellen für die Raetia Secunda dasjenige von Vema-

nia/Isny (Baden-Württemberg) an der Straße Bregenz–Kempten. Dann folgten in Bayern an Iller und Donau *Cambodunum*/Kempten-Burghalde, *Caelius Mons*/Kellmünz, *Pinianis* (ein noch unbekanntes Kastell im Bereich der Illermündung), *Guntia*/Günzburg, etwas von der Donau zurückgesetzt *Phebiana*/Bürgle bei Gundremmingen und *Summuntorium*/Burghöfe. Näher an der Donau erbaute man *Parodunum*/Burgheim, *Venaxamodurum*/Neuburg an der Donau, *Vallatum* (eher nicht Weltenburg, auf dem Burgberg von Vohburg?), *Abusina*/Eining, *Castra Regina*/Regensburg, Straubing, *Quintanis*/Künzing und *Batavis*/Passau. Bereits zur spätantiken Provinz Noricum ripense gehörig war das Kastell *Boiotro*/Passau-Innstadt.

Befestigungen im Hinterland des Donau-Iller-Rhein-Limes

Im Gegensatz zur frühen und mittleren Kaiserzeit, als in Bayern fast alle Truppen direkt am Limes stationiert waren, erweiterte man nun, wie überall an den Grenzen des Römischen Reiches, die Verteidigung bis tief in das Hinterland hinein. Vor allem an wichtigen Straßen, Pässen und Flussübergängen errichtete man Kastelle für das Bewegungsheer, oft kombiniert mit Nachschubbasen. Von diesen Kastellen im Hinterland der Raetia Secunda kennt man in Bayern *Rostrum Nemaviae*/Goldberg bei Türkheim, *Augusta Vindelicum*/Augsburg,

Foetes/Füssen und *Pons Aeni*/Pfaffenhofen. In Österreich (Tirol) liegen *Teriola*/Zirl und *Veldidena*/Innsbruck-Wilten. In der Provinz Noricum ripense sind kleinere Garnisonen in Pocking, Lkr. Passau (?) und *Bedaium*/Seebruck vermutet oder belegt.

Zwischen den Kastellen und an wichtigen Verbindungsstraßen im Hinterland lagen massiv erbaute Türme *(burgi)*, die im Gegensatz zu den Limestürmen der mittleren Kaiserzeit eher als Kleinfestungen anzusprechen sind. Ausgeschildert und leicht zu erreichen ist hier nur die Anlage von Finningen **(Abb. 16)**. Dazwischen gab es etwas größere Kleinfestungen, wie Untersaal, die wahrscheinlich zur Versorgung der anderen Burgi dienten. Diese Burgi wurden größtenteils wohl erst unter Kaiser Valentinian I. (364–375) errichtet, man kennt sie aber vereinzelt schon in der Zeit der Tetrarchie (Goldberg bei Türkheim).

Abb. 16: Rekonstruktion der spätantiken Kleinfestung (Burgus) von Finningen. Nach Mackensen in Wamser 2000, Abb. 243.

Das Ende des spätrömischen Limes in Bayern

Ging man noch vor wenigen Jahren davon aus, dass das Ende der spätrömischen Grenzverteidigung bereits um 401 n. Chr. gekommen sei, als der Heermeister des Westens, Stilicho, Truppen von Rhein und Donau zur Verteidigung Italiens gegen die Westgoten abzog, so haben neue Ergebnisse der archäologischen Forschung zusammen mit einzelnen historischen Nachrichten dies klar korrigieren können: Eine organisierte Grenzverteidigung hört erst gegen Mitte des 5. Jahrhunderts auf. Allerdings scheint das Ende nicht auf einen Schlag gekommen zu sein, sondern zu unterschiedlichen Zeiten und mit unterschiedlichen räumlichen Schwerpunkten. Manche Kastelle wurden einfach verlassen, andere gewaltsam zerstört, z. B. in Eining. Zum endgültigen Ende von römischer Provinzverwaltung, Administration und Grenzverteidigung kam es dann spätestens im Jahre 476, als mit der Absetzung des letzten weströmischen Kaisers Romulus Augustulus durch den germanischen Heerführer Odoaker nach landläufiger Meinung das weströmische Reich zu Ende ging. Dieser Vorgang ist durch die im frühen 6. Jahrhundert verfasste Lebensbeschreibung des hl. Severin von Noricum (Kap. 20.1) in aller wünschenswerten Deutlichkeit überliefert: „Zur Zeit, als noch das römische Reich bestand, wurden die Soldaten vieler Städte für die Bewachung des limes aus öffentlichen

Mitteln besoldet. Als diese Regelung aufhörte, zerfielen sogleich mit dem limes auch die militärischen Einheiten."

Von den Römern zu den Bajuwaren

Der Übergang von der Römerzeit zum frühen Mittelalter in Bayern lag lange Zeit im Dunkeln, denn die Schriftquellen dazu sind sehr spärlich. Erst im frühen 6. Jahrhundert taucht ganz unversehens ein Volk namens Baiuvarii auf, das nun zwischen Donau und Alpen bzw. zwischen Lech und Enns anzusiedeln ist (520 bzw. um 565 n. Chr.). Schriftliche Quellen lassen uns über seine Herkunft weitgehend im Stich, nur der Name selber gibt da Hinweise: Baiuvarii bedeutet „Männer aus dem Lande Baia", das höchstwahrscheinlich mit Böhmen, dem alten Boiohaemum der antiken Geographen, gleichzusetzen ist. In den letzten Jahrzehnten konnte allerdings die Archäologie wesentliche neue Erkenntnisse gewinnen, die auch Antworten auf die Frage nach der Herkunft der Bayern gaben. Als „missing link" zwischen der Spätantike und dem frühen Mittelalter im bairischen Donauraum beiderseits der römischen Reichsgrenze zwischen Neuburg und Passau fand sich im 5. Jahrhundert eine relativ unscheinbare Keramikgruppe elbgermanisch-böhmischer Tradition. Man hat diese sogenannte Gruppe Friedenhain-

Přešťovice (**Abb. 17**) nach zwei großen Brandgräberfeldern in Böhmen und im Vorfeld von Straubing benannt. Sie ist durch Keramik mit Ovalfacetten und Schrägriefen auf flachen Schalen definiert. Keramik dieser Art ist einerseits in römischen Kastellen, wie Neuburg a. d. Donau, Eining, Weltenburg, Regensburg, Straubing und – in ganz geringem Umfang – auch in Passau zu finden (**Abb. 18**). Im Gebiet nördlich der Donau haben sich in den letzten Jahren die Funde im ehemaligen raetischen Limesgebiet stark vermehrt. Neben zahlreichen Siedlungs-, Grab- und Einzelfunden ist zu Friedenhain ein weiteres Brandgräberfeld von Forchheim bei Neumarkt/Opf. hinzugekommen. Diese Funde stellen die Hinterlassenschaften einer Gruppe von Germanen dar, die aus Böhmen kommend von den Römern als Verbündete, als sogenannte Foederaten, im Vorfeld der Grenze zwischen Neuburg und Straubing angesiedelt worden sind. Angehörige dieser Gruppe haben auch in den Grenzkastellen Militärdienst geleistet, danach blieben sie auf römischem Gebiet wohnen oder kehrten zurück, wie der Grabfund eines Kriegers des 5. Jahrhunderts von Kemathen bei Kipfenberg im Altmühltal belegt (**Abb. 19**). Besonders in Regensburg und Straubing bezeugt Keramik des Horizonts Friedenhain-Přešťovice, dass nun auch Germanen böhmischer Herkunft im Dienste der römischen Armee die Grenzwacht übernommen haben. Aber das gleichzeitige Vorhan-

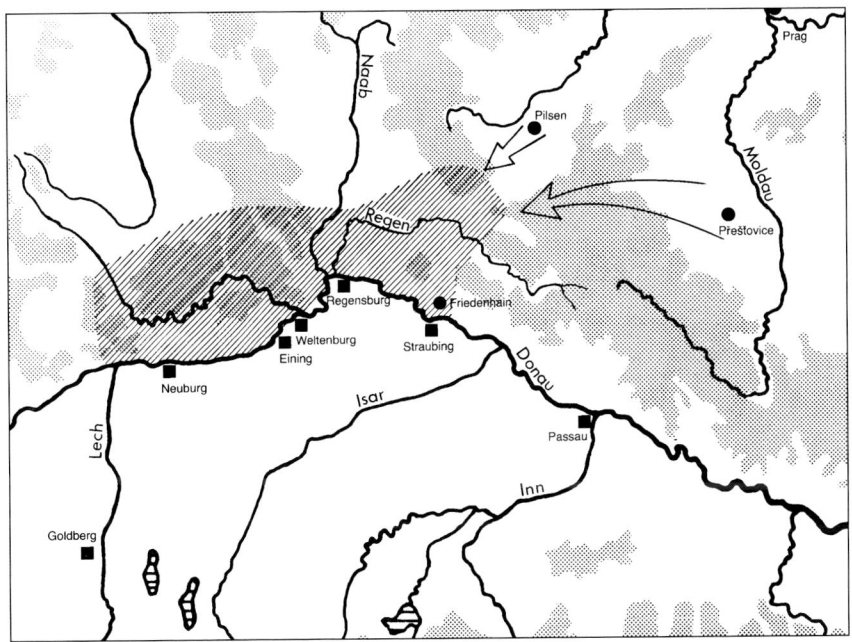

Abb. 17: Besiedlung des Gebietes nördlich der Donau durch Germanen böhmischer Herkunft der Gruppe Friedenhain-Přešťovice im 5. Jh. n. Chr. Nach Fischer 1988 Abb. 28.

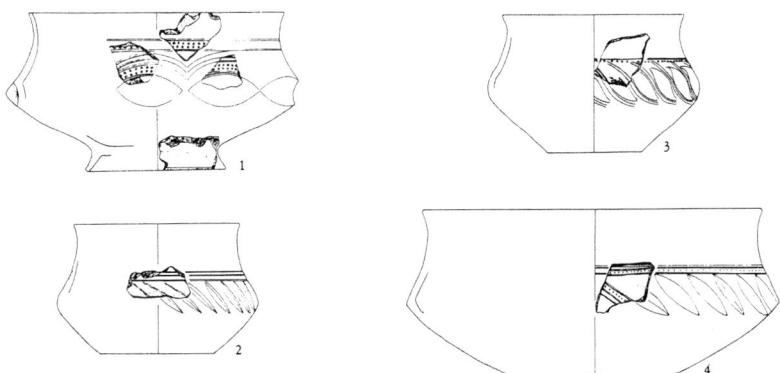

Abb. 18: Handgemachte Tongefäße der Gruppe Friedenhain–Přešťovice mit der typischen Ovalfacetten-und Schrägriefenverzierung aus dem Regensburger Legionslager (Grabung Grasgasse). Nach Fischer 1988 Abb. 30.

Abb. 19: Rekonstruktion der Tracht und Bewaffnung des germanischen Kriegers aus dem 5. Jh. n. Chr. von Kemathen. Nach Wamser 2000 Abb. 275.

densein einer umfangreichen Bevölkerungsgruppe römischer Abstammung ist ebenfalls durch einschlägiges Fundmaterial gesichert.

Die Stammesbildung der Bayern

Versucht man nun, aus den spärlichen historischen Quellen und dem gegenwärtigen Bild, das die archäologische Forschung bietet, eine Zwischenbilanz zu ziehen, so ergibt sich folgendes Modell für die bairische Stammeswerdung: Besondere Bedeutung gewinnt die Tatsache, dass sich die aufgrund ihrer massiven Bauweise praktisch unzerstörbare Festung Regensburg ab dem Ende der römischen Herrschaft nach der Mitte des 5. Jahrhunderts im Besitz der Foederaten böhmischer Herkunft befand. Von Regensburg weiß man seit der schriftlichen Überlieferung des frühen Mittelalters, dass es Haupt- und Residenzstadt des frühmittelalterlichen agilolfingischen Stammesherzogtums war. Aus all dem kann man ableiten, in den Trägern der archäologisch definierten Gruppe Friedenhain-Přešťovice historisch die „Baiuvarii", die „Männer aus Böhmen", zu sehen.

Damit hätte man es aber nicht mit den Urbayern schlechthin zu tun, welche geschlossen aus Böhmen gekommen waren, sondern nur mit einer von vielen Gruppen – es muss sich gar nicht um die zahlenmäßig stärkste gehandelt haben –, aus denen sich dann der Stamm der Baiern auf dem Gebiet der römischen Provinz Raetien formierte. Wie man aus zahlreichen Grabfunden weiß, kamen bald andere germanische Völkerschaften dazu – Alamannen, Ostgoten, Langobarden –, sie alle siedelten sich hier an und verschmolzen zum neuen Stamm der Bajuwaren. Dieses Modell kann alte Einwanderungstheorien ersetzen. Zumeist ohne Berücksichtigung der archäologischen Quellen sind, auch in letzter Zeit, immer wieder neue „Bajuwarenthesen" entwickelt worden.

Der Limes in Bayern in nachrömischer Zeit

An Iller und Donau entstanden aus den spätrömischen Festungen oft Siedlungen, die bis heute existieren, allerdings nicht mehr als Grenzfestungen, sondern als zivile Städte. Am Limes dienten Kastelle, Türme und die Sperrmauer als willkommene Steinbrüche für Baumaterial, vor allem nach dem 30-jährigen Krieg. Aber immer noch waren die Spuren der Grenze im Gelände sichtbar und prägten vielfach die Landschaft in Form von Flur- und Territorialgrenzen. Seit dem 9. Jahrhundert ist für den Limes der Begriff „Pfahl"

überliefert, vielleicht vom lateinischen *palus* für Palisade. Dieses Wort findet man heute noch in vielen Orts- und Flurnamen (z. B. Pfahldorf, Pfahlbuck). Da man rasch vergessen hatte, wer diese riesige Anlage errichtet hatte, bemächtigten sich bald Sagen des Bauwerks: Kein Geringerer als der Teufel konnte diese „Teufelsmauer" erbaut haben, an der entlang in den „Rauhnächten" nach Weihnachten auch das „Wilde Heer" der Geister entlangtobte.

Literatur zu Teil I
T. BECHERT, Die Provinzen des römischen Reiches. Einführung und Überblick (Mainz 1999). – J. BELLOT/W. CZYSZ/G. KRAHE (Hg.), Forsch. z. Provinzialröm. Archäologie in Bayerisch-Schwaben. Schwäbische Geschichtsquellen u. Forsch. 14 (Augsburg 1985). – H. DANNHEIMER/H. DOPSCH (Hg.), Die Bajuwaren. Von Severin bis Tassilo 488–788 (Salzburg 1988). – FISCHER 1999. – K. KORTÜM, Zur Datierung der römischen Militäranlagen im Obergermanisch-raetischen Limesgebiet. Saalburg Jahrb. 49, 1998, S. 5ff. – RiB 1995. – SCHÖNBERGER 1985. – STEIDL, B., Welterbe Limes – Roms Grenze am Main. Ausstellungskatalog d. Arch. Staatsslg. München (Obernburg 2008). – ULBERT/ FISCHER 1983. – WAMSER 2000. – W. ZANIER, Der Alpenfeldzug 15 v. Chr. und die Eroberung Vindelikiens, in: Bayer. Vorgesch. Bl. 64, 1999, 99ff.

Teil II
DER RAETISCHE LIMES IN BAYERN

Forschungsgeschichte

Der Limes in Obergermanien und Raetien stellt nicht nur das größte Bodendenkmal unseres Landes dar, sondern auch das am besten erforschte. Dies geht vor allem auf die Tätigkeit der 1892 auf Anregung von Theodor Mommsen gegründeten „Reichs-Limeskommission" zurück. Doch schon seit der Renaissance stellte der römische Limes in Deutschland ein Objekt der Forschung dar, etwa erstmals durch den aus Abensberg stammenden und in Regensburg begrabenen Geschichtsschreiber Johannes Turmair (1477–1549), genannt Aventinus (**Abb. 20**). In den Jahren 1518/19 erschien seine kurze Zusammenfassung des Geschichtswerkes, die „Bayrisch Cronik", die Aventinus im Auftrag Wilhelms IV. verfasste und die die Geschichte der bayerischen Herzöge beinhaltete. Hierin erwähnte er ein bei Nassenfels im Landkreis Eichstätt entdecktes, als Landwehr bezeichnetes vermeintliches Limesstück, das aus Wall und Graben bestand. Ferner beschrieb er diesen Fund in seinem zwischen 1519 und 1521 veröffentlichten, in lateinischer Sprache abgefassten

Werk „Annales ducum Boiariae". In der zwischen 1526 und 1533 erschienenen deutschen Version dieser Annalen („Bairische Chronik") fügte er seiner Entdeckung noch eine Aufstellung des vermutlichen Verlaufs von Pförring über Kösching und Nassenfels bis hin zum Neckar hinzu sowie eine Datierung. Seiner – inzwischen überholten – Aussage zufolge wurde dieses Limesstück

Abb. 20: Epitaph des Johannes Turmair, genannt Aventinus (1477–1549), aus St. Emmeram in Regensburg. Foto: Th. Fischer.

unter dem römischen Kaiser Probus zwischen 276 und 282 n. Chr. erbaut. Diese Theorie bildete die Grundlage für viele andere Forscher noch bis ins 19. Jahrhundert hinein. Aventins Interpretation war zwar falsch, hat aber das Interesse an der Limeserforschung geweckt. Der 30-jährige Krieg verhinderte dann allerdings die Limesforschungen für längere Zeit.

Ein Neubeginn der Forschungen fand wieder im 18. Jahrhundert statt. Zu nennen wäre hier zunächst der Pfarrer Christoph Wägemann (1666–1713) aus Unterasbach bei Gunzenhausen an der Altmühl. Er stieß dort, am nördlichen Scheitelpunkt der römischen Grenzlinie, auf Reste des Limes. Er erkannte auch, dass es sich um Trümmer einer Mauer handelte. In seiner Gesamtbetrachtung folgerte er richtig, dass der Grenzausbau stufenweise erfolgt war und sah als Erster die römische Grenzbefestigung in ihrem Zusammenhang. Seiner Theorie zufolge fand die Errichtung einer Palisade unter Hadrian statt, die unter Probus von einer Steinmauer abgelöst wurde, welche bis an den Rhein reichte.

Christian Ernst Hanßelmann (1699–1776), fürstlich-hohenlohischer Archivar, gilt heute geradezu als „Vater der Limesforschung". Seine archäologischen Untersuchungen zwischen 1741 und 1767 wiesen den Limesverlauf zwischen Jagsthausen und Mainhardt nach

und schlossen so die Lücke zwischen dem obergermanischen und raetischen Limes. Auch erfasste er als erster deutscher Forscher den obergermanisch-raetischen Limes in seiner Gesamtheit und führte dafür auch Nachweise an. Seine Ergebnisse veröffentlichte er 1768 ein erstes Mal und ein zweites Mal, als Fortsetzung, 1773. Was die Datierung des Limes angeht, so korrigierte er sich im Laufe seiner Forschungen zweimal: In der ersten Fassung schrieb er den Hauptanteil des Limesbaus Maximinus Thrax (235–238) zu. Später datierte er die Anlage des Limes in die Zeit zwischen Hadrian (117–138) und Maximian (286–305). Zuletzt – und hierbei nähert er sich am ehesten der tatsächlichen Datierung – legte er den Limesbau in die Zeit zwischen Augustus (27 v. Chr.–14 n. Chr.) und der Gründung des Alamannenbundes um 213 n. Chr.

Eine erste Limes-Monografie in lateinischer Sprache erschien 1723 von dem Weißenburger Rektor Johann Alexander Döderlein (1675–1745), eine deutsche Fassung dieses Werkes wurde 1731 herausgegeben (Abb. 21). Die Quellen für Döderleins Forschung waren die Werke von Aventinus und der Entwurf von Wägemann. Er erkannte ebenfalls Mauer-Überreste, die er „Kaisersmauer" nannte, und stimmte der Theorie des stufenweisen Aufbaus von Wägemann zu. Die Höhe der Limesmauer schätzte er auf 3 m, die Breite auf 1,50 m, außerdem legte er sich auf das Vorhanden-

ANTIQVITATES IN NORDGAVIA ROMANAE,

Oder

Genäuere Vorstellung

Des alten Römischen VALLI

und

Land-Wehre;

Der Pfahl/ oder Pfahl-Heck/

auch

Teuffels-Mauer/

Von den Anwohnern heut zu Tag genannt:

so weyland

Die Glorwürdige Römische Käyser/

P. AEL. HADRIANVS,

und

M. AVR. PROBVS,

Wider die Einfälle der Teutschen in ihre conquêtirte Länder,
Disseits der Donau und des Rheins, im Nordgau und Schwaben,
errichten und befestigen lassen.
Aus verschiedenen/ so wohl alten/ als neuen monumentis, auch mit Land-Chärtlein/
erläutert von

Johann Alexander Döderlein/

Der Käyserl. Reichs-Academie N.C. wie auch der Königl. Preußischen
Societät der Wissenschafften Mitglied und Rect. des Lycéi in Weissenburg.

Weissenburg gedruckt bey Carl Meyer, und zu finden bey Peter Conrad Monath
in Nürnberg 1731.

Abb. 21: Titelblatt des 1731 erschienenen Limeswerkes von J. A. Döderlein.

sein von Türmen fest. Sein Verdienst war auch, dass er als Erster das Mittelstück des Limes begangen hatte.

Für die Zeit von der Mitte bis zum Ende des 18. Jahrhunderts haben sich zwei Gelehrte in der Limesforschung besonders hervorgetan: Der Eichstätter Mathematikprofessor Ignaz Pickel (1736–1818) führte die ersten Grabungen an der Mauer durch und legte Wachtürme frei. Der Konsistorialrat Michael Redenbacher (1764–1816) aus Pappenheim lieferte die erste recht genaue und fast durchweg richtige Beschreibung der ganzen raetischen Mauer und des Südendes des obergermanischen Limes. Redenbacher beging die gesamte Strecke von über 200 km selbst und führte auch Grabungen durch.

Benedikt Werner, Abt des Benediktinerklosters Weltenburg bei Kelheim, berichtete in seiner handgeschriebenen Klostergeschichte, dass der Laienbruder Edmund Franz Schmid (gest. 1786) den bis dahin unbekannten östlichen Limesbeginn entdeckt habe und ihn bei Hienheim vermutete, da er mit den Wäldern dort bestens vertraut war. Der Regensburger Lyzealprofessor Andreas Buchner (1776–1854) verfolgte die raetische Mauer bis zur Württemberger Grenze (er kam nicht weiter, weil er seinen Pass vergessen hatte!) und veröffentlichte seine Erlebnisse 1818 („Reisen auf der Teufels-Mauer"). Er stützte sich auf die unpublizierten Schriften des Stadtpfar-

rers von Eichstätt, Dr. Franz Anton Mayer (1753–1854). Dieser veröffentlichte dann, als korrespondierendes Mitglied der Bayerischen Akademie der Wissenschaften, seine Abhandlungen zwischen 1821 und 1837 unter dem Titel „Genaue Beschreibung der unter dem Namen der Teufelsmauer bekannten römischen Landmarkung". Sein Verdienst besteht u. a. in der Datierung des Limesbaus unter Hadrian und dem Beweis des stufenweisen Ausbaus der Grenzanlage. Ihm fiel auf der Strecke zwischen Donau und Kipfenberg ein schmaler Graben auf, den er als Palisadengraben Hadrians richtig erkannte.

Zu Beginn des 19. Jahrhunderts entstanden zahlreiche historische Vereine am Limes, es wurden staatliche Schutz- und Inventarisierungsbestimmungen erlassen und es erfolgte erstmals im Rahmen der topografischen Landesvermessung die genaue Kartierung des Limes. In der 2. Hälfte des 19. Jahrhunderts begannen staatlich finanzierte Ausgrabungen. All dies zeugt vom wachsenden Interesse am römischen Erbe, aber systematische und grenzübergreifende Forschungen gab es dennoch nicht. Doch dies sollte sich ändern: Waren all diese Ansätze vor dem Ende des 19. Jahrhunderts nur punktuelle Bemühungen auf lokaler Ebene gewesen, so kam es nun zu einem gemeinsamen Forschungsprojekt – der Reichslimeskommission. Diese konnte es aber erst geben, als nach 1871 die deutschen Länder in einem

Abb. 22: Streckenkommissar Medizinalrat
Dr. Heinrich Eidam (1849–1934).
Historische Fotografie.

Abb. 23: Streckenkommissar Apotheker
Wilhelm Kohl (1848–1898).
Historische Fotografie.

Abb. 24: Streckenkommissar Gutsbesitzer
Friedrich Winckelmann (rechts; 1852–1934)
präsentiert stolz seinen Beitrag aus dem ORL .
Historische Fotografie.

Abb. 25: Streckenkommissar Studienrat Josef
Fink (1850–1929).
Historische Fotografie.

gemeinsamen Kaiserreich vereinigt waren. Die Reichslimeskommission hat bis zu ihrer Auflösung im Jahre 1939 nicht nur die älteren Forschungsergebnisse gesammelt, sondern auch neue Grabungen initiiert und zusammen mit den früheren Ergebnissen publiziert. Sie sind in den insgesamt 15 Bänden des Werkes „Der obergermanisch-raetische Limes des Römerreiches" (Abkürzung: ORL) erschienen. Maßgeblich für Bayern war u. a. der General Georg Josef Popp (1825–1905) beteiligt.

Die Reichslimeskommission hat den obergermanisch-raetischen Limes in 15 Strecken von Westen nach Osten eingeteilt, wobei zehn Strecken auf den obergermanischen Limes fallen. Strecke 10 stellt den Odenwaldlimes dar. Die Strecken 13 bis 15 erfassen den raetischen Limes in Bayern. Auf jeder Strecke werden die Reste der Limestürme („Wachtürme", abgekürzt **WP**) neu durchgezählt, der **WP 13/5** z. B. ist der Limesturm Nr. 5 auf der Strecke 13. An jeder Strecke waren ehrenamtliche Ausgräber und Forscher („Streckenkommissare") tätig, welche Informationen zusammentrugen und Ausgrabungen organisierten. In Bayern sind hier z. B. der Arzt Heinrich Eidam (1849–1934) aus Gunzenhausen, der Apotheker Wilhelm Kohl (1848–1898) aus Weißenburg, der Gutsbesitzer Friedrich Winckelmann (1852–1934) aus Pfünz oder der Gymnasiallehrer Josef Fink (1850–1929) aus Ingolstadt zu nennen. (Abb. 22–25)

Leider hat man die an den raetischen Limes anschließende mittelkaiserzeitliche Donaulinie und die ältere tiberisch-claudische Donaulinie samt dem spätrömischen Donau-Iller-Rhein-Limes nicht in diese Forschungen einbezogen. Hier sind dann später z. T. die Römisch-Germanische Kommission des Deutschen Archäologischen Instituts in Frankfurt sowie die Spätrömische Kommission bei der Bayerischen Akademie der Wissenschaften in München mit Grabungen und Publikationen eingesprungen. Vielfach waren am Limes und dessen Hinterland das Bayerische Landesamt für Denkmalpflege mit seinen Außenstellen Augsburg bzw. Thierhaupten, Würzburg, Nürnberg, Ingolstadt, Regensburg und Landshut sowie die Stadtarchäologien in Straubing und Passau und die Kreisarchäologien in Kelheim und Deggendorf tätig. Auch das Saalburg-Museum und die einschlägigen Universitätsinstitute in Frankfurt, Freiburg, Erlangen, Köln, München und Passau haben zur Erforschung der römischen Militärgrenzen Bayerns beigetragen. Mit dem Aufkommen neuer archäologischer Techniken (Luftbildarchäologie, Geophysik) und sonstiger Zusammenarbeit mit den Naturwissenschaften war nun eine immer detailliertere Darstellung möglich.

Im Vorfeld der Ernennung des obergermanisch-raetischen Limes zum Welterbe der UNESCO am 15. Juli 2005 hat sich nun eine neue Deutsche Limeskommission gebildet, welche die Forschungen am obergermanisch-raetischen Limes koordinieren und bündeln soll. Und schließlich bestehen derzeit Bestrebungen, auch die Rheinlinie der Provinz Niedergermanien bzw. die Donaulinie von Raetien, Noricum und Pannonien und der folgenden Provinzen bis zur Donaumündung zum UNESCO-Welterbe erklären zu lassen, um ihren Schutz, ihre Erforschung und den Zugang für die Öffentlichkeit zu fördern.

Entwicklung und Bauweise des Limes

Wie schon im Detail ausgeführt, war der Limes in Obergermanien und Raetien, so wie er sich als Landverbindung vom Rhein zur Donau um die Mitte des 3. Jahrhunderts kurz vor seinem Ende darstellte, das Resultat einer Entwicklung, die über 150 Jahre dauerte. Seit dem Ende des 1. Jahrhunderts hatte Rom an diesem Grenzabschnitt, wie auch an anderen Grenzen des Reiches, mit bemerkenswertem Erfolg versucht, eine militärisch kontrollierte Demarkationslinie unter stetig wechselnden Bedingungen aufrechtzuerhalten. (Abb. 26)

Phase I

Die eigentliche Grenzsperre des Limes hat im Laufe der Zeit ihr Aussehen mehrfach verändert: Zunächst schlug man – in Taunus und Wetterau schon z. T. unter Domitian (71–96), dann unter Traian (98–117) – zur Markierung der Grenze Schneisen durch den dich-

ten Wald, deren Verlauf, je nach Gelände, möglichst geradlinig war. In diesen Schneisen verlief ein Patrouillenweg. An markanten Geländepunkten errichtete man hölzerne Wachtürme in so dichter Folge, dass diese Sichtverbindung untereinander hatten und auch von diesen Türmen immer wieder Blickkontakt zu den rückwärtig gelegenen Kastellen bestand. Bei feindlichen Überfällen konnte man so rasch Meldungen durch optische (Rauch, Feuer, Flaggen) oder akustische (Blasinstrumente) Signale weitergeben. Im frühen 2. Jahrhundert, wahrscheinlich unter Kaiser Hadrian (117–138), erhielt die Grenze eine zusätzliche Markierung und Sicherung durch eine massive hölzerne Palisade. Deren Erbauung konnte aber in Bayern bisher noch nicht genau datiert werden.

Phase II

Die baufällig gewordenen Holztürme reparierte man nicht mehr, sondern ersetzte sie ab der Regierungszeit des Antoninus Pius (138–161) durch dreistöckige Türme aus massivem Bruchsteinmauerwerk. Jetzt hatte schließlich das durch den Limes geschützte Gebiet zwischen Rhein und Donau seine endgültige Ausdehnung erreicht, indem man den Odenwald- und Neckarlimes aufgab und die vordere Limeslinie errichtete. Die vorher gelegentlich noch in Holz-Erde-Technik aufgeführten Kastelle wurden jetzt in Steinbautechnik ausgebaut. Gelegentlich hat man in dieser Zeit in Raetien schadhaft gewordene

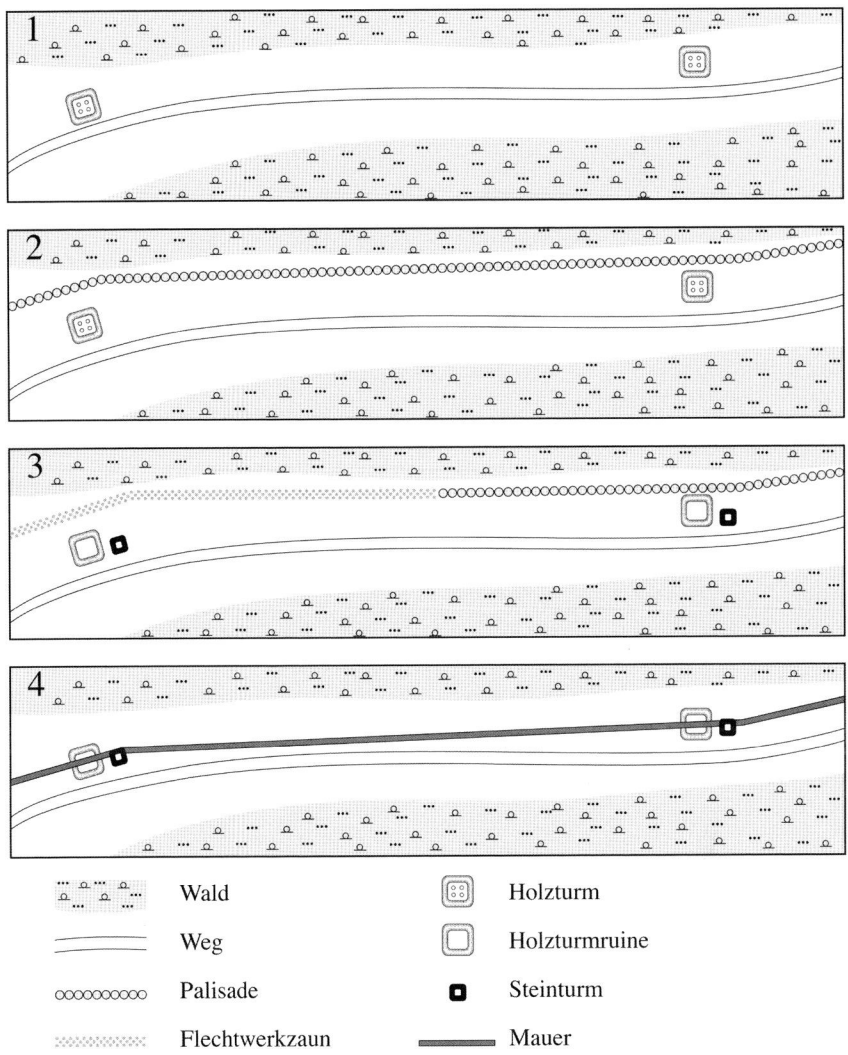

Abb. 26: Die Hauptphasen des raetischen Limes: 1) Schneise, Weg und Holztürme; 2) Schneise, Palisade, Weg und Holztürme; 3) Schneise, Palisade/Flechtwerkzaun, Weg und Steintürme mit Holzturmruinen; 4) Schneise, raetische Mauer, Weg und Steintürme mit Holzturmruinen. Entwurf: Th. Fischer; Ausführung: A. Smadi

Palisadenstrecken durch ein zaunartiges Flechtwerkhindernis ersetzt, doch ist dessen genauere chronologische Einordnung noch ziemlich unklar.

Phase III

Schließlich erhielt der obergermanische Limes sein endgültiges Aussehen durch die Errichtung eines Wall-Graben-Systems, welches nach neueren Forschungen die Palisade ersetzte. Dies geschah nach der Mitte des 2. Jahrhunderts. Nur dort, wo der Boden zu felsig war (Quarz), oder aus nicht näher bekannten Gründen errichtete man gelegentlich eine trocken aufgeschichtete oder gemörtelte Mauer zur Grenzmarkierung. Am raetischen Limes dagegen wurde wohl kurz nach den Markomannenkriegen ab ca. 180 n. Chr. als letztes Annäherungshindernis eine ca. 3 m hohe Steinmauer, die raetische Mauer, erbaut. Dabei wich gelegentlich der Verlauf der Mauer in größerem und kleinerem Maße von dem der Palisade oder des Flechtwerkzaunes ab.

Die römische Armee am Limes

Legionen

Legionen, also die römischen Eliteeinheiten mit ca. 6400 Mann Sollstärke, spielten bei der Grenzverteidigung im römischen Bayern lange Zeit keine Rolle. Zwar waren Legionen bei der Eroberung des Voralpenlandes unter Augustus (27 v.–14 n. Chr.) beteiligt, doch

sind bisher keine größeren Standlager von Legionen in der Frühzeit bezeugt. Nur in Augsburg waren anscheinend Teileinheiten bis um die Mitte des 1. Jahrhunderts n. Chr. stationiert. Immer noch unklar ist es, wo deren Stammeinheiten lagen bzw. wo diese ihre Standlager hatten. Erst relativ spät, nach den Markomannenkriegen unter Kaiser Marcus Aurelius (161–180), bezog ab 179 n. Chr. die 3. Italische Legion ihr Standlager in Regensburg/*Reginum*. Spezialisten dieser Einheiten (Centurionen) sind am Limes immer wieder als Architekten und Bauleiter von Kastellen bezeugt. Auch die Errichtung der raetischen Mauer dürfte mit wesentlicher Hilfe durch die 3. Italische Legion erfolgt sein, obwohl es dafür bisher keine inschriftlichen Belege gibt.

Hilfstruppen (auxilia)

Die Last der Grenzverteidigung im römischen Bayern ruhte insbesondere auf den Schultern der sogenannten *auxilia*, den Hilfstruppen – nach Stärke, Besoldung und Rechtsstellung gemessen an den Legionen „zweitklassige" Abteilungen. Vor allem stellten sie in der römischen Armee die gesamte Reiterei. In diese Hilfstruppen konnten diejenigen freien Reichsbewohner aus den Provinzen eintreten, welche das römische Bürgerrecht anfangs noch nicht besaßen. Die Auxilia gliederten sich in Reiter- und Infanterieeinheiten, in *alae* und *cohortes*, etwa 500 oder 1000 Mann stark. Nicht selten handelte es sich um gemischte Abteilungen *(cohortes equitatae)*. Die Kommandeure der Auxiliarkohorten wurden vom Statthalter der Provinz bestimmt, in der sie stationiert waren. Dagegen wurden die Kommandeure der so wichtigen Reitereinheiten, die *praefecti alae*, stets vom Kaiser in Rom direkt ernannt.

Reiterei *(Alae)*

Eine ca. 500 Mann starke *ala quingenaria* setzte sich aus 480 Reitern zusammen, die in 16 *turmae* (Abteilungen) von je 30 Mann gegliedert waren. Der Führer der *turma* war der *decurio* (nicht zu verwechseln mit dem gleichnamigen Titel eines Stadtrates). Als Kommandeur der *ala* fungierte ein *praefectus alae* aus dem Ritterstand. Die ab der flavischen Zeit eingesetzten *alae milliariae* bestanden aus 1008 Reitern, eingeteilt in 24 *turmae* zu je 42 Mann.

Infanterieeinheiten *(Cohortes)*

Eine *cohors quingenaria peditata* besaß 6 Centurien à 80 Mann = 480 Mann plus Stab unter Führung eines Präfekten oder *praepositus cohortis*. Eine *cohors milliaria peditata* (ca. 1000 Mann) ist in ihrer Stärke quellenmäßig nicht abgesichert, man nimmt 10 Centurien an, was aber nur 800 Mann an Kampftruppen bedeuten würde. Ihr Kommandeur hieß *tribunus cohortis*.

Aus Reiterei und Infanterie gemischte Einheiten *(Cohortes Equitatae)*

Eine *cohors quingenaria equitata* von ca. 500 Mann (genaue Stärke nicht gesichert!) bestand aus 6 *centuriae* und 4 *turmae* sowie einem Stab. Der Kommandeur aus dem Ritterstand war der *praefectus cohortis*. Bei einer über 1000 Mann (ca. 1040 Mann) starken *cohors milliaria equitata* von 10 *centuriae* zu je 80 Mann und 10 *turmae* von je 24 Reitern war der Titel des kommandierenden Offiziers *tribunus*.

Herkunft der Hilfstruppen

Während die Römer zunächst aus den wehrfähigen jungen Männern der neu eroberten Gebiete zwangsweise Hilfstruppen bildeten und außerhalb des Rekrutierungsgebietes einsetzten, kam es dann im Laufe der Zeit zunehmend und mit wenigen Ausnahmen zur überwiegenden Ergänzung der Einheiten aus dem Hinterland des Standorts. Oft waren Auxiliareinheiten nach dem Volksstamm benannt, aus dem sie aufgestellt worden waren, z. B. die Raeterkohorten aus dem Alpengebiet. Lag aber eine solche Raeterkohorte lange Zeit z. B. in Britannien, so war der Name zum bloßen Traditionsnamen geworden, denn die Truppe bestand dann vorwiegend aus Britanniern. Anders war dies nur bei Spezialeinheiten mit einheimischer Bewaffnung, die für die römische Armee große Bedeutung besaßen. Zu diesen gehörten z. B. die Bataver vom Niederrhein, da sie Hilfstruppen mit besonderen Fähigkeiten darstellten: Sie waren nicht nur erstklassige Kämpfer zu Fuß und zu Pferde, sie konnten auch, was andere offenkundig nicht beherrschten: in voller Rüstung mit ihren Pferden Gewässer durchqueren. Diese Fertigkeiten trainierten sie seit ihrer frühen Jugend. Damit gehörten sie neben den orientalischen Bogenschützen zu denjenigen Hilfstruppen, die man immer wieder aus der gleichen Region ergänzte, in der die Einheit ursprünglich ausgehoben worden war. Auch ihre Offiziere waren einheimische Adelige.

Nach 25 oder mehr Dienstjahren kam für den Hilfstruppensoldaten die ehrenvolle Entlassung. Nun wurden ihm nicht nur die über Jahre bei der Truppenkasse angesparten Gelder in bar ausbezahlt; er empfing jetzt endlich das römische Bürgerrecht, das auch auf seine Ehefrau und seine Nachkommen überging. Das so erworbene Bürgerrecht verhalf mehreren Millionen Provinzbewohnern zur rechtlichen und sozialen Angleichung an die in die Provinzen zugezogenen römischen Bürger. Es war also kein Wunder, dass man sich seine Privilegien, nämlich das Bürgerrecht und das Eherecht, in Form von Bronzetafeln, sogenannten „Militärdiplomen", gleich in doppelter Ausfertigung bestätigen ließ. Sie enthielten den Text des kaiserlichen Erlasses zur ehrenhaften Entlassung aus dem Militärdienst, ferner eine genaue Datierung, die Zeugennamen und ihre Siegel, die Personalien des jeweiligen Empfängers, seines unmittelbaren und mittelbaren Vorgesetzten sowie eine Liste aller betroffenen Truppen in der jeweiligen Provinz – eine enorm wichtige Quelle für die Erforschung der römischen Militärgeschichte. Das Original dieser Urkunde wurde in Rom beim Minervatempel öffentlich ausgehängt, der Empfänger erhielt also nur eine Kopie.

Numeri

Seit dem späten 1. Jahrhundert traten, vor allem am obergermanischen Limes, noch rangmäßig unter den *auxilia* die sogenannten *numeri* auf. Dabei handelte es sich um ca. 100 bis 200 Mann starke Wach- und Aufklärungseinheiten, die an festen Grenzabschnittnen stationiert waren. In Raetien allerdings sind bisher *numeri* als Wachtruppen am Limes nicht belegt.

Tracht und Bewaffnung der Limestruppen

Infanterie

Über die Tracht, Bewaffnung und Ausrüstung der römischen Soldaten am Limes ist man auch durch Funde aus bayerischen Kastellen verhältnismäßig gut unterrichtet. Die Waffen gehörten den Soldaten und waren nicht, wie man noch gelegentlich lesen kann, Staatsbesitz. Anscheinend gab es in fast jedem Kastellvicus kleinere Privatbetriebe, die Waffen und Ausrüstung herstellten und verkauften. Deren Normierung erfolgte über einheitliche Richtlinien und die vielfache lokale Nachahmung der vorschriftsmäßigen Armierung. Natürlich behielten Ausrüstung und Bewaff-

Abb. 27: Rekonstruktionszeichnung eines römischen Auxiliarsoldaten (Infanterist) der Zeit um 100 n. Chr. Entwurf: Th. Fischer; Ausführung: A. Smadi.

nung des römischen Militärs von der Zeit der Okkupation unter Augustus bis zum Limesfall unter Gallienus nicht die gleiche Form bei, sondern sie machten eine Entwicklung durch, die man am reichen Fundmaterial des germanisch-raetischen Limesgebietes gut nachvollziehen kann (**Abb. 27**).

Am Körper trug der Soldat ein weites wadenlanges Hemd aus Wolle oder Leinen, die *tunica*. Deren Saum zog er im Dienst durch den Waffengurt bis knapp über das Knie hoch. Es gab verschiedene Arten von Militärmänteln, die man auf der rechten Schulter durch Fibeln mit entsprechend weitem Bügel befestigte. Das raue Klima im Norden brachte

die Soldaten bald dazu, die wärmende Tracht der Kelten und Germanen in Teilen zu übernehmen: Die Hose, als halblange Kniehose aus Stoff oder Leder, gehörte zur Standardkleidung am Limes. Aus einem am Hadrianswall in England gefundenen Privatbrief, der sich auf einem Holztäfelchen erhalten hat, sind auch wärmende Unterhosen und Socken als Ausrüstung der Soldaten bezeugt. Für Hitze und Kälte gleichermaßen gut war das Halstuch *(focale)*, das gegen Sonneneinstrahlung und Schweiß seine Dienste tat, aber auch als Schal gegen Wind und Kälte schützte. Bei den genagelten Schuhen *(caligae)* haben moderne Experimente, wie Gepäckmärsche in nachgebauter römischer Rüstung, gezeigt, dass es sich dabei um recht bequemes Schuhwerk handelte.

Die römischen Soldaten trugen im Einsatz immer Metallhelme aus Eisen oder Bronze, die im Laufe der Zeit ihre Form veränderten. Der Soldat der augusteischen Zeit schützte sich durch das wohl von den Kelten übernommene eiserne Kettenhemd *(lorica hamata)*, das in der Frühzeit zwei S-förmige Schließhaken besaß. In der augusteischen Zeit kam eine neu erfundene Form des Körperpanzers auf, der Schienenpanzer *(lorica segmentata)* (**Abb. 28**). Er bestand aus Eisenblechstreifen, aus denen mit Lederriemen sowie Schnallen, Scharnieren und Schließhaken aus Bronze ein Panzer für den Oberkörper und die Schulterpartien hergestellt wurde, eine sichere

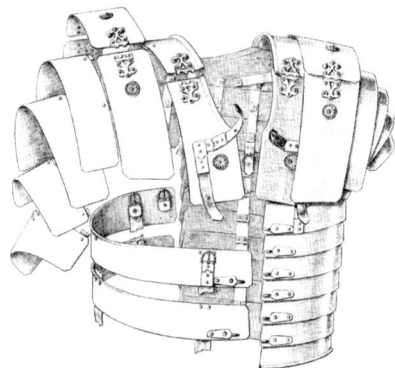

Abb. 28: Schienenpanzer aus Eisenblechstreifen und Bronzebeschlägen (1./2. Jh. n. Chr.). Nach Braun u. a. 1992 Abb. S. 59.

Rekonstruktion erlaubten erst neuere Funde. Diese Panzer waren, mit leichten Weiterentwicklungen der Beschläge, bis um 200 n. Chr. in Gebrauch. Im späten 2. Jahrhundert scheint der überwiegende Teil der Limestruppen jedoch wieder auf das Kettenhemd als Körperpanzer zurückgegriffen zu haben.

Der römische Soldat trug als weitere Schutzwaffe den Schild. Dieser bestand aus spanartigen Brettchen, die zu einer Art Sperrholz zusammengeleimt waren und dann mit Leder und/oder Stoff/Filz überzogen und schließlich bunt bemalt wurden. Aus Bronze oder Eisen bestanden Randeinfassung, Schildbuckel, Schildfessel (Handgriff) und Zierbeschläge. Da die mit wasserlöslichem Knochenleim zusammengehaltenen Schildbretter, die Leder-, Filz- oder Stoffteile sehr regenempfindlich waren, schützte man den Schild auf dem Marsch mit einem gut eingefetteten Lederüberzug, an dem wohl auch die Tragriemen befestigt waren, mit denen man sich den Schild beim Marsch auf den Rücken schnallte.

Die wichtigste Blankwaffe des in dichter Formation kämpfenden römischen Soldaten war das klassische römische Kurzschwert, der *gladius* mit Holz- oder Beingriff und mit metallbeschlagener und mit Leder überzogener Holzscheide. Während man bis zum Ende des 1. Jahrhunderts den Gladius in der Regel am *cingulum*, dem metallbeschlagenen Waffengurt, trug und mit den vier Trageringen aus Bronze befestigte, setzte sich später immer mehr die Tragweise am schmalen Schulterriemen *(balteus)* durch. Der Gladius wurde an der rechten Seite getragen. Gegen Ende des 2. Jahrhunderts wurde das Kurzschwert vom Langschwert *(spatha)* abgelöst, das vorher nur von der Reiterei geführt worden war. Da man die längere Spatha nun auf der rechten Seite nicht mehr ungehindert ziehen konnte, befestigte man sie auf der linken Seite.

Als zweite Blankwaffe trug der Soldat den Dolch *(pugio)*. Charakteristisch für diese Waffe waren ihre stark geschwungenen Schneiden und der aus Eisenblech bestehende zweischalige Griff mit Mittelknoten. Die Scheiden der frühkaiserzeitlichen Exemplare sind oft reich verziert. Im späten 2. Jahrhundert und bis etwa zur Mitte des 3. Jahrhunderts kam eine wesentlich größere Form des Dolches auf, in der man fast einen Ersatz für den verschwundenen Gladius sehen könnte. Und irgendwann im fortgeschrittenen 3. Jahrhundert gehörte der Dolch plötzlich nicht mehr zur römischen Standardbewaffnung und verschwand völlig. Den Grund hierfür können wir nicht angeben.

Zu den sonstigen Angriffswaffen gehörten verschiedene Formen von Stoß- und Wurflanzen sowie Speere. Eine klassische Waffe der Legionen, die bei der Auxiliarinfanterie eher selten in Gebrauch war, bildete das Pilum. Ein Holzschaft mit eisernem Lanzenschuh ging in verschiedenen Varianten der Befestigung in eine ungefähr genauso lange eiserne Klinge über, die – vierkantig oder rund – in einer pyramidenförmigen Spitze endete.

Die Soldaten der Hilfstruppen sind in der frühen und mittleren Kaiserzeit vielfach durch ihre Kleidung und Ausrüstung kaum von den Legionären zu unterscheiden. Sollten sie sich bei der Kleidung etwa durch verschiedene Farbgebung oder sonstige Kennzeichnung der Uniform abgesetzt haben, so ist dies heute archäologisch nicht mehr nachvollziehbar. Nur beim Schild kann man deutliche Unterschiede aufzeigen: Während bei den Legionen das langrechteckige gewölbte *scutum* in Benutzung war, trug die Auxiliarinfanterie den Ovalschild. Spezialtruppen waren mit Pfeil und Bogen bewaffnet. Spezialbewaffnung, wie z. B. Schleudern, war zumindest in der Frühzeit bei Legionaren und Auxiliaren verbreitet.

Reiterei

Die Angehörigen der römischen Reiterei waren die am besten bezahlten römischen Auxiliarsoldaten. Dementsprechend war ihre Ausrüstung oft wesentlich aufwendiger gearbeitet als die der Fußtruppen (**Abb. 29**). In der Kleidung unterschieden sie sich aber kaum von diesen, sieht man von der Tatsache ab, dass sie von Anfang an halblange lederne Reithosen unter der *tunica* trugen und an den Stiefeln Sporen aus Metall. Ihre Schutzwaffen dagegen zeigten sofort den Unterschied:

Abb. 29: Rekonstruktionszeichnung eines römischen Auxiliarsoldaten (Kavallerist) der Zeit um 100 n. Chr. Entwurf: Th. Fischer; Ausführung: A. Smadi

In der frühen Kaiserzeit trugen die Reiter prächtig verzierte, oft technisch sehr anspruchsvoll gearbeitete Helme. Ein Beispiel dafür ist der reich dekorierte Reiterhelm von Theilenhofen aus getriebenem Bronzeblech (**Abb. 30**). Die Panzer, welche die Reiterei trug, mussten beweglicher sein als die der Infanterie. So bevorzugte man seit der Frühzeit das Kettenhemd und vor allem die Schuppenpanzer. Die Ovalschilde der Reiter ähnelten denen der Infanterie. Sechseckige Schilde, durch Reliefdarstellungen und durch entsprechend ausgebildete Randbeschläge aus Bronzeblech belegt, schützten nur die Kavallerie. An Schwertern führten die Reiter von Anfang an die lange Spatha, die wahrscheinlich von den Kelten übernommen worden war. Ansonsten besaßen die Reiter Lanzen und verschiedene Typen von Wurfspeeren. Bogenschützen, die aus dem Osten des Römischen Reichs kamen, verwendeten aus Holz, Sehnen und Bein zusammengesetzte Reflex- oder Kompositbögen und Pfeile mit dreiflügeligen Spitzen.

Eine Sonderform der Reiterei stellen die aus dem Osten übernommenen Panzerreiter *(cataphraktarii)* dar, die laut literarischer und epigraphischer Überlieferung im fortgeschrittenen 3. Jahrhundert auch am obergermanisch-raetischen Limes im Einsatz waren. Mann und Ross waren mit Schuppen- oder Lamellenpanzern bedeckt, die Hauptwaffe war die schwere Stoßlanze *(contus)*.

Für turnierartige Reiterspiele, die sowohl der Waffenübung als auch als Attraktion für den Zuschauer dienten, besaß die römische Kavallerie eigene Prunkrüstungen. Zu diesen Paraderüstungen gehörten zweiteilige Maskenhelme aus Eisen oder Bronze, die aus einer Gesichtsmaske und einem Hinterhauptteil bestehen. Sie kommen in zwei Typen vor: einem sogenannten hellenistischen Typ mit Lockenfrisur, der z. T. Darstellungen Alexanders des Großen nachahmt (**Abb. 31**), und einem orientalischen Typ mit einer spitz zulaufenden Frisur aus kleinen Löckchen, die auch gelegentlich als Pelzmütze gedeutet wird. In einem Exemplar aus Eining hat sich noch auf der Stirn ein blauer Schmuckstein aus Glas gefunden (**Abb. 32**). Besonders reich verziert sind Beinschienen mit abnehmbaren Knieschützern. In der literarischen Überlieferung ist ausdrücklich erwähnt, dass die römischen Reiter bei ihren Reiterspielen keine Metallpanzer trugen, sondern nur „kimmerische Gewänder". Auch die Pferde waren für die Reiterspiele herausgeputzt. Zum Schmuck, aber ebenso zum Schutz gab es Kopfschützer („Roßstirnen") aus Leder oder Metall mit durchbrochenen Schutzkörben aus Bronze über den Augen, am Zaumzeug trugen sie prächtig verzierte Metallscheiben *(phalerae)*. Letztere werden auch gelegentlich als Paradeschildbuckel gedeutet.

Abb. 30: Reiterhelm aus Theilenhofen. Getriebenes Bronzeblech, verzinnt. Archäologische Staats-sammlung München. Foto: M. Eberlein.

Abb. 31: Gesichtsmaske eines Paradehelms, aus Bronzeblech getrieben. Hellenitischer Typ, aus dem Schatzfund von Straubing. Gäubodenmuseum Straubing. Foto: M. Eberlein.

Abb. 32: Gesichtsmaske eines Paradehelms, aus Bronzeblech getrieben. Orientalischer Typ, aus dem Schatzfund von Eining. Archäologische Staatssammlung München. Foto: M. Eberlein.

Bewaffnung und Ausrüstung in der Spätantike

Über Ausrüstung und Bewaffnung der Soldaten im 4. und 5. Jahrhundert ist man, verglichen mit früheren Phasen der römischen Kaiserzeit, verhältnismäßig schlecht informiert. Es stehen z. B. weniger Originalfunde zur Verfügung. Sicher ist, dass während des 3. Jahrhunderts n. Chr. bei Legions- und Auxiliareinheiten manche Waffentypen ganz weggefallen sind: das gewölbte Rechteckscutum der Legionsinfanterie,

der Schienenpanzer und der Dolch. Die markanteste Neuerung bei der Tracht der Soldaten in der Spätantike stellt die Übernahme einer vorher nur für das pannonische Heer üblichen Pelzmütze, des *pilleus pannonicus* dar. Für die Uniform der Spätantike charakteristisch sind die oft mit auffälligen prächtigen Bronzebeschlägen versehenen breiten Ledergürtel. Diese sind nach neueren Forschungen von germanischen Prunk- und Waffengürteln des 3. Jahrhunderts herzuleiten. Standardisierte militärische Mantelfibeln (Zwiebelknopffibeln) kamen bereits in der 2. Hälfte des 3. Jahrhunderts auf. Die Helme, die seit der

Zeit der Tetrarchie bzw. Constantin I. in der römischen Armee ausnahmslos üblich waren, besaßen nun eine ganz andere Konstruktion. Die stets aus Eisen bestehende Kalotte war zweiteilig, der Nackenschutz wurde gesondert angesetzt, später trat als neues Element ein Nasenschutz auf. Für Gardesoldaten oder höhere Offiziere gab es Stücke mit Silberblechüberzug, die vergoldet oder gar mit Glaseinlagen und Edelsteinen besetzt waren (**Abb. 33**). Man hatte sie aus dem persisch-sassanidischen Bereich übernommen, aber in Details abgeändert. Sie waren leichter und durch einfachere Herstellungstechnik als standardisierte Massenprodukte schneller herzustellen. Das heißt, man nahm den Nachteil geringeren Schutzes gegenüber einer einfacheren, schnelleren und damit billigeren Herstellung in Kauf.

Die Hauptangriffswaffe der römischen Armee blieb nach wie vor das Langschwert, die Spatha. Sie bildete auch noch im 4. und 5. Jahrhundert und weiter dann im frühen Mittelalter die Hauptwaffe von Reitern und Infanteristen. Eine neue Form der Schwertscheiden wurde offensichtlich aus dem sassanidischen Raum übernommen. Pfeilspitzen und Wurfspeere waren nun – wie bei den Germanen – teilweise mit Widerhaken versehen.

Abb. 33: Spätantiker Gardehelm mit vergoldetem Silberblechüberzug aus Augsburg-Pfersee. Archäologische Staatssammlung München. Foto: M. Eberlein.

Militärische Bauten

Auxiliarkastelle

Entlang der römischen *limites* und *ripae* reihten sich wie die Perlen an der Schnur die Kastelle der Hilfstruppen (Auxiliarkastelle). Auch in Obergermanien und Raetien war dies der Fall. Die großen Lager der Legionen lagen beim obergermanischen Limes im Hinterland in Straßburg und Mainz, bei der raetischen Donaulinie hat man ab 179 n. Chr. das Legionslager Regensburg/*Reginum* zwischen die Kastelle Eining

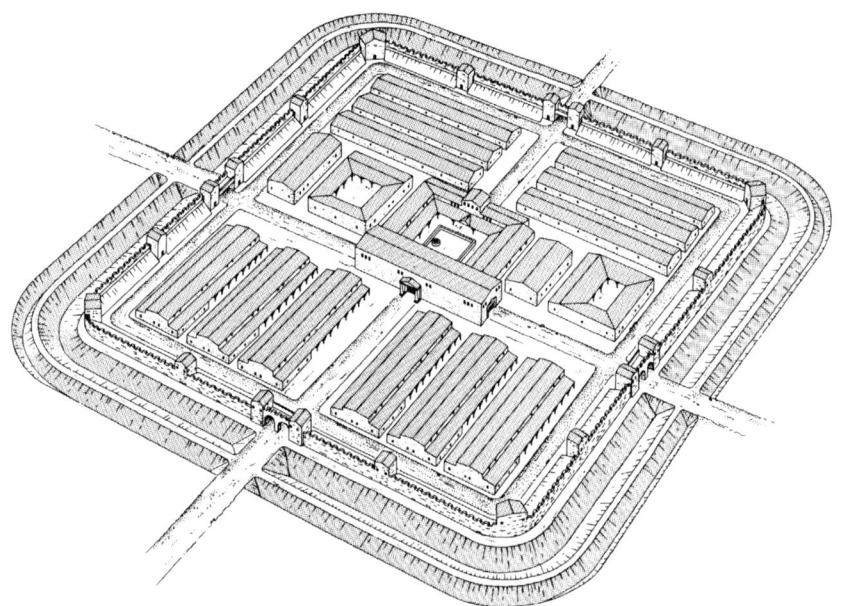

Abb. 34: Rekonstruktionszeichnung des Alenkastells von Weißenburg. Nach Wamser 1984 Abb. 15.

und Straubing als Ersatz für die Kastelle Regensburg-Kumpfmühl und einem noch zu lokalisierenden Kastell unter der Regensburger Altstadt eingefügt.

Die Hilfstruppenkastelle am Limes besaßen zunächst eine massive Holz-Erde-Befestigung verschiedener Bauart samt Wehrgräben, im Inneren enthielten sie Lagerstraßen und Fachwerkbauten nach fest gefügtem Schema. Ab der Mitte des 1. Jahrhunderts n. Chr. ging man nach und nach dazu über, Umwehrung und Innenbauten durch die haltbarere Steinbauweise zu ersetzen. Spätestens ab der Regierungszeit des Tiberius (14–37) setzte sich die rechteckige Grundform mit abgerundeten Ecken reichsweit durch. Bei diesen Lagern und Kastellen nach dem „Spielkartenschema" finden wir nun auch in der Innenbebauung ein „klassisches" Schema, das die Masse der Limeskastelle prägte, natürlich immer mit kleineren oder auch größeren örtlichen Abweichungen.

Alenkastelle
Die Kastelle für Reitertruppen (Alenkastelle) besaßen im Falle einer *ala quingenaria* (ca. 500 Mann) eine Größe von ca. 3,1 bis zu 4,2 ha. *Alae milliariae* (ca. 1000 Mann) waren in Kastellen von etwa 5,2 bis zu 6 ha untergebracht (**Abb. 34**).

Kohortenkastelle

Relativ häufig sind Kastelle, in denen gemischte Besatzungen aus Infanteristen und Reitern untergebracht waren, die *cohortes equitatae.* Die Kastellgrößen einer *cohors quingenaria equitata* (ca. 500 Mann) schwanken zwischen 2,1 bis zu 2,3 ha, die einer *cohors milliaria equitata* (ca. 1000 Mann) bewegen sich um die 3,1 ha. Die Größe der Kastelle einer ca. 480 Mann starken *cohors quingenaria peditata* schwankt zwischen 1,4 bis 2,5 ha; solche Kastelle hat man bisher nur selten komplett ausgegraben. Für die Kastellgröße einer ca. 1000 Mann starken *cohors milliaria peditata* gibt es keine generellen Aussagen.

Bauweise

Die Kastelle am Limes standen unter dem Schutz von Mauern und Gräben mit vier Toren, die mit Tor-, Eck- und Zwischentürmen bestückt waren. Im Inneren besaßen die Kastelle ein regelmäßiges Straßennetz: Die *via principalis* teilte das Lager quer in einen kleineren Vorderteil, die *praetentura,* und einen größeren hinteren Teil, die *retentura.* Sie verband das linke Seitentor, die *porta principalis sinistra,* mit dem rechten, der *porta principalis dextra.* Hinter der *via principalis* in der Mitte des Lagers befand sich das Stabsgebäude, die *principia.* Aus deren Haupteingang führte die *via praetoria* zur *porta praetoria,* dem meist dem Feind zugewandten Haupttor des Lagers. Hinter den *principia* lief die *via decumana* zum rück-

wärtigen Tor des Lagers, zur *porta decumana.* Rings um den Erdwall hinter der Wehrmauer, der den Wehrgang der Befestigung trug, verlief innen die *via sagularis.*

Auch die Innenbauten folgten einem bewährten Schema. In der *praetentura* waren Mannschaftskasernen *(contubernia)* und Ställe oder Schuppen untergebracht. Im Mittelteil beiderseits der *principia* befanden sich in der Regel das Lazarett *(valetudinarium),* die Vorratsspeicher *(horrea)* oder die Werkstätten *(fabricae).* Hier stand auch das Wohnhaus des Truppenkommandeurs *(praetorium),* wenn es nicht hinter der *principia* erbaut war. Vorratsspeicher oder Werkstätten, Schuppen, Ställe und Mannschaftsunterkünfte konnten allerdings auch in der *retentura* liegen.

Die Wehrhaftigkeit solcher Kastelle der frühen und mittleren Kaiserzeit wird oft überschätzt: Sie sollten keine Festungen im Sinne mittelalterlicher Burgen darstellen, sondern durch Gräben, Mauern und Türme gesicherte Kasernen, von denen aus die Truppen beweglich operieren sollten. Daher waren die Kastellmauern mit ca. 4 m Höhe auch relativ niedrig. Erst in der Spätantike gewinnen römische Lager und Kastelle Festungsdimensionen. In der Verteilung der Truppengattungen auf die einzelnen Limesabschnitte spielten hauptsächlich strategische Überlegungen eine Rolle. So ist zu beobachten, dass in unübersichtlichem, schwierigem Gelände bevorzugt Infanterie eingesetzt wurde, weite Ebenen oder wichtige, große Straßenverbindungen dagegen weisen eine Konzentration von mobilen Truppen auf. In diesen Truppenlagern wurden Reiter oder gemischte Infanterie-Kavallerieeinheiten stationiert. Um die Legionslager und Auxiliarkastelle bildeten sich auch rasch Zivilsiedlungen *(Kastellvici/*Lagerdörfer), die unter der Verwaltung des Militärs standen.

Kleinkastelle

Kleinkastelle, wie man sie schon in der Frühzeit in Holz-Erde-Bauweise kennt (z. B. in Nersingen), sind eher als Polizei- und Zollstationen denn als Wehranlagen anzusprechen. Am raetischen Limes hat man sie – mit Ausnahme von Unterschwaningen – erst später im Verlauf des 2. Jahrhunderts n. Chr. an Durchgängen von wichtigen Verkehrswegen durch den Limes nach und nach eingeschoben **(Abb. 35)**. Im östlichen Limesabschnitt kamen wohl erst im 3. Jahrhundert rechteckige Anlagen nach Art des Centenariums „In der Harlach" bei Burgsalach dazu **(Abb. 36)**. Lagen am obergermanischen Limes als Besatzungen in den Kleinkastellen häufig sogenannte Numeri, so sind diese in Raetien bisher noch nicht nachgewiesen.

Wachtürme

Man kennt vom obergermanischen und raetischen Limes zahlreiche Überreste von wohl immer dreistöckigen Wachtürmen, die zunächst aus Holz, später dann aus Stein errichtet wurden. Um die Holztürme, deren Erdgeschoss oft aus einer trockenen, d. h. ohne Mörtel erbauten Bruchstein-Holzkonstruktion bestand, befand sich ein Ringgraben zur Trockenlegung des Turmes. Es gab aber auch andere, besondere Bauweisen: Bei den Holztürmen **WP 13/49–50, 14/6, 14/15** und **14/17** um das Kleinkastell Gunzenhausen z. B. bestand das massive Fundament aus sich überkreuzenden Balken in einer Art Blockbautechnik („Blockhäuser"), welche senkrechte Balken stützten. Mit Sicherheit war aber nicht der ganze Turm in dieser Technik errichtet, da sich dort auch Fachwerklehm mit Abdrücken von Rutengeflecht fand. Das beweist, dass die oberen Stockwerke der Türme in Fachwerktechnik erbaut waren.

Ab der Mitte des 2. Jahrhunderts ersetzte man die Holztürme durch Steintürme, welche oft ältere Holzturmstellen überlagerten. Ob sie ganz aus Stein erbaut waren oder nur ihr Untergeschoss, ist nicht geklärt **(Abb. 37)**. An diese Türme baute man dann in der Regel die raetische Mauer an. Rekonstruiert hat man die Türme mit Umgang und Pyramidendach nach Vorbildern der Traians- und Marcussäule in Rom. Es gibt aber auch durchaus Hinweise auf andere Dachlösungen, z. B. Pultdächer.

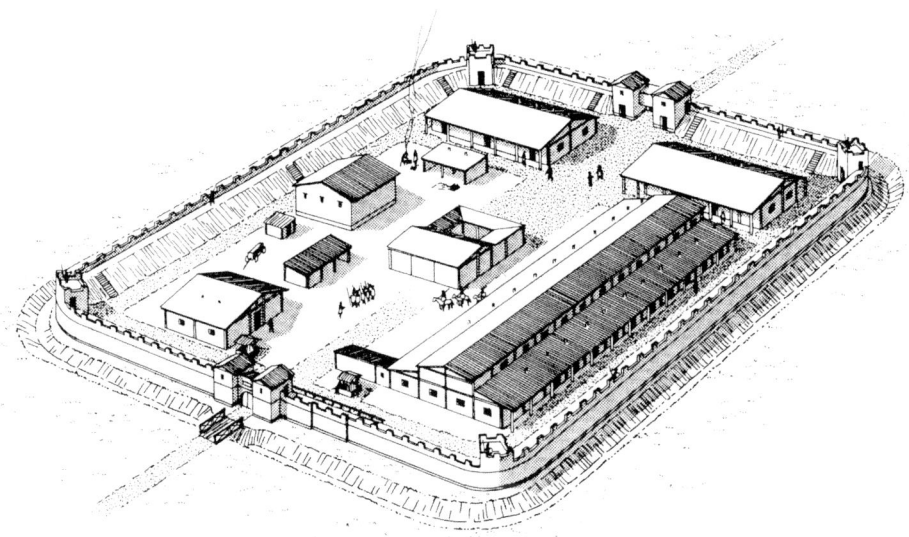

Abb. 35: Rekonstruktionszeichnung des Kleinkastells von Ellingen.
Nach Braun u. a. 1992 Abb. S. 36.

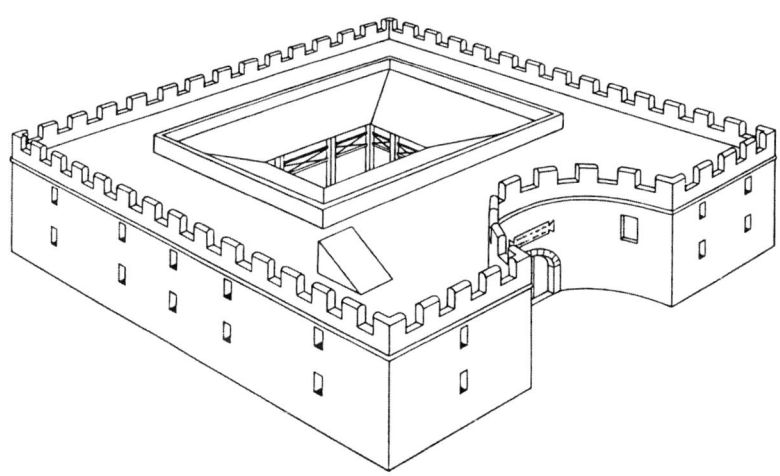

Abb. 36: Burgsalach, Kleinkastell „In der Harlach", Rekonstruktionszeichnung.
Nach Wamser 1984 Abb. 13.

Abb. 37: Rekonstruktion eines Limesturmes mit steinernem Untergeschoss und Fachwerkaufbau im Limesmuseum Aalen. Foto: Th. Fischer.

Wehrbauten
der Spätantike

Die Spätantike mit ihrer veränderten Heeresorganisation brachte auch starke Veränderungen für die Wehrbauten, also Lager, Kastelle und Kleinfestungen mit sich. Vielfach sind nach den Zerstörungen des 3. Jahrhunderts n. Chr. zwar die alten Lager und Kastelle wieder instand gesetzt worden, doch hat man sie nicht nur einfach repariert, sondern baulich erheblich verändert und verstärkt. Die Größe der Truppenlager wurde reduziert, da ja auch die Größe der spätantiken Grenztruppen wesentlich geringer war als die der mittleren Kaiserzeit. Oft wurden nach der Aufgabe der ungeschützten zivilen Ansiedlungen um die Lager und Kastelle in den wiederhergestellten Mauern der alten Festungen nun die Truppe und die Zivilbevölkerung untergebracht, wobei das Militär gelegentlich in einem eigenen kleinen Binnenkastell innerhalb der älteren Wehranlagen Quartier bezog (z. B. in Eining). So entwickelten sich aus den rein militärischen Lagern und Kastellen der mittleren Kaiserzeit vielfach die Festungsstädte der Spätantike. Im Hinterland mussten Städte und Höhensiedlungen Abteilungen des Bewegungsheeres aufnehmen. Schließlich entstanden dort auch rein militärische Nachschubbasen.

Das Hinterland
des römischen Limes
in Bayern

Das Hinterland des obergermanisch-raetischen Limes wurde nach der militärischen Besetzung rasch durch Straßen erschlossen und dicht von Zivilisten besiedelt. Dies geschah zum Teil mit erheblichem technischen Aufwand: Am Steppberg bei Neuburg hat man eine römische Steinbrücke entdeckt, bei der Feldmühle (s. Teil IV) im Wellheiner Trockental wurde eine prähistorische Sumpfbrücke in der Römerzeit wiederhergestellt. An der parallell zum Limes führenden Straße hat man auch ein System von steinernen Signaltürmen festgestellt. Hier fehlen leider jüngere Forschungen.

Die Aufsiedlung des Limeshinterlandes mit bäuerlichen Anwesen *(villae rusticae)* geschah hauptsächlich auch, um die Truppen am Limes möglichst direkt aus dem Hinterland versorgen zu können. Bis unmittelbar an den Limes heran legten Siedler Gutshöfe an. Besonders die fruchtbaren Lössböden im Nördlinger Ries, im Gebiet nördlich und nordwestlich von Ingolstadt oder im Gäuboden östlich von Regensburg sorgten dafür, dass für die römische Landwirtschaft die Versorgung des Militärs kein Problem darstellte. Gut ergraben und restauriert sind im Limesgebiet die Villen von Hüssingen, Nördlingen-Holheim oder Treuchtlingen-Weinberghof

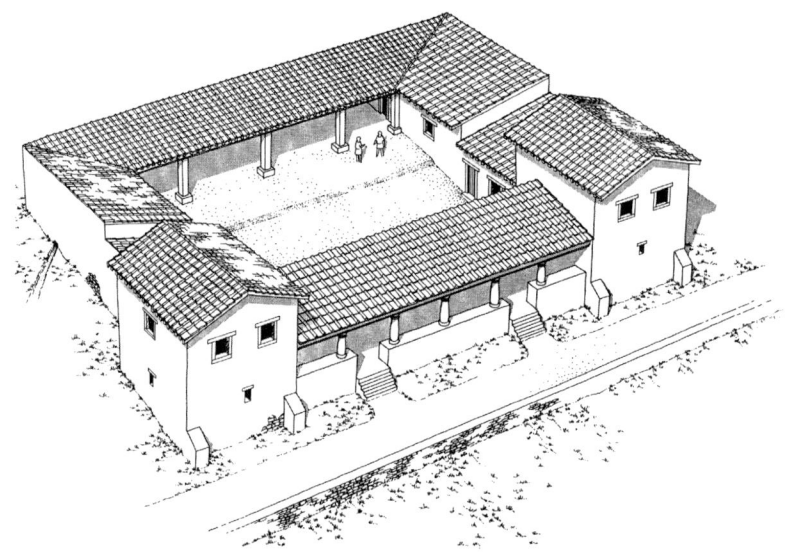

Abb. 38: Treuchtlingen-Weinbergshof, rekonstruiertes Hauptgebäude der Villa Rustica. Nach H. Koch in: Führer Weißenburg-Gunzenhausen 15, Abb. 88.

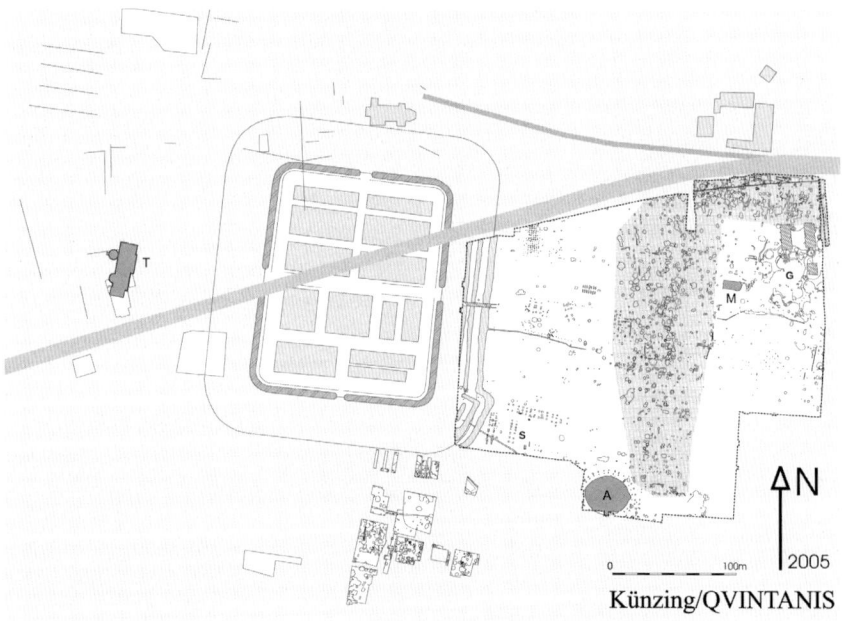

Künzing/QVINTANIS

Abb. 39: Plan des Kastells und des Kastellvicus von Künzing nach neueren Ausgrabungen. T Thermen; A Amphitheater; S Hallenbauten; M Mithraeum; G Gräberfeld. Nach K. Schmotz in: Thiel 2000, Abb. 1.

(Abb. 38). Den Gutshof von Möckenlohe bei Nassenfels hat man sogar wieder rekonstruiert. Aus den Lagerdörfern der im Rahmen der verschiedenen Limesvorverlegungen aufgelassenen Kastelle entwickelten sich rasch zivile Vici als kleinstädtische Zentren für Wirtschaft und Gewerbe, so z. B. in Günzburg, Faimingen, Munningen, Nördlingen, Nassenfels, Oberstimm, Manching oder Moos-Burgstall. Direkt am Limes nahmen die Vici um die Kastelle diese Funktion war. Auch sie konnten beachtliche Ausdehnung und bauliche Ausstattung erreichen, wie z. B. in Weißenburg oder Straubing. In einigen Vici sind Tempel und sogar Amphitheater nachgewiesen worden, z. B. in Dambach oder Künzing (Abb. 39).

Die ostraetische Donaugrenze *(ripa Danuvii)* in der frühen und mittleren Kaiserzeit

Nach wie vor stellt das claudische Kastell von Oberstimm das östlichste Kastell der claudischen Donaulinie in Raetien dar. Inzwischen mehren sich aber die Anzeichen für eine Kette von Kleinkastellen, welche vor dem Ausbau durch die Flavier die Donaugrenze kontrollierten: In Weltenburg-Frauenberg und Weltenburg-Galget sowie in Haardorf, Stadt Osterhofen, sind inzwischen solche Anlagen belegt, durch

Funde sind sie in Eining, Regensburg, Straubing und Passau mit mehr oder weniger großer Wahrscheinlichkeit zu vermuten. Unter den Kaisern der Flavischen Dynastie, Vespasian, Titus und Domitian, ging man dann konsequent daran, die Lücke in der linearen Besetzung der oberen Donau zwischen Oberstimm und dem norischen Linz zu schließen, obwohl auch in dieser Zeit keine konkreten Belege dafür existieren, dass in diesem Bereich nördlich des Stromes eine gegnerische Bevölkerung ansässig geworden wäre (Abb. 40). Man wird also diese Maßnahmen eher im Rahmen der Sicherung der Verkehrswege zu Wasser und zu Lande und der Aufrechterhaltung der Kommunikationslinien sehen dürfen.

Natürlich hat die Durchführung solch grundsätzlicher Grenzveränderungen einen längeren Zeitraum in Anspruch genommen; nach dem Tode Vespasians (69–79) wurden unter seinen Söhnen Titus (79–81) und Domitian (81–96) die Arbeiten weitergeführt. Unter Titus war das Kohortenkastell von Eining erbaut worden, welches einerseits den Endabschnitt des raetischen Limes überwachte, andererseits auch für die Kontrolle des ersten Abschnitts der Donaugrenze zuständig war. Ob ab dieser Zeit anfangs noch das Kleinkastell Weltenburg-Galget besetzt war, ist unbekannt. Auch die Gründungszeit des nun folgenden Kleinkastells Alkofen zwischen Saal und Bad Abbach ist un-

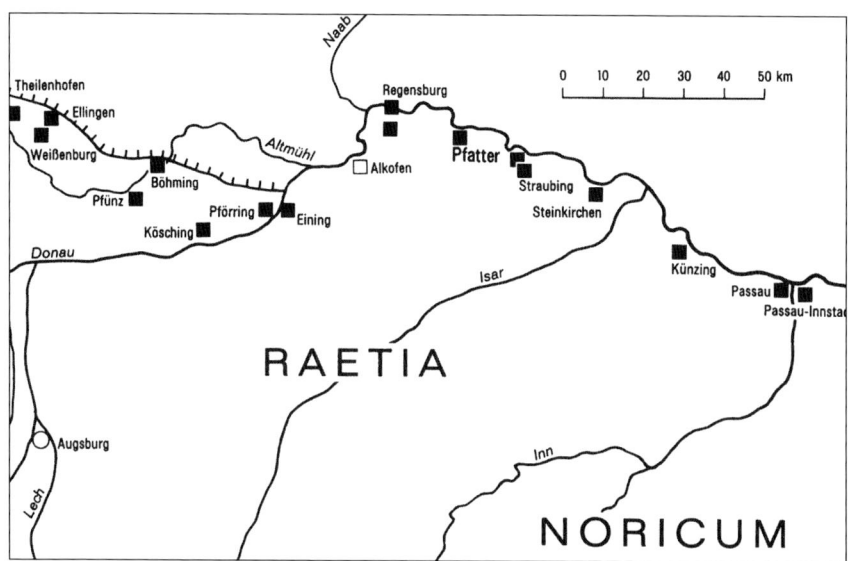

Abb. 40: Ausbau der Donaulinie in flavischer Zeit. Nach B. Steidl, Bayer. Vorgesch. Bl. 70, 2005, Abb. 1.

sicher, es dürfte erst im 2. Jahrhundert n. Chr. in die Donaulinie eingefügt worden sein.

Das Kleinkastell von Regensburg-Großprüfening war um 180 n. Chr. entstanden, es diente ganz offensichtlich zur Kontrolle der Naabmündung. Von der Zeit der Flavier bis zu den Markomannenkriegen war in Regensburg zur Kontrolle des wichtigen Verkehrsweges nach Böhmen über das Regental mit zwei Militärlagern zu rechnen: mit dem nachgewiesenen Kohortenkastell Regensburg-Kumpfmühl und einem postulierten Kastell, zu dem der Vicus und das Gräberfeld im Bereich des Bis-

marckplatzes gehörte. Seit 179 n. Chr. beherrschte das Lager Regensburg/*Reginum* der 3. Italischen Legion, der weitaus stärksten Truppe Raetiens, das Donauknie.

An einer wichtigen Straßenkreuzung östlich davon lag der um 100 n. Chr. gegründete Militärposten Mangolding-Mintraching/Herzogmühle, vielleicht ein Kleinkastell. Dann folgte das erst jüngst entdeckte Kleinkastell Pfatter. Zwei gleichzeitige Garnisonen beherbergte bis zu den Markomannenkriegen auch Straubing: einmal das flavische Westkastell (Kastell IV), in dem man die *cohors II Raetorum* vermutet, zum anderen das Ostkastell (Kastell I; unter der Nordseite des Steinkastells) aus spätvespasianisch-frühdomitianischer Zeit. Das Kleinkastell von Steinkirchen entstand wohl erst im 2. Jahrhundert n. Chr. Dagegen datiert das Kohortenkastell von Moos-Burgstall in die spätvespasianische Zeit, es wurde – obwohl noch bis 120 n. Chr. besetzt – um das Jahr 90 n. Chr. vom Kastell *Quintana*/Künzing ersetzt. Die Besatzung beider Anlagen stellte (nacheinander) die *cohors III Thracum civium Romanorum*.

Für Passau belegen Gräben und Kleinfunde einen frühen militärischen Posten unbekannter Größe unter dem Kloster Niedernburg und angeblich ein Kastell der mittleren Kaiserzeit im Umfeld des Domplatzes. Mit dem Numeruskastell *Boiodurum* in der Passauer Innstadt sowie mit dem dortigen spätantiken Kastell *Boiotro* und dem Burgus von Passau-Haibach hat man den bayerischen Anteil an der *ripa Danuvii*, der befestigten Donaulinie, der Provinz Noricum erreicht.

Literatur zu Teil II

BAATZ 2000. – D. BAATZ, Zur Funktion der Kleinkastelle am obergermanischen Limes, in: Thiel 2007, 8–25. – BRAUN u. a. 1992. – FISCHER 1990. – TH. FISCHER, Römische Landwirtschaft in Bayern, in: Bauern in Bayern. Von den Anfängen bis in die Römerzeit (Straubing 1992), 267ff. – H.-H. HÄFFNER/C.-M. HÜSSEN (Hg.), „In plurimis locis". Wilhelm Kohl (1848-1898), Apotheker und Forscher am raetischen Limes. Gedenkschrift zum 100. Todestag. Der obergermanisch-raetische Limes des Roemereiches. Strecke 14, von Gunzenhausen nach Kipfenberg. Internat. Arch., Studia honoraria Bd. 5 (Rahden/Westf. 1998). – A. JOHNSON, Römische Kastelle (Mainz 1987). – H. KERSCHER, AJB 2006, 101–104. – MOOSBAUER/SCHOPPER 1994. – J. OLDENSTEIN, Fundindex zum ORL (Frankfurt 1982). – ORL. – M. SCHUSSMANN, Ein mehrphasiger vorgeschichtlicher Sumpfübergang bei der „Feldmühle", Gde. Rennertshofen, Lkr. Neuburg-Schrobenhausen. Arbeiten zur Archäologie Süddeutschlands 9 (Büchenbach 2003). – RiB 1995. – W. WINKELMANN, Eichstätt. Sammlung des Historischen Vereins. Kataloge West- und Süddeutscher Altertumssammlungen 6 (Frankfurt 1926).

Teil III

STRECKENBESCHREIBUNG
DES RAETISCHEN LIMES
IN BAYERN

Die Reichslimeskommission hat den obergermanisch-raetischen Limes in 15 Strecken eingeteilt, welche die Arbeitsbereiche der Streckenkommissare abgrenzten. Der bayerische Anteil am raetischen Limes umfasst auf 117 km die Strecken 13 bis 15. Er reicht von der bayerisch-württembergischen Grenze westlich von Wilburgstetten bei Dinkelsbühl im Westen bis zur Donau bei Hienheim, Lkr. Kelheim, im Osten. Bei näherer Betrachtung erweist sich, dass der Verlauf der Limeslinie hier, wie am ganzen obergermanisch-raetischen Limes, auf einer überlegten Planung und einer hervorragenden Kenntnis der geografischen Gegebenheiten basiert. Da man allerdings die Verhältnisse auf der anderen, der germanischen Seite nicht so gut kennt, wie diejenigen im römischen Reich, ist manches Detail der Streckenführung heute nicht mehr erklärbar.

Karte 1

Der Limes greift in den Strecken 13 und 14 zunächst weit nach Norden aus, um den Hesselberg, der die Landschaft weithin beherrscht, großräumig einzubeziehen. Damit wurde in diesem Bereich auch die Alb und ihr nördliches Vorland, welches gute Möglichkeiten für Ackerbau bietet, in das römische Reichsgebiet integriert, während das nördlich angrenzende Keuperland mit weniger fruchtbaren Böden außerhalb des Imperiums blieb. Auch die fränkische Alb selber war durch ihre für Bildhauer und Baumeister unverzichtbare Kalksteinvorkommen von großer wirtschaftlicher Bedeutung. Die Einbeziehung und der Schutz der wertvollen Kornkammer des Nördlinger Rieses wurde ebenso gewährleistet. Kurz nach Gunzenhausen hat der Limes in Bayern seinen nördlichsten Punkt erreicht, von dort aus wird er in Richtung Südosten zur Donau geführt, bis er bei Hienheim endet.

Strecke 13:
Von der bayerisch-württembergischen Grenze bis Gunzenhausen

Die Strecke 13 beginnt bei **WP 13/1** an der Straße Mönchsroth–Eck und reicht bis zum westlichen Ufer der Altmühl in Gunzenhausen. Ihre Gesamtlänge beträgt 33,8 km. Im Bereich der Strecke 13 liegen auch die Kastelle Ruffenhofen, Dambach, Unterschwaningen und Gnotzheim.

Am Beginn unserer Limeswanderung liegt etwa 50 m östlich der Straße Mönchsroth–Eck der nur schwer im Wald auszumachende **Turm 13/1**. Das erste gut sichtbare Zeugnis des Limes auf bayerischem Gebiet ist das (ohne Originalbefund!) begehbar rekonstruierte Unterteil des Steinturmes von **WP 13/2** am Nordrand des Waldes auf der Flur „Espan". Hier befindet sich jetzt auch eine moderne dreiseitige Infostele, die vom Römerpark Ruffenhofen aufgestellt worden ist. Die **Türme 13/3–13/5** kann man heute im Wald kaum mehr erkennen.

Westlich der Bundesstraße 25 südlich von Wilburgstetten steht an einem Parkplatz ein Gedenkstein, der 1861 von König Max II. neben zahlreichen weiteren am Limes in Bayern errichtet worden ist. Seine Inschrift spiegelt jedoch – wie bei den im folgenden Verlauf immer wieder auftauchenenden Gedenksteinen aus derselben Zeit – den überholten Forschungstand des 19. Jahrhunderts wider (**Abb. 41**). Auch hier vermittelt eine dreiseitige Infostele Wissenswertes u. a. zu den Bauphasen des raetischen Limes (weitere Stelen derzeit in Planung). Diese Infostelen werden uns auf den nächsten

Abb. 41: Limesgedenkstein von König Max II. von Bayern bei Wilburgstetten. Foto: Th. Fischer.

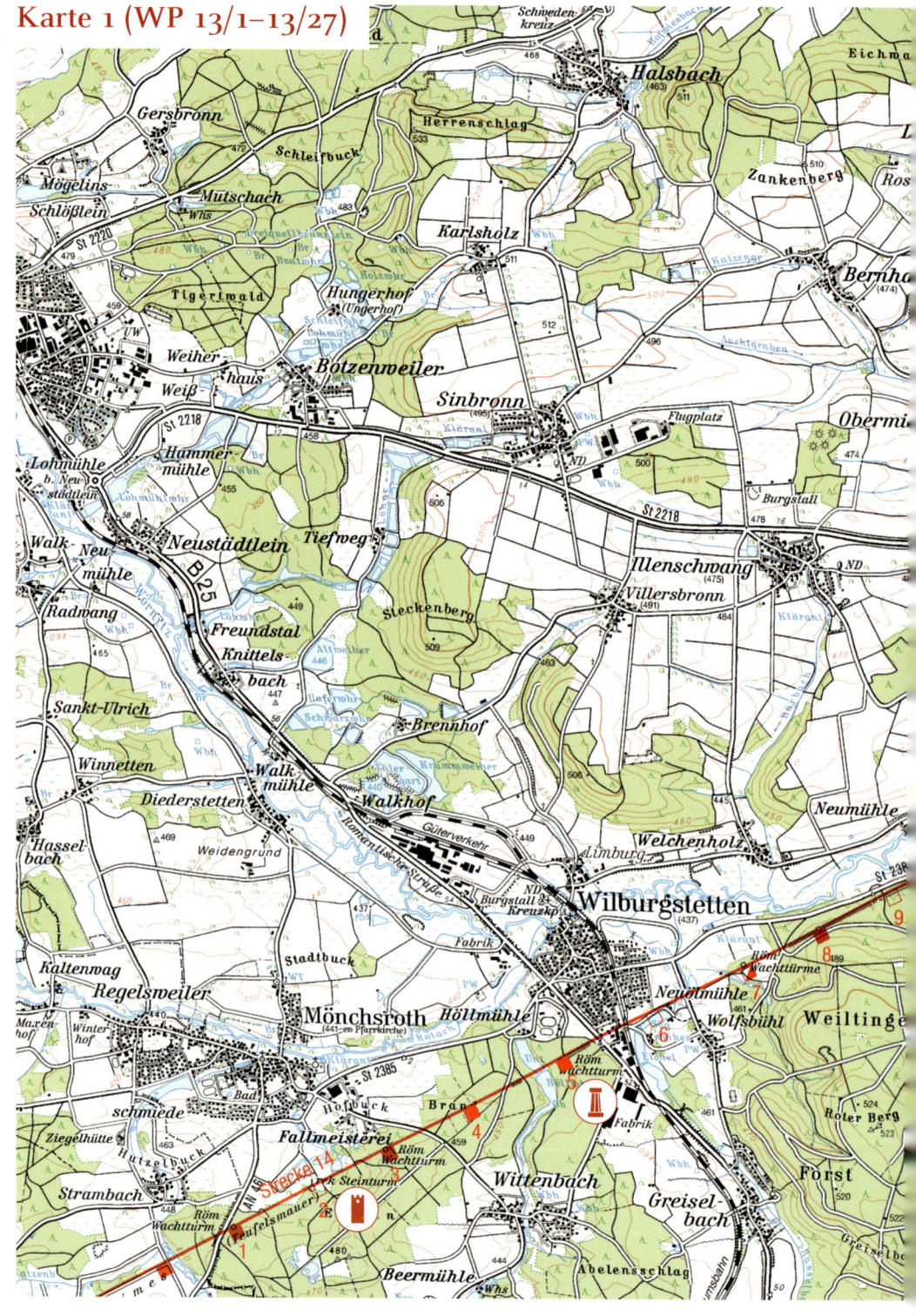

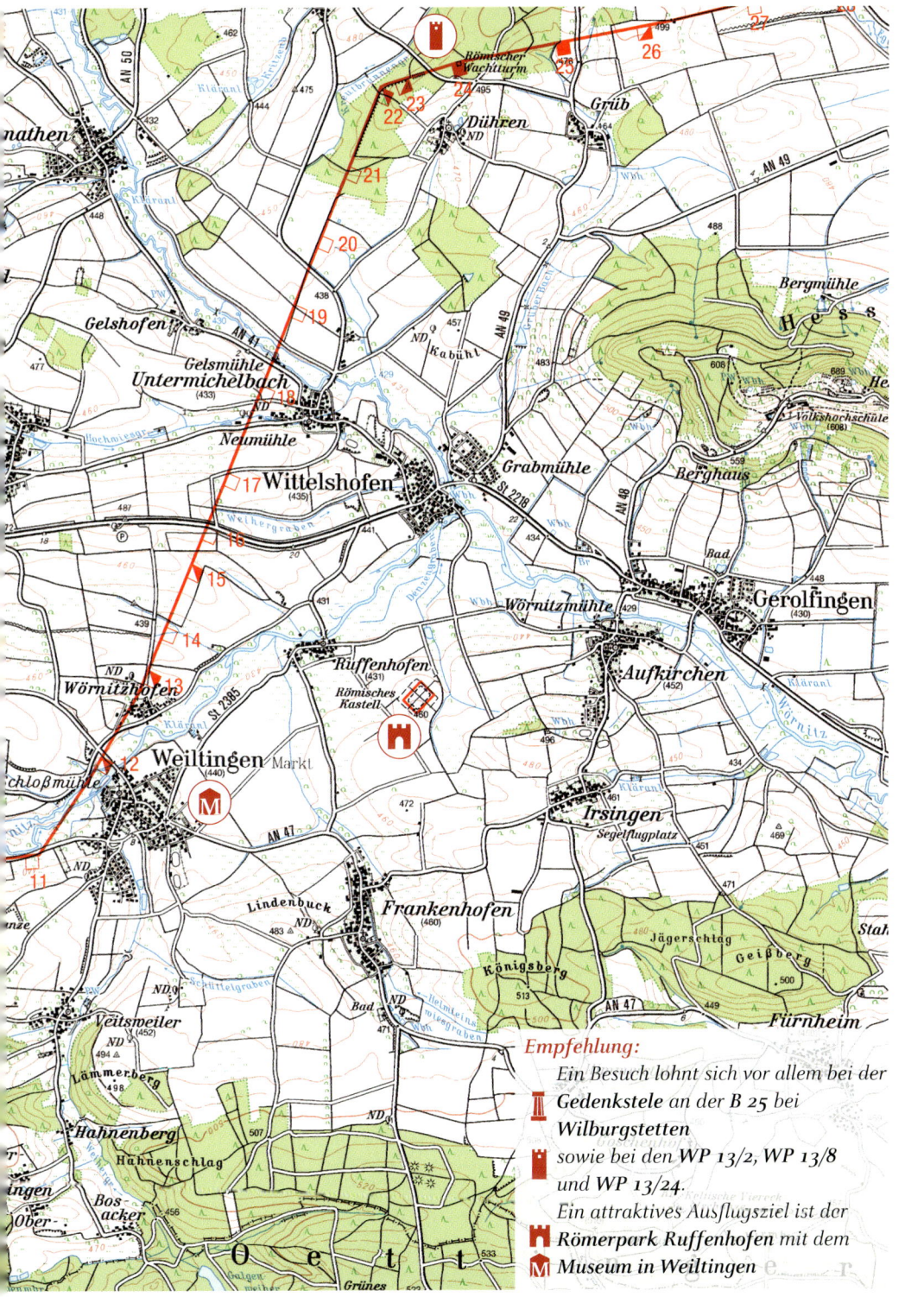

Empfehlung:

Ein Besuch lohnt sich vor allem bei der
Gedenkstele *an der B 25 bei*
Wilburgstetten
sowie bei den WP 13/2, WP 13/8
und WP 13/24.
Ein attraktives Ausflugsziel ist der
Römerpark Ruffenhofen *mit dem*
Museum *in Weiltingen*

Abb. 42: Manchmal herrscht bei der Beschilderung am Limes eine verwirrende Vielfalt.
Foto: Th. Fischer.

Kilometer immer wieder begegnen. Sie sind aber nur eines der vielen unterschiedlichen Hilfsmittel, mit denen der Limes in Bayern derzeit in seinem weiteren Verlauf bis zur Donau bei Hienheim markiert ist. Vielleicht wird es in Zukunft möglich sein, wenn schon nicht eine größere Einheitlichkeit, dann aber doch eine inhaltliche Gleichwertigkeit der Hinweisschilder und Wegsignaturen am Limes zu erreichen (**Abb. 42**).

Nach Osten zu in Richtung Neuölmühle überquert man nun die Bahnlinie. Nördlich des Sägweihers vermutet man den Standort von **WP 13/6**. Östlich der Straße von Wolfsbühl nach Norden verläuft ein Feldweg ein Stück weit fast parallel zum Limes, der hier jedoch nicht erkennbar ist. In einen schmalen Fußpfad übergehend passiert der Weg ein Tälchen am nördlichen Ende einer Weiherkette. An deren Ostseite, am Südrand eines Wäldchens, wird die Limesmauer als Schuttwall wieder sichtbar. Die geringen Reste der Turmstelle **WP 13/7** sind im Wald verborgen. Der Limes läuft nun als Geländekante über eine Wiese und führt nach etwa 150 m wieder in den Weiltinger Forst. Es empfiehlt sich, hier ein kurzes Stück des Limes im Unterholz zu umgehen und dann nordöstlich der Weggabelung im Wald dem Verlauf des wieder gut sichtbaren Schuttwalls zu folgen. Nach etwa 250 m, auf dem höchsten Punkt der Anhöhe, findet man den einst ausgegrabenen, jetzt etwas verfallenen Steinturm von **WP 13/8 (Abb. 43, 44)**. Die Limesmauer bindet deutlich von außen an den 7 x 6 m großen Turm an. An der Südostseite befand sich ein 1 m breiter Eingang. Im Inneren des Turms hat man Reste eines Estrichs und einen Mühlstein entdeckt. Dies zeigt, dass sich die Turmbesatzungen über längere Zeit auf ihrem Posten einrichteten und auch ihr Getreide selbst mahlen mussten. 6 m westlich des Steinturms überschneidet die Limesmauer den Graben des älteren Holzturms. Spuren der Palisade sind 12 m nördlich der Mauer erkennbar.

Man kann diesen WP auch vom Ostende des nördlich des Waldes gelegenen Parkplatzes an der Straße Wilburgstetten–Weiltingen aus erreichen: Dort führt ein markierter Weg südlich zum Limes, dann geht man in Richtung Südwesten zurück zu **WP 13/8**. Von dort aus nach ungefähr 500 m, nach der Überquerung eines Geländeeinschnittes und eines Waldweges, erreicht man die vermutete Stelle von **WP 13/9**.

Beim nächsten Waldweg, der den Limes kreuzt, ist ein Hinweisschild über den römischen Grenzverlauf im Hesselberggebiet aufgestellt. Diese Art von Orientierungstafeln wurde von der Flurbereinigungsdirektion Ansbach in Zusammenarbeit mit dem Bayerischen Landesamt für Denkmalpflege erarbeitet und wird uns noch mehrfach begegnen.

Nach Verlassen des Waldes läuft der Schuttwall in spitzem Winkel auf die Straße Wilburgstetten–Weiltingen zu. Hier lag der heute nicht mehr sichtbare **WP 13/10**. Bis zum Limesknick, an dem **WP 13/11** vermutet wird, folgt die heutige Straße dem Verlauf des Limes. Kurz nach Weiltingen ändert dieser seine Richtung deutlich abweichend nach Nordosten, um den Hesselberg zu umgehen. Auf dieser Strecke überquert er die Wörnitz und die Sulzach. Es sind hier weder Spuren der Mauer noch Reste der Türme **WP 13/12–13/18** im Gelände sichtbar. Hinter dem Limes liegt das für diesen Abschnitt wichtigste Kastell Ruffenhofen.

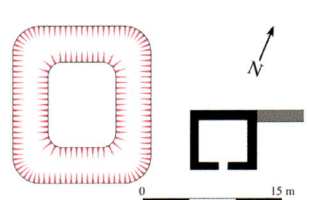

Abb. 43: Planzeichnung des WP 13/8 mit Holzturmgraben, Palisade, Steinturm und raetischer Mauer. Entwurf: Th. Fischer; Ausführung: A. Smadi.

Abb. 44: Restaurierte und wieder verfallene Fundamentreste des WP 13/8. Foto: E. Riedmeier-Fischer.

Ruffenhofen

Gde. Weiltingen, Wittels-
hofen u. Gerolfingen
Lkr. Ansbach, Mfr.

Kastell und Vicus der
mittleren Kaiserzeit

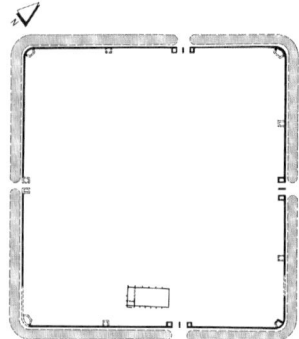

Abb. 45: Plan des Kastells
Ruffenhofen mit Grabungsbefun-
den der Reichslimeskommission.
Nach Ulbert/Fischer 1983
Abb. 36.

Das Kastell Ruffenhofen befindet sich ca. 800 m
südöstlich des Ortes auf einer leichten Anhöhe
über dem Wörnitztal, 2,2 km vom Limes entfernt.
Es bestand Blickkontakt zu den Türmen **WP 13/8**
bis **13/25** am Limes und zum Kastell Dambach über
den vermuteten Signalturm auf dem Hesselberg.
Die Ausgrabungen der Reichslimeskommission
(W. Kohl) im Jahre 1892 sowie neuere Luftbilder
stellten ein nahezu quadratisches Steinkastell (190
x 197 m) von 3,7 ha Fläche fest **(Abb. 45)**. Von der
Umwehrung sind vier Tore, die Mauer und Ecktürme sowie mindestens vier Gräben gesichert. Die
Hauptfront des Kastells zeigt nach Nordosten (zum
Hesselberg hin). Von der Innenbebauung war lan-

Abb. 46: Kastell und Vicus von
Ruffenhofen: Plan von den Ergebnissen der Magnetometerprospektion. Bayerisches Landesamt
für Denkmalpflege München.
Foto: H. Becker.

ge Zeit nur ein Speicherbau *(horreum)* bekannt. In jüngster Zeit wurden allerdings Befunde des Kastells **(Abb. 46)** und größerer Bereiche des Ost- und Südostvicus sowie eine Gräberstraße durch Magnetometerprospektion erfasst.

Zeugnisse der Besatzungstruppen gibt es bisher nicht. Von der Größe her könnte hier eine *cohors milliaria* oder eine *ala quingenaria* gelegen haben. Aus allgemeinen Erwägungen heraus wurde die Theorie vertreten, dass als jüngste Besatzung die *cohors IX Batavorum equitata milliaria exploratorum* stationiert war, nachdem sie ein nur kurzfristig benutztes Lager bei Weißenburg verlassen hatte. C. S. Sommer vermutet jetzt nach der Magnetometerprospektion eine Ala als Besatzung.

Streufunde und Luftbilder belegen ein umfängliches Lagerdorf. Obwohl Ruffenhofen das größte und wichtigste Kastell an diesem Limesabschnitt darstellt, ist es bisher eines der am wenigsten erforschten Truppenlager am raetischen Limes.

→ *Seit jüngster Zeit erfolgt der Ausbau des Geländes von Kastell und Vicus zum „Römerpark Ruffenhofen". Funde: Heimatmuseum Weiltingen.*

Lit.: W. KOHL, ORL B. 68 (1896); Abt. A Strecke 13 (1935), 35ff. – ULBERT/ FISCHER 1983, 58–61. – SCHÖNBERGER 1985, 471. – TH. FISCHER, in: Braun u. a. 1992, 37. – DERS., in RiB 1995, 509 – BAATZ 2000, 273f. – H. BECKER/D. DEINHARDT/H. THOMA, AJB 1999, 56–59. – H. BECKER, AJB 2001, 90ff. – C. S. SOMMER, Kastellvicus Ruffenhofen – Aufbau und Struktur einer Marketendersiedlung. In: Studia Historica et Archaeologica in Honorem Magistrae Doina Benea. Bibliotheca Historica et Archaeologica Universitatis Timisiensis 6 (Timisoara 2004), 345–357. – E. WEINLICH/M. PASCH, AJB 2005, 91ff. – C. S. SOMMER, Zur Besatzung des Kastells Ruffenhofen, in: Thiel 2007, 123–132.

Wir empfehlen, den Limesabschnitt zwischen den Türmen **WP 13/12–13/18** auszusparen und eine Abkürzung zu nehmen, indem man zunächst die Straße Weiltingen–Wörnitzhofen entlanggeht bis kurz vor Wittelshofen. Dort nimmt man den Weg nach Untermichelsbach und geht weiter auf der Straße Untermichelsbach-Ammelbruch. An der Stelle, wo die Straße wieder auf den Limes trifft, steht ein großer Laubbaum. Südwestlich der Straße ist die raetische Mauer als Schuttwall im Acker zu erkennen, nordöstlich davon folgt ein Feldweg seinem Verlauf, der nach etwa 650 m in einen Wald führt. Die auf dieser Strecke vermuteten **WP 13/19** und 13/20 konnten nicht im Gelände lokalisiert werden. Im Wald ist der Schuttwall der Grenzmauer nicht mehr so gut erhalten, aber er wird durch einen – allerdings schwer begehbaren – Fußweg gesäumt. In diesem Bereich wird **WP 13/21** nur angenommen.

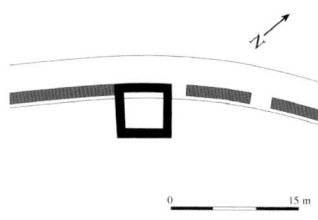

0 ————— 15 m

Abb. 47: Planzeichnung des WP 13/22 mit Steinturm und zwei Mauerdurchlässen durch die raetische Mauer. Entwurf: Th. Fischer; Ausführung: A. Smadi.

Etwa 900 m nach seinem Eintritt in dem Wald biegt der Limes nach Osten ab, um so den Hesselberg an seiner Nordseite zu umrunden. Am Limesknick befand sich **WP 13/22 (Abb. 47)**, der jedoch, wie auch die meisten Spuren der Mauer in diesem Abschnitt, verschwunden ist. Der Turm hatte eine Größe von 6,5 x 6 m. In der direkt nordöstlich anschließenden Mauer befanden sich zwei Durchgänge zum germanischen Gebiet. Ein Waldweg markiert hier den Limesverlauf. Nur wenig östlich davon lagen schwache Reste von **WP 13/23**, die heute ebenfalls nicht mehr vorhanden sind. Den ungewöhnlich kurzen Abstand zwischen den beiden Posten kann man mit dem unübersichtlichen Gelände am Mauerknick erklären. Fraglich ist jedoch, ob sie überhaupt gleichzeitig existierten. Nach etwa 200 m verlässt der Waldweg den Verlauf des Limes Richtung Norden.

Dem Schuttwall kann man im Wald weiter folgen. Ca. 600 m nach dem Limesknick trifft man auf die wieder aufgemauerten Reste des 6,5 x 5,7 m großen Steinturms von **WP 13/24**. Im Süden besaß er einen 1 m breiten Eingang. Im Inneren hat man einen Estrich, eine Feuerstelle und einen Mahlstein gefunden. Westlich des Steinturms schneidet die Grenzmauer den kaum noch erkennbaren Graben des Holzturmes. Dem schwer begehbaren Weg folgend gelangt man an die Straße Ammelbruch–Grüb, wo ein Stein mit der Aufschrift „Limes" die Stelle markiert, an der der Schuttwall von der Straße überquert wird. Der Wanderer, der im schwierigen Gelände die Reste der „Teufelsmauer" vielleicht verfehlt hat, findet hier wieder den Anschluss. (Diese Hinweissteine aus Beton begegnen im Landkreis Weißenburg–Gunzenhausen immer wieder, insbesondere oft an solchen Stellen, wo der Limes kaum zu erkennen ist.)

Auch von hier bis zum Ende des Waldes ist der Weg entlang des wenig deutlichen Schuttwalls schlecht begehbar. Von **WP 13/25** ist so gut wie nichts mehr vorhanden. Außerhalb des Waldes sind keine sichtbaren Reste des Limes erhalten. Erst östlich der Straße von Grüb nach Beyerberg, am Südrand des Wäldchens, zeigt ein Feldweg den ungefähren Verlauf des Limes an. 200 m östlich des Waldrandes, an der Stelle, an der ein Feldweg in spitzem Winkel von Nordwesten in unseren Weg einmündet, verläuft dieser dann wieder direkt auf den Resten der Limesmauer. Von hier aus, an der höchsten Stelle, hat man einen herrlichen Überblick über den Lauf des Limes, wie er als schnurgerader Feldweg über das wellige Gelände zieht. Hier auf der Höhe lag auch **WP 13/26**, von dessen früher ausgegrabenem, 6 x 6,25 m großen Steinturmfundament heute nichts mehr zu sehen ist.

Karte 2

Auf dem Weg von **WP 13/26** bis zum Pfahlweiher an der Straße Ehingen–Beyerberg werden die **WP 13/27** und **WP 13/28** nur vermutet. An der Straße, die beim Pfahlweiher den Limes quert, finden wir wieder einen Limes-Stein aus Beton. Westlich der Straße verlieren sich erneut alle Spuren des Limes. Erst nach dem Überschreiten eines kleinen Bachs folgt Richtung Osten ein Feldweg, der wieder den Limesverlauf aufnimmt. Noch Anfang des 20. Jahrhunderts war hier, wo man heute keine Spuren mehr erkennen kann, der Limes hervorragend erhalten. Etwa 800 m östlich der Straße lag an einem leichten Mauerknick der inzwischen nicht mehr sichtbare **WP 13/29**. An seiner Rückseite besaß der 5,7 x 6,75 m große Steinturm einen Eingang von 1 m Breite.

Die Lage des folgenden **WP 13/30** wird nur angenommen. Nach ungefähr 200 m, nachdem der Wall im Wald wieder etwas deutlicher wurde, erreicht man in einem leichten Mauerknick den Schutthügel des ausgegrabenen 5,7 x 6,3 m großen **WP 13/31**. Den Weg entlang des im Wald nur schwach erkennbaren Schuttwalls kann man dank einer guten Markierung an Bäumen (blauer Punkt auf weißem Rechteck) leicht verfolgen. Diese Markierung führt einen bis zum Kastell Dambach. Nach **WP 13/31** zieht der Limes schräg hangabwärts zum Südende des Bischofsweihers. Hier ist der Weg in jüngerer Zeit durch Windbrüche besonders schwierig geworden. Am Südostende des Weihers wird der Schuttwall theoretisch wieder etwas deutlicher erkennbar. Er durchläuft ein gut erhaltenes vorgeschichtliches Grabhügelfeld. Allerdings ist gerade hier der Wald in letzter Zeit so hoffnungslos verwildert, dass der Marsch auf dem Weg vorzuziehen ist.

Abb. 48: Pfahlrostfundament der Limesmauer bei der Auffindung durch die Reichslimeskommission. Historische Fotografie.

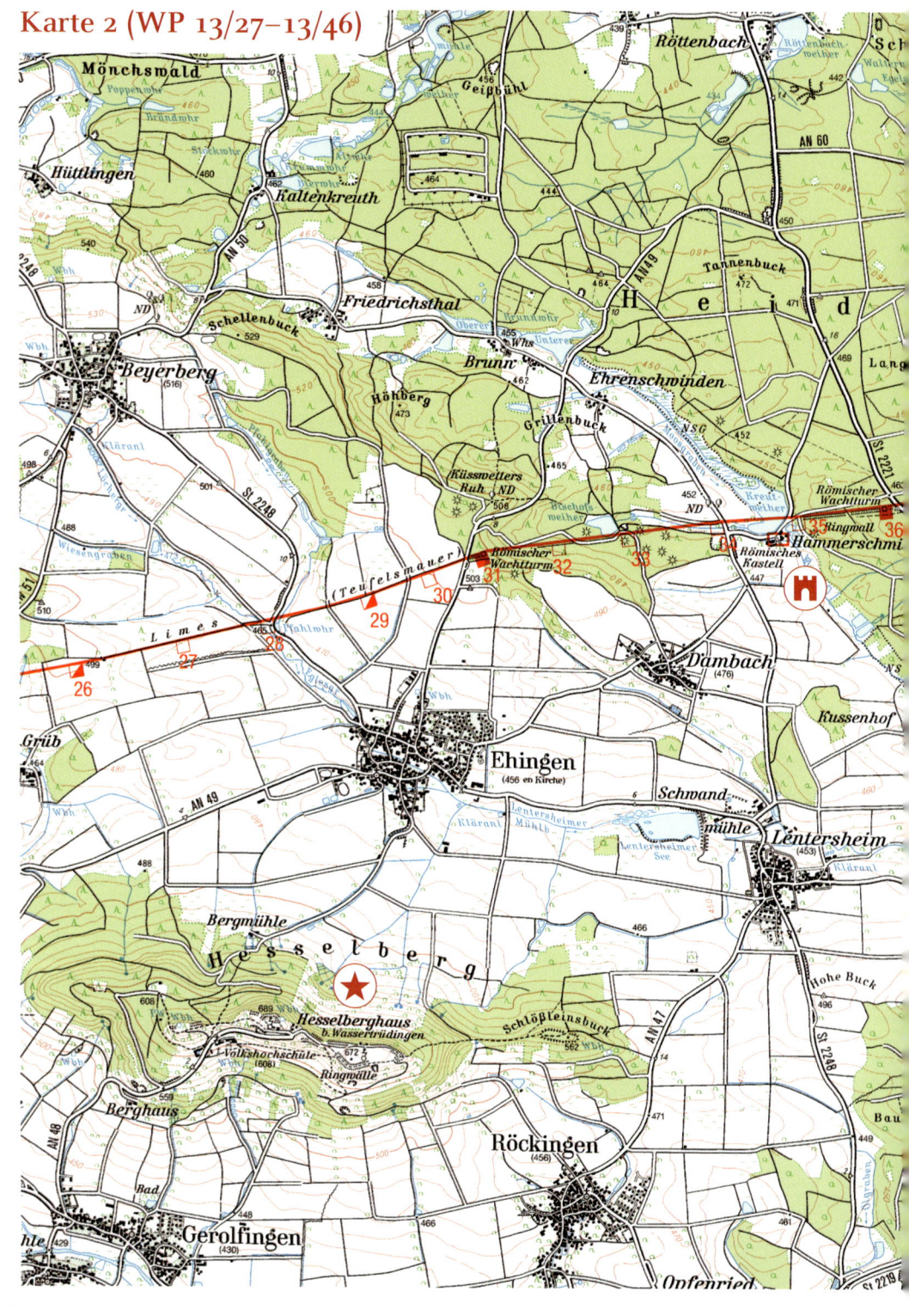

Karte 2 (WP 13/27–13/46)

Empfehlung:

Auf der nun folgenden Strecke kann der Wanderer das eindrucksvolle Panorama des im Süden gelegenen **Hesselberges** *genießen.*
Eine Wanderung direkt entlang des Limes ist (bedingt) möglich zwischen **WP 13/31** *und* **WP 13/38**.
Einen Besuch wert ist das **Kastell Dambach** *(Topographie, Amphitheater).*

Ab dem Waldende bis zur Hammerschmiede beim Kastell Dambach läuft der Weg ungefähr auf dem Limes entlang. Die **WP 13/32–13/34** auf der hinter uns liegenden Strecke wurden nur vermutet. In dem auch in der Antike sumpfigen Gelände am Kreutweiher mussten die römischen Architekten und Pioniere die Steinmauer über große Strecken auf einem sogenannten Pfahlrost, einem Fundament aus Holzpfählen, gründen. Zur Zeit der Reichslimeskommission war dieser Pfahlrost noch gut erhalten (**Abb. 48**). Das hier direkt hinter dem Limes erbaute Kastell Dambach stellt mit seiner vorgeschobenen Lage und seiner Baugeschichte eine bemerkenswerte Ausnahme dar.

Dambach

Gde. Ehingen,
Lkr. Ansbach, Mfr.

*Kastell und Vicus der
mittleren Kaiserzeit*

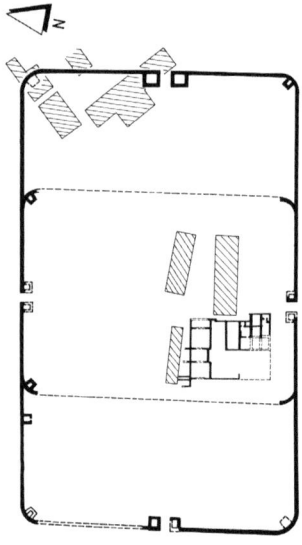

Die bisherigen Forschungen am Platz waren nicht sehr umfangreich: Grabungen der Reichslimeskommission 1892–1896 legten nur Teile der Umwehrung und ein als das Wohnhaus des Kommandanten *(praetorium)* gedeutetes Gebäude frei, welches auch in das Mittelalter gehören könnte. Zunächst stand hier unmittelbar am Limes, auf sumpfigem Baugrund beim heutigen Kreutweiher, ein in Stein ausgebautes Kleinkastell von 115 x 84 m, also 0,97 ha Fläche. Seine Lage und Datierung wären dann etwa mit den Kleinkastellen Halheim, Gunzenhausen, Ellingen und Böhming zu vergleichen, die ebenfalls (um 100 n. Chr.?) zur Verstärkung an den Limes vorgezogen worden sind. Im späten 2. Jahrhundert wurde dann das Kastell auf 187 x 115 m erweitert (**Abb. 49**). Nun konnte in der 2,2 ha Grundfläche des merkwürdig langrechteckigen Kastells eine *cohors quingenaria* untergebracht werden. Dass hier nach 171/72 n. Chr. die *cohors II Aquitanorum equitata* aus Regensburg-Kumpfmühl stationiert wurde, bleibt nach wie vor reine Vermutung.

Zufallsfunde und Notbergungen der Denkmalpflege legten in den letzten Jahren Teile des Lagerdorfes *(vicus)* und Ausschnitte mehrerer Brandgräberfelder frei, die aber noch nicht wissenschaftlich bearbeitet worden sind. Die zahlreichen Lesefunde aus dem Vicus, von denen bisher nur zwei militärische Auszeichnungen *(phalera und torques)* aus Bronze publiziert worden sind, werden gerade bearbeitet. Der Vicus weist durch den sumpfigen Baugrund teilweise einzigartig gut erhaltene Holzbaubefunde auf. Daher ist es umso unverständlicher und bedauerlicher, dass hier in letzter Zeit so vieles unkontrolliert zerstört wurde. Ein kleiner Münzschatz hat zu der Vermutung geführt, dass in Dambach bereits vor dem Alamannenfeldzug Caracallas im Jahr 213 n. Chr. mit Zerstörungen zu rechnen war. Es gibt zahlreiche Hinweise darauf, dass das römische Dambach durch eine Brandkatastrophe sein Ende fand (Brandschichten, verbrannte Münzen). Auch ein Hortfund von sieben Bronzegefäßen (zwei Becher, eine Kanne mit gegossenem Rand und Henkel, zwei Krüge, eine Pfanne mit getrepptem Deckel sowie eine Deckelschale mit Siebausguss), der 1852 im Kastell gefunden wurde, hängt mit diesem gewaltsamen Ende zusammen. Neuere Münzfunde, die in großer Zahl als Lesefunde zutage kamen, datieren dieses Ende von Kastell und Vicus wohl in die 50er-Jahre des 3. Jahrhunderts.

→ *Funde: Markgrafenmuseum Ansbach*

Lit.: K. G. J. POPP, ORL B Nr. 69 (1901); Abt. A Strecke 13 (1930), 41ff. – ULBERT/FISCHER 1983, 63ff., 117. – SCHÖNBERGER 1985, 471f. – TH. FISCHER, in: Braun u. a. 1992, 37–40. – TH. FISCHER, in: RiB 1995, 432f. – B. STEIDL, Eine germanische Fibel aus dem Vicus des Kastells Dambach. In: Dedicatio. Hermann Dannheimer zum 70. Geburtstag (Kallmünz 1999), 128–139.

Östlich des Kreutweihers wird **WP 13/35** vermutet. Am Waldrand zeigt ein weiterer Betonstein den Verlauf des Limes an. Eine östlich des Kastells Dambach im Wald gelegene gut erhaltene „Schanze" wird als kleines Amphitheater gedeutet (**Abb. 50**). Etwa 50 m hinter dem Limes gelegen zeigt sie sich als ovaler Erdwall. Leider ist dieses interessante Denkmal inzwischen im dichten Unterholz eines ungepflegten Waldes verborgen und nicht ausgeschildert.

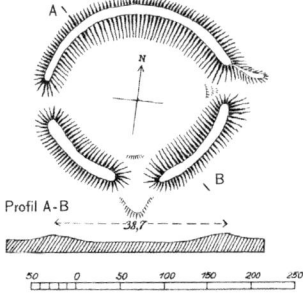

Abb. 50: Planzeichnung des Amphitheaters von Dambach. Nach ORL.

Der im Wald zunächst nur schwach erkennbare Schuttwall zeigt sich nun zunehmend deutlicher. Er wird seit Neuestem im dichten Unterholz durch Laubbäume markiert, die das Forstamt Feuchtwangen zur Orientierung gepflanzt hat. Ein besseres Auslichten des Waldes um den Schuttwall der raetischen Mauer herum wäre vielleicht sinnvoller gewesen.

Etwa 800 m östlich des Kreutweihers erreicht man den flachen und jetzt überwucherten Schutthügel des 4,5 x 4,4 m großen Steinturms von **WP 13/36**. Der Turm wurde nach einer Zerstörung durch einen östlich angefügten Neubau ersetzt. Im Inneren fand sich eine Feuerstelle. Etwa 100 m weiter kreuzt die Straße Unterschwaningen–Heinersdorf den Limes. Auch hier steht ein Stein zur Markierung. Ungefähr 4,8 km hinter dem Limes befindet sich das Kastell von Unterschwaningen, von dem allerdings kaum mehr Spuren zu sehen sind.

Unterschwaningen
Lkr. Ansbach, Mfr.

Kastell und Villa der mittleren Kaiserzeit

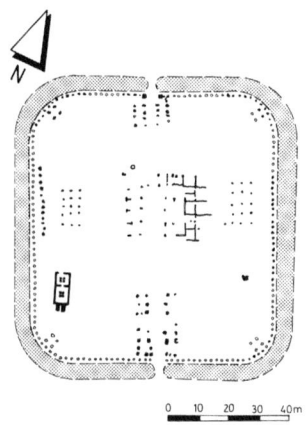

Abb. 51: Planzeichnung des Holz-Erde-Kastells Unterschwaningen mit hölzerner Innenbebauung. Nach Ulbert/Fischer 1983 Abb. 40.

Das Holz-Erde-Kastell liegt ca. 1 km südlich von Unterschwaningen entfernt auf einer von zwei Bächen (Arrabach und Mühlbach) begrenzten Anhöhe. Das einphasige Kastell wurde 1929 vom Streckenkommissar H. Eidam entdeckt und in Teilen ausgegraben. Seine Holz-Erde-Mauer misst ca. 80 x 85 m (Fläche 0,7 ha), die zweitorige Umwehrung wird von einem Spitzgraben umgeben (**Abb. 51**). Von den hölzernen Innenbauten kennt man die *principia* (?), andere Bauspuren sowie ein steinernes Bad könnten auch zu der zivilen Nutzungsphase, wahrscheinlich einer Villa rustica gehören, die nach dem Abzug der Truppe in der Anlage entstanden war. Das Kastell wurde um 90 n. Chr. erbaut und vor der Mitte des 2. Jahrhunderts wieder geräumt, als Besatzung kommt ein abkommandiertes Detachement einer Auxiliartruppe infrage; die Besatzung scheint von Unterschwaningen nach Dambach direkt an den Limes vorverlegt worden zu sein.

Lit.: H. EIDAM, ORL A Strecke 13 (1930), 76–99. – ULBERT/FISCHER 1983, 65f. – SCHÖNBERGER 1985, 472. – TH. FISCHER, in: Braun u. a. 1992, 40f. – TH. FISCHER, in: RiB 1995, 527; BAATZ 2000, 276.

Jenseits der Straße Unterschwaningen–Heinersdorf läuft der Schuttwall etwas flacher weiter. Der Schutthügel des **WP 13/37** ist kaum erkennbar. Im folgenden Waldstück ist auch die Limesmauer kaum noch zu sehen. Weiter östlich im Tal des ehemaligen Schwaninger Weihers ist die Landschaft inzwischen künstlich verändert worden: Im Zuge der Flurbereinigung hat man hier einen großen Badesee mit Campingplatz angelegt, den Dennenloher See. Die spärlich sichtbaren Reste des Limes laufen in ein nicht mehr begehbares sumpfiges Gelände aus. Daher empfiehlt es sich unbedingt, dieses unwegsame Stück auszusparen und noch vor Einsetzen des Unterholzes ab dem **WP 13/38** in Richtung Süden zu umgehen. Man wandert am Südende entlang des Dennenloher Sees. An seinem nördlichen Ostufer ist es einfach, den Limes wieder zu finden: Hier hat man beim Campingplatz ein Stück der Limesmauer wieder aufgebaut und erläuternde Hinweistafeln errichtet (**Abb. 11**). Ein Stück weit zieht sich der Limes noch als Schuttwall dahin, an dessen Ende **WP 13/39** vermutet wird. Schließlich nimmt der Feldweg Richtung Kleinlellenfeld seinen Verlauf auf. Im Westende von Kleinlellenfeld wird **WP 13/40** angenommen. An der Kreuzung der aus dem Dorf führenden Straße mit der Straße Gunzenhausen–Großlellenfeld lag der heute nicht mehr sichtbare **WP 13/41**. Ein beschrifteter Stein kennzeichnet den Verlauf des Limes. Weiter Richtung Osten wird der Schuttwall von einem Feldweg begleitet. Ein gutes Stück vor dem Wald befand sich der Steinturm von **WP 13/42**. Sein 4,4 x 4,4 m großes Fundament ist heute nicht mehr zu sehen. Kurz vor dem Waldrand verlässt der Weg den Limes in Richtung Norden. In der Wiese vor dem Wald kann man den Schuttwall kaum erkennen, im Wald jedoch wird er wieder gut sichtbar. Nach etwa 150 m kreuzt der Limes einen Weg. Ein Schild markiert seinen Verlauf. Westlich davon stößt man auf den als Unebenheit im Gelände erkennbaren Schutthügel des Steinturms **WP 13/43** (**Abb. 52**). Der 5,25 x 4,30 m große Turm besaß einen ungefähr 1 m breiten Eingang im Süden. An seiner Ostseite hatte die Limesmauer einen Durchlass. Hier hat man sogar vergoldete Bronzebuchstaben einer Monumentalinschrift gefunden, wie sie sonst nur an Kastelltoren vorkommen. Östlich davon durchschneidet die Mauer den Graben des Holzturms. Auch Reste von Palisade und Flechtzaun konnten festgestellt werden.

Etwa 100 m nach **WP 13/43** mündet der flache Schuttwall in einen Weg ein. Nach weiteren 400 m auf einer Anhöhe, auf der ein Weg kreuzt, nimmt man den Standort von **WP 13/44** an. Ein kurzes Stück weit verläuft der Limes nun an der Gemarkungsgrenze als sichtbarer Wall. Nach etwa 180 m nimmt der Waldweg die Limesstraße auf. Nachdem der Limes den Wald verlassen hat, folgt er zuerst dem Waldrand, führt dann weiter über freies Feld, tritt schon bald wieder in den Wald ein und führt als Schuttwall, sehr gut erhalten und deutlich sichtbar, eine Anhöhe hinauf zu **WP 13/45** (mit Erläuterungstafel).

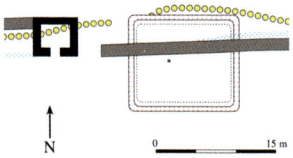

Abb. 52: Planzeichnung des WP 13/43. Holzturmgraben (von der raetischen Mauer überlagert), Palisade und Flechtwerkzaun und Steinturm mit anbindender raetischer Mauer. Sowohl in der Palisade wie auch in der Mauer befand sich ein Durchlass. Entwurf: Th. Fischer; Ausführung: A. Smadi.

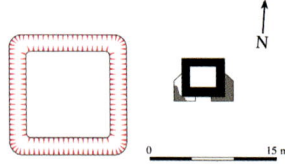

Abb. 53: Planzeichnung des WP 13/45. Holzturmgraben und verstärktes Steinturmfundament, ausnahmsweise mit Abstand hinter der raetischen Mauer gelegen. Entwurf: Th. Fischer; Ausführung: A. Smadi.

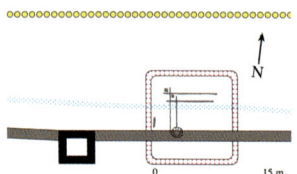

Abb. 54: Planzeichnung des WP 13/49. Holzturmreste („Blockhaus"), Palisade, Flechtwerkzaun, Steinturm mit anbindender raetischer Mauer. Entwurf: Th. Fischer; Ausführung: A. Smadi.

Westlich einer aufgelassenen Kiesgrube wurden die Reste dieses außergewöhnlichen, aus zwei Türmen bestehenden Wachtpostens **(Abb. 53)** entdeckt. Ein Turm, im Gelände noch gut erkennbar, befand sich im Abstand von etwa 10 m frei stehend hinter der Mauer. An der Südseite dieses Steinturmes (5 x 4,4 m) wurden merkwürdige Anbauten und Verstärkungen entdeckt. Im Innenraum fand man eine Feuerstelle. Daneben ist noch der Graben eines älteren Holzturmes erkennbar. Westlich davon war an die schon bestehende Limesmauer ein zweiter – heute nicht mehr sichtbarer – Steinturm angebaut. Mit einer Größe von nur 3,23 x 2,3 m fiel er im Vergleich zu den anderen Limestürmen sehr klein aus. Ob dieser jüngere Turm zusätzlich zu dem schon existierenden Steinturm errichtet wurde oder aber diesen nach einer Zerstörung ersetzte, ist ungeklärt.

Nach diesem interessanten Wachtposten zieht der weiterhin deutlich erhöhte Schuttwall zum Waldrand und geht dort in einen Feldweg über. Er kennzeichnet den Verlauf des Limes bis zur Straße Cronheim–Unterhambacher Mühle, wo **WP 13/46** ausgegraben wurde, von dem heute nichts mehr zu sehen ist. Da hier erkennbare Reste des Limes aussetzen und über den Hambach keine Brücke führt, geht man am besten einen kleinen Umweg nach Norden zur Hambacher Mühle. Von dort folgt man der Straße in Richtung Gunzenhausen, die kurz vor dem Wald den Verlauf des Limes aufnimmt.

Die Standorte der **WP 13/47** und **13/48** sind nur vermutet. Nun biegt die Straße nach Südosten vom Verlauf der raetischen Mauer ab. Dort wurde der **WP 13/49 (Abb. 54)** ausgegraben, von dem heute obertägig allerdings nichts mehr vorhanden ist. Östlich des 4,7 x 4,3 m messenden Steinturmes schneidet die Mauer einen Holzturmrest, in dessen Innenraum

neben Pfostenlöchern auch Querbalken zutage kamen. Diese seinerzeit als sogenannte Blockhäuser
interpretierten Befunde zeigen sich bei weiteren,
nur im Bereich von Gunzenhausen vorkommenden
Holztürmen.

Karte 3

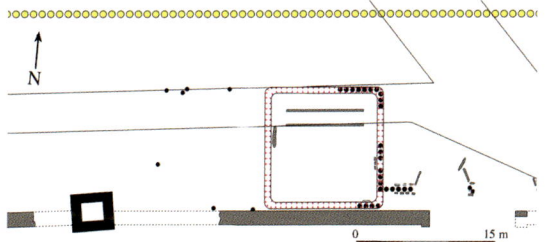

Abb. 55: Planzeichnung des
WP 13/50. Holzturmreste
(„Blockhaus"), von der raetischen
Mauer überlagert, Palisade,
Flechtwerkzaun, Steinturm mit
raetischer Mauer.
Entwurf: Th. Fischer;
Ausführung: A. Smadi.

Ab jetzt zieht der Limes als angedeuteter Schuttwall
durch eine von alten Sandgruben und wilden Müll-
kippen verunstaltete Landschaft bis zum Waldrand.
Von dort läuft ein asphaltierter Weg auf dem Limes,
bis man bei der Kreuzung mit der Bundesstraße 466
WP 13/50 (Abb. 55) erreicht. Hier bereits kann man
den markanten Hügel des Schloßbucks östlich von
Gunzenhausen sehen, den der Limes überquert. Bei
der Ausgrabung des heute nicht mehr erkennbaren
WP 13/50 entdeckte man einen Steinturm mit Seitenlängen von 4,2 x 3,7 m und bei der Untersuchung
des Holzturms auch ein sogenanntes Blockhaus, jedoch ohne den sonst üblichen Graben. Östlich davon fand man ein Limestor. Ab hier sind markante
Stellen des Limes im Bereich von Gunzenhausen mit
Hinweisschildern des UNESCO-Welterbes versehen.
Das Kastell Gnotzheim ist etwa 6,5 km vom Limes
entfernt.

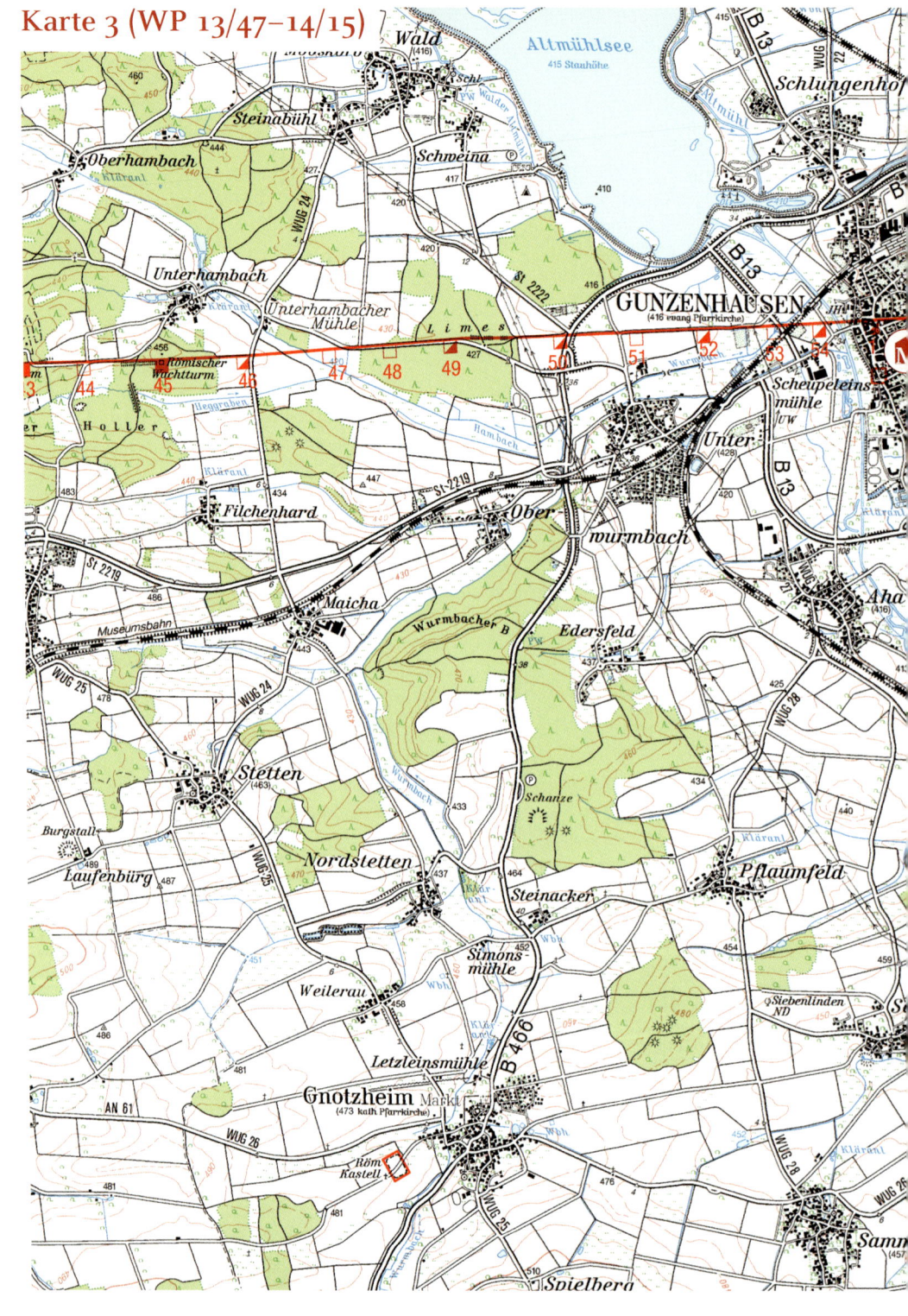

Karte 3 (WP 13/47–14/15)

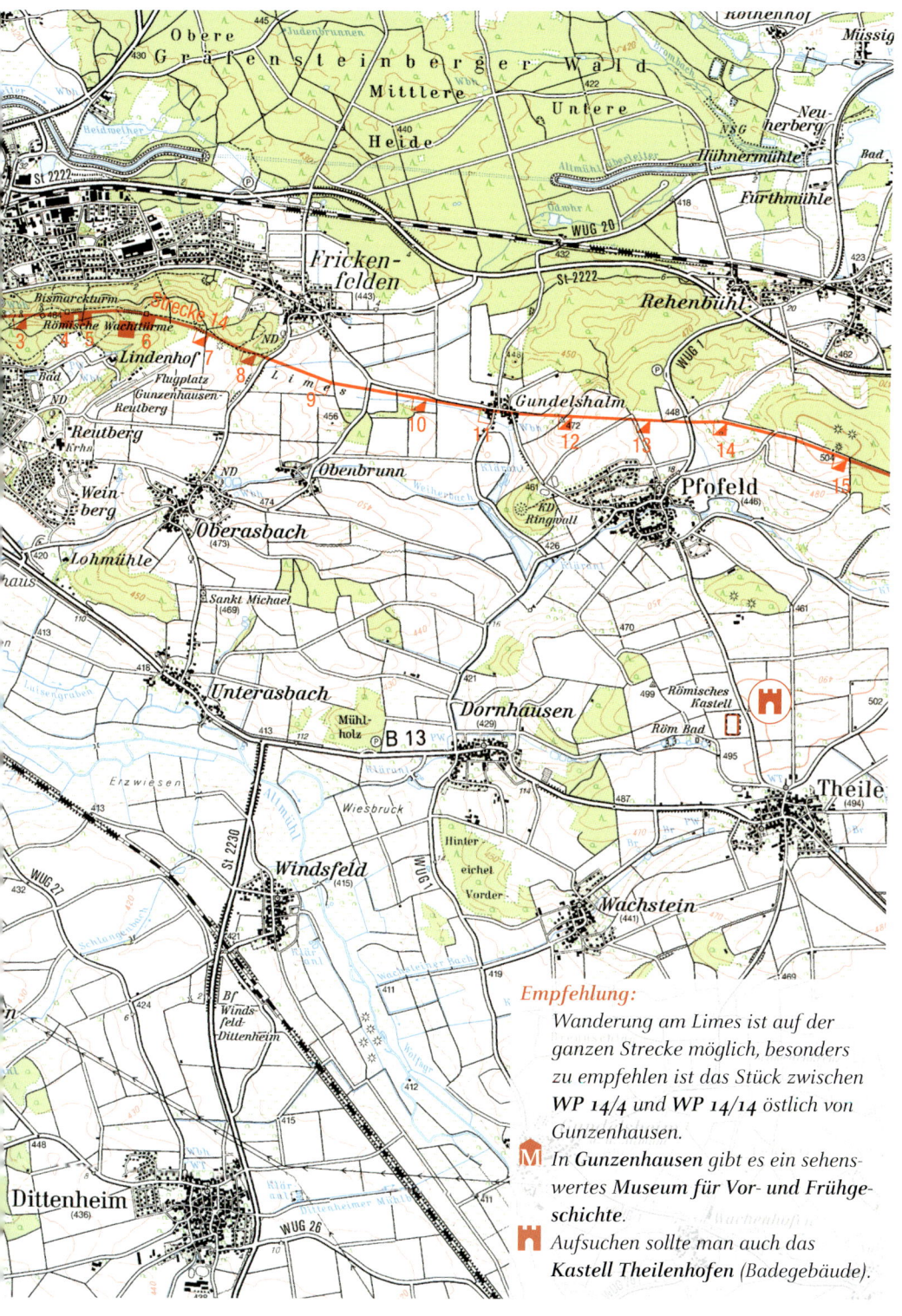

Empfehlung:

*Wanderung am Limes ist auf der ganzen Strecke möglich, besonders zu empfehlen ist das Stück zwischen **WP 14/4** und **WP 14/14** östlich von Gunzenhausen.*

*In **Gunzenhausen** gibt es ein sehenswertes **Museum für Vor- und Frühgeschichte**.*

*Aufsuchen sollte man auch das **Kastell Theilenhofen** (Badegebäude).*

Gnotzheim/Mediana
Lkr. Weißenburg-Gunzenhausen, Mfr.

Kastell und Vicus der mittleren Kaiserzeit

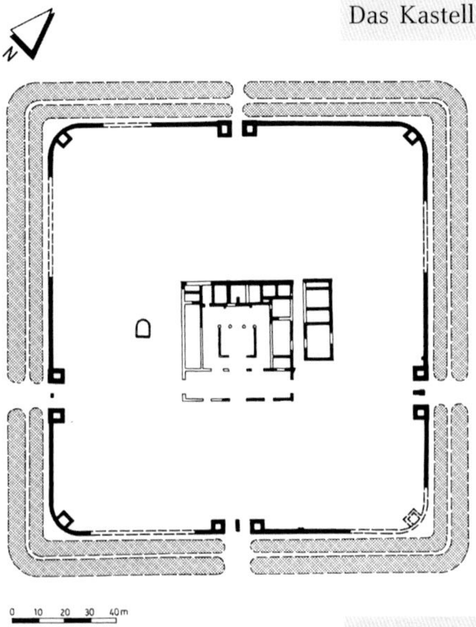

Abb. 56: Planzeichnung des Kastells von Gnotzheim-Mediana. Nach Ulbert/Fischer 1983 Abb. 50.

Lit.: H. EIDAM, ORL B Nr. 70 (1907); Abt. A Bd. VI Strecke 13 (1935), 54ff. – ULBERT/FISCHER 1983, 70ff. – SCHÖNBERGER 1985, 472. – TH. FISCHER, in: BRAUN u. a., Limes in Bayern, 41. – TH. FISCHER, in: RiB 1995, 448f. – BAATZ 2000, 277.

Das Kohortenkastell Gnotzheim liegt 500 m südwestlich des Dorfes in einer flachen Spornlage zwischen zwei Bächen. Der Platz war von den Römern strategisch hervorragend gewählt: Das Kastell kontrollierte einen wichtigen Pass über den fränkischen Jura ins Nördlinger Ries, außerdem war von ihm aus eine längere Strecke des Limes zu überblicken. Das Kastell ist seit dem 18. Jahrhundert bekannt, Grabungen der Reichslimeskommission fanden zwischen 1878 und 1905 statt. Man erforschte Teile der Umwehrung, das Mittelgebäude, eine Apsis vom Kommandantenwohnhaus und einen Speicherbau. Im Luftbild zeigen sich neuerdings mindestens drei Spitzgräben. Die Umwehrung des Kastells maß 153 x 143 m und umschloss eine Fläche von 2,2 ha. (**Abb. 56**). Gnotzheims antiker Name lautete *Mediana*.

Zwei einander ablösende Einheiten sind als Besatzungen bekannt: Bis zur Mitte des 2. Jahrhunderts lag hier wahrscheinlich die *cohors V Bracaraugustanorum*, dann folgte die *cohors III Thracum civium Romanorum equitata bis torquata*. Diese zweimal dekorierte teilberittene Thrakerkohorte, deren Angehörige das römische Bürgerrecht besaßen, errichteten nach Ausweis einer Bauinschrift unter dem Kaiser Antoninus Pius (138–161) das erste Steinkastell. Der Vicus des Kastells ist noch nicht erforscht.

→ *In der Kirche St. Michael von Gnotzheim sind drei Steininschriften aus dem Kastell eingemauert, darunter eine wichtige, die die 3. Thrakerkohorte und ihren Befehlshaber nennt.*

Abb. 57: Restauriertes Mauerstück bei WP 13/51 westlich von Gunzenhausen. Foto: Th. Fischer.

Auf dem jenseits der Kreuzung mit der Bundesstraße 466 weiterführenden Limes-stück baute man an drei Stellen die raetische Mauer wieder etwas auf **(Abb. 57)**. An diesem Abschnitt befanden sich die **WP 13/51–13/53**, von denen aber nur **WP 13/52** durch Ausgrabungen wirklich nachgewiesen werden konnte. Der 3,15 x 2,8 m große Steinturm war an die Mauer angebaut und ist somit jünger als die anderen Türme. Der Limes verschwindet nun allmählich im Altmühltal und kann nicht mehr direkt begangen werden. Am besten nimmt man daher den Weg quer über die Bundesstraße 13 und dann durch die Bahn-unterführung nach Gunzenhausen. Kurz vor der Alt-mühl lag als letzter Wachtposten der Strecke 13 der **WP 13/54 (Abb. 58)**. Die wenigen Reste des Holz-turms ließen wieder ein „Blockhaus" erkennen. Den 4 x 5,8 m großen Steinturm hat man wie **WP 13/52** an die Mauer angebaut, in der sich östlich davon ein Durchlass befand. Wo der Limes etwa 60 m nördlich der heutigen Altmühlbrücke den Fluss überquerte (Hinweistafel!), wurden entlang des Flusses Reste einer gepflasterten Straße sowie hölzerner Hinder-nisse entdeckt. Das Kastell Gunzenhausen liegt im alten Stadtkern, ca. 300 m südlich des Limes.

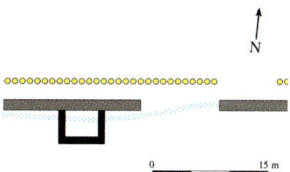

Abb. 58: Planzeichnung des WP 13/54, Steinturm, Palisade, Flechtwerkzaun und raetische Mauer. Sowohl in der Palisade als auch in der raetischen Mauer Durchlass. Entwurf: Th. Fischer; Ausführung: A. Smadi.

Strecke 14:
Von Gunzenhausen bis Kipfenberg

Die Strecke 14 reicht vom östlichen Ufer der Altmühl in Gunzenhausen bis zum westlichen Ufer bei Kipfenberg und ist insgesamt 52 km lang. Sie verläuft zunächst stärker in südliche Richtung, beim Limesknick westlich von Petersbuch schlägt der Grenzverlauf wieder mehr die östliche Richtung ein. So umgeht der Limes auch das tief in die Albhochfläche eingeschnittene Tal der Anlauter. Im Bereich der Strecke 14 liegen die Kastelle Gunzenhausen, Theilenhofen, Ellingen, Weißenburg, Oberhochstatt, Böhming und Pfünz, wobei letzteres ebenso wie Weißenburg und im Verlauf der Strecke 15 Kösching und Pförring, in einiger Entfernung vom Limes liegen. Die später eingefügten Kleinkastelle, die östlich von Weißenburg an der Limeslinie einsetzen, sollten dafür wohl einen gewissen Ausgleich bieten.

Gunzenhausen
Lkr. Weißenburg-Gunzenhausen, Mfr.

Kastell und Vicus der mittleren Kaiserzeit

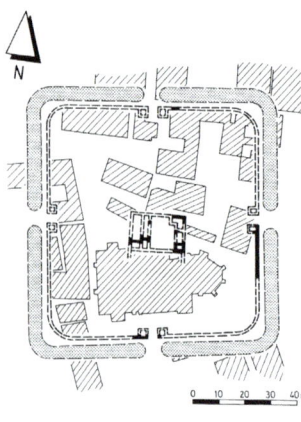

Abb. 59: Plan des Kleinkastells Gunzenhausen. Nach Ulbert/Fischer 1983 Abb. 49.

Am nördlichsten Punkt des Limes liegt in der Nähe der Altmühl unter dem Stadtzentrum von Gunzenhausen ein Kleinkastell, das wegen der dichten Überbauung durch den heutigen Ort nur in Ansätzen erforscht ist (*principia* z. T. von der evang. Stadtkirche überbaut!). 1897 gelang es H. Eidam, Teile der Umwehrung und des Mittelgebäudes festzustellen, wobei Details sicherlich einer Überprüfung bedürften (**Abb. 59**). Ob das Kastell z. B. wirklich vier Tore hatte, wie es für ein Kleinkastell dieser Art außergewöhnlich wäre, ist jedenfalls nicht sicher. Das ca. 86 x 80 m große Kastell mit seinen nur 0,7 ha dürfte eine von einem anderen Kastell (Gnotzheim?, Theilenhofen?) abkommandierte Teileinheit aufgenommen haben. Es liegt in der an diesem Grenzabschnitt für Kleinkastelle typischen Art nahe am Limes und kontrollierte gleichzeitig den wichtigen Verkehrsweg des Altmühltales, der hier den Limes passiert. Über die Ausdehnung und die Geschichte des sicherlich einst vorhandenen Vicus ist nichts bekannt. Aus dessen Bereich stammt ein Münzschatz mit Schlussmünzen der

Zeit nach 241/43 n. Chr., also aus der Zeit kurz vor der Zerstörung des Kastells.

→ *Funde: Museum für Vor- und Frühgeschichte Gunzenhausen*

Lit.: H. EIDAM, ORL B Nr. 71 (1907); Abt. A Strecke 14 (1927), 51. – ULBERT/FISCHER 1983, 69f., 117. – SCHÖNBERGER 1985, 486. – TH. FISCHER, in: Braun u. a. 1992, 41f. – Th. Fischer, in: RiB 1995, 456. – BAATZ 2000, 282.

Im Stadtgebiet von Gunzenhausen sind die Spuren des Limes und die Reste des als „Blockhaus" errichteten Turms des **WP 14/1** und der vermutete **WP 14/2** heute nicht mehr sichtbar. Um zu den ausgeschilderten Spuren des Limes am Schloßbuck zu gelangen, geht man am besten zur Krackerstraße (südöstlich des Alten Friedhofs), in deren Verlängerung im Wald sichtbare Spuren des Limes wieder auftauchen. Ab hier ist der Limesweg markiert. Neben einem Wasserspeicher verweist die Inschrift eines alten Gedenksteins auf die „Teufelsmauer, Limes, Pfahlrain". Südwestlich des Wasserbehälters waren früher noch Reste sowohl des Holzturms als auch des Steinturms von **WP 14/3** vorhanden; heute ist davon nichts mehr zu sehen.

Den höchsten Punkt des „Vorderen Schloßbuck" markiert das 1901 eingeweihte Bismarckdenkmal, das, wie eine Inschrift besagt, zum Teil aus Steinen des Limes errichtet wurde. Östlich des Monuments kann man den restaurierten Turm von **WP 14/4** (**Abb. 60**) besichtigen. Bei einer Nachuntersuchung anlässlich der Restaurierung 1980 hat das Bayerische Landesamt für Denkmalpflege (Außenstelle Nürnberg) festgestellt, dass der vermeintlich frühgeschichtlich-alamannische Ringwall, in den der römische Turm eingebunden gewesen sein soll, aus vorgeschichtlicher Zeit stammte und somit wesentlich älter als der Turm war. Eine Besonderheit dieses mit Seitenlängen von 4,7 x 6,3 m sehr großen Turmes ist der nachträgliche Einbau einer Zwischenmauer im Inneren. Westlich des Turmes **WP 14/4** stellte die Reichslimeskommission einen Durchgang durch die Palisade und die Mauer fest. Der ursprüngliche Verlauf der Holzpalisade wurde ein Stück weit durch Holzstämme rekonstruiert (**Abb. 7**). Eine ausführliche Hinweistafel informiert

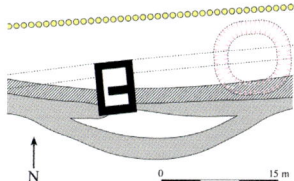

Abb. 60: Planzeichnung des WP 14/4. Holzturmgraben, von der raetischen Mauer überlagert, Palisade, zweiräumiger Steinturm mit anbindender raetischer Mauer. Entwurf: Th. Fischer; Ausführung: A. Smadi.

Abb. 61: Restauriertes Fundament des Steinturmes von WP 14/5 auf dem Vorderen Schloßbuck bei Gunzenhausen. Foto: E. Riedmeier-Fischer.

hier den Besucher ebenso wie bei den nächsten Türmen und dem Kleinkastell auf dem „Hinteren Schloßbuck". Zwischen den **WP 14/3** und **14/4** war die Limesmauer streckenweise im Verband nach Norden umgefallen und nur wenig durch späteren Steinraub gestört worden. Aus diesem Befund konnte die Höhe der Mauer an dieser Stelle auf mindestens 2,6 m berechnet werden.

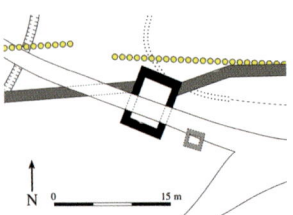

Abb. 62: Planzeichnung des WP 14/5. Palisade, schräg sitzender großer Steinturm, nachträglich in die raetische Mauer eingesetzt. Entwurf: Th. Fischer; Ausführung: A. Smadi.

Nur 165 m nach **WP 14/4** liegt am Osthang des „Vorderen Schloßbuck" **WP 14/5 (Abb. 61, 62)**. Auch dieser erfuhr eine Nachuntersuchung und Restaurierung. Der ebenfalls besonders große Turm (5,5 x 7,4 m) war schiefwinklig in die damals schon bestehende Limesmauer eingesetzt worden. Das Fundament des zu diesem Zweck abgebrochenen Mauerstücks war im Inneren des Turms noch erhalten und wurde bei der Restaurierung wieder aufgemauert. Westlich des Turmes befand sich ein Durchgang in der Palisade, jedoch nicht in der späteren Mauer. Nach **WP 14/5** führt die raetische Mauer durch eine kleine Senke hinauf zum „Hinteren Schloßbuck". Ein Fußweg kennzeichnet den nur teilweise sichtbaren Verlauf des Limes. Nach etwa 500 m, dort, wo der Schuttwall wieder etwas deutlicher wird, erblickt man südlich davon die Reste eines Kleinkastells (Hinweistafel). Ein Gedenkstein des 19. Jahrhunderts mit der Inschrift *Castrum Romanum* steht im Inneren der 20 x 20 m großen Anlage (**Abb. 63**). Im Zuge einer wenig sorgfältigen Untersuchung des Kastellinnenraums entdeckte man Holzeinbauten entlang der Umfassungsmauern. Aus dem Fundmaterial ist eine Soldatenfibel des 3. Jahrhunderts besonders hervorzuheben.

Ca. 70 m östlich des Kleinkastells befinden sich deutlich erkennbar die Reste des Holzturmes und das Fundament des Steinturms von **WP 14/6 (Abb. 64)**. Der Holzturm war wieder als „Blockhaus" konstruiert, denn man fand Pfosten und liegende Balken. Die Limesmauer schneidet den Holzturm am nördlichen Rand. Die Reste des 5,4 x 4,4 m großen Steinturmes befinden sich östlich des Holzturmes. Kurz vor **WP 14/6** erreicht der Limes seinen nördlichsten Punkt und zieht von hier, abgesehen von gelegentlichen Richtungsänderungen, nach Südosten. Dem Schuttwall des Limes kann man zunächst im Wald leicht folgen. 270 m östlich von **WP 14/6** lag der heute im Gelände nicht mehr sichtbare Steinturm (3 x 4,25 m) von **WP 14/7**. Noch innerhalb des Waldes folgt der ebenfalls nicht mehr erkennbare **WP 14/8 (Abb. 65)**. Dieser Steinturm besaß einen ungewöhnlichen, am gesamten Limes einzigartigen Grundriss mit zwei seitlich angebauten zusätzlichen Räumen.

In wechselnder Erhaltung zieht der Limes über den „Hinteren Schloßbuck" zum Waldende hinab. An der Straße Oberaßbach–Frickenfelden ist er durch einen Hinweisstein aus Beton gekennzeichnet. Nicht mehr sichtbar läuft er nun weiter quer durch die Feld-

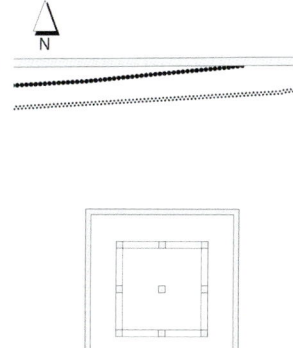

Abb. 63: Planzeichnung des Kleinkastells auf dem Hinteren Schloßbuck bei Gunzenhausen mit Palisade, Flechtwerkzaun und raetischer Mauer. Nach Ulbert/Fischer 1983 Abb. 51.

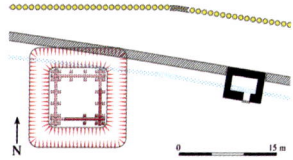

Abb. 64: Planzeichnung des WP 14/6. Holzturmreste(„Blockhaus"), von der raetischen Mauer überlagert, Palisade, Flechtwerkzaun, Steinturm mit anbindender raetischer Mauer. Entwurf: Th. Fischer; Ausführung: A. Smadi.

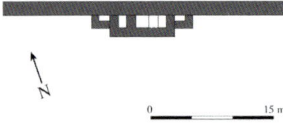

Abb. 65: Planzeichnung des WP 14/8 mit seinem ungewöhnlichen, an die raetische Mauer angebautem Steinturm, an den seitlich zwei Räume angebaut waren. Entwurf: Th. Fischer; Ausführung: A. Smadi.

er, nur markiert durch drei weitere Hinweissteine. **WP 14/9** wird auf diesem Streckenabschnitt vermutet. Da man hier dem Schuttwall des Limes durch die Felder nicht folgen kann, wandert man am besten entlang eines von der Flurbereinigung angelegten Wassergrabens, der in etwa diagonal zur Limesmauer läuft, um einen größeren Umweg zu vermeiden. An der Kreuzung der Straße von Oberbrunn mit der Straße Frickenfelden–Gundelshalm befand sich der heute nicht mehr sichtbare **WP 14/10**. Der ausnahmsweise an die Limesmauer angebaute Steinturm war 4,8 x 3,2 m groß. Über eine Stufe an seiner Rückseite konnte man das Untergeschoss erreichen.

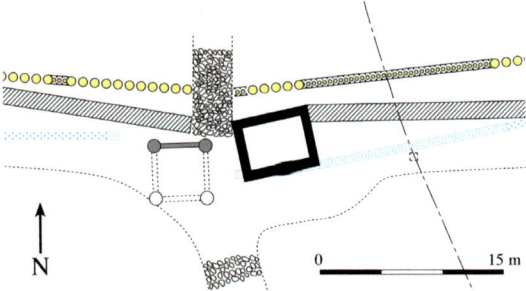

Abb. 66: Planzeichnung des WP 14/12. Holzturm mit Palisade und Flechtwerkzaun mit Durchlass, Steinturm und Mauer mit einem Durchlass durch den ein gepflasterter Weg führte. Entwurf: Th. Fischer; Ausführung: A. Smadi.

Von **WP 14/10** bis Gundelshalm verläuft die heutige Straße ungefähr auf dem Limes. Am westlichen Ortrand von Gundelshalm vermutet man den Standort von **WP 14/11**. Östlich des Ortes ist der Schuttwall der Limesmauer in einer Wiese am Hang wieder sichtbar. Zusätzlich markieren „Limes"-Steine den Anstieg der raetischen Mauer auf die Hochfläche. **WP 14/12 (Abb. 66)**, der dort lag, ist heute nicht mehr erkennbar. Bei seiner Untersuchung entdeckte man die Reste eines Holzturmes (ohne Graben?) und östlich davon das Fundament eines 6 x 4,5 m großen Steinturms. Westlich von diesem führte ein gepflasterter Weg durch eine Maueröffnung in das Limesvorland. Auch die Palisade und der Flechtwerkzaun, die hier gut beobachtet wurden, besaßen an dieser Stelle schon einen Durchgang Richtung Norden. Vom **WP 14/12** hatte man eine hervorragende Fernsicht nach Westen bis **WP 14/6** und im Südosten bis zum Kastell Theilenhofen.

Das Kastell Theilenhofen liegt ca. 700 m nordwestlich des Dorfes an der Straße nach Pfofeld auf einem Hochplateau. Von dort aus ist eine Strecke des etwa 2,5 km entfernten Limes mit mindestens 9-10 Wachttürmen einsehbar. Die Umwehrung und das Mittelgebäude sind durch die Grabungen der Reichslimeskommission (H. Eidam) 1892 bis 1895 lokalisiert worden (**Abb. 67**). Das Kastell mit 196 x 140 m Seitenlänge beherbergte zuletzt die *cohors III Bracaraugustanorum*, die nach entsprechenden Funden zu urteilen auch Kavallerieeinheiten in ihren Reihen führte. Im Luftbild zeichnet sich westlich des Steinkastells unter dem Vicus ein wohl älteres Holz-Erde-Lager ab, der Vicus selbst ist bisher nur durch Lesefunde und Notbergungen erschlossen. So stammt z. B. aus einem Steinbau ein Depotfund, der u. a. einen Infanteriehelm und einen Reiterhelm (Archäologische Staatsslg. München; German. Nat. Museum Nürnberg) enthielt. Das Kastellbad südwestlich des Kastells wurde 1968 bis 1970 ausgegraben (**Abb. 68**).

→ *Zu sehen sind rekonstruierte Fundamente des Badegebäudes, als „Römerbad" ausgeschildert* (**Abb. 69**). *Funde: Museum für Vor- und Frühgeschichte Gunzenhausen*

Theilenhofen/ Iciniacum

Lkr. Weißenburg-Gunzenhausen, Mfr.

Kastell und Vicus der mittleren Kaiserzeit

Lit.: H. EIDAM, ORL B Bd. VII, Nr. 71a (1905). – SCHÖNBERGER (1985) 472. – ULBERT/FISCHER 1983, 74ff. – TH. FISCHER, in: BRAUN u. a. 1992, 42. – TH. FISCHER, in: RiB 1995, 522f. – BAATZ 2000, 284f. – E. GRÖNKE, Die Fibeln vom Gebiet der römischen Kastelle und des Vicus in Theilenhofen, Lkr. Weißenburg-Gunzenhausen. Bayer. Vorgesch. Bl. 70, 2005, 103–132.

Abb. 67: Theilenhofen: Steinkastell, links Holzkastell (mit Grabungsschnitten), links unten: Kastellbad. Nach Ulbert/Fischer 1983 Abb. 53.

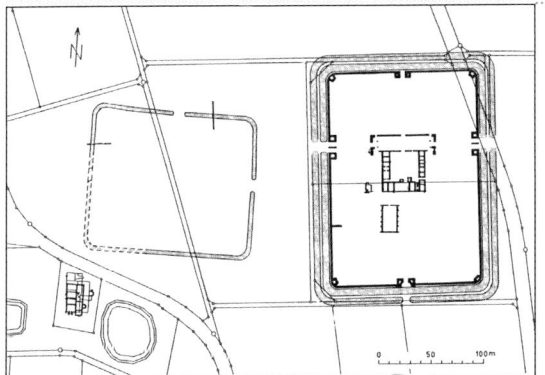

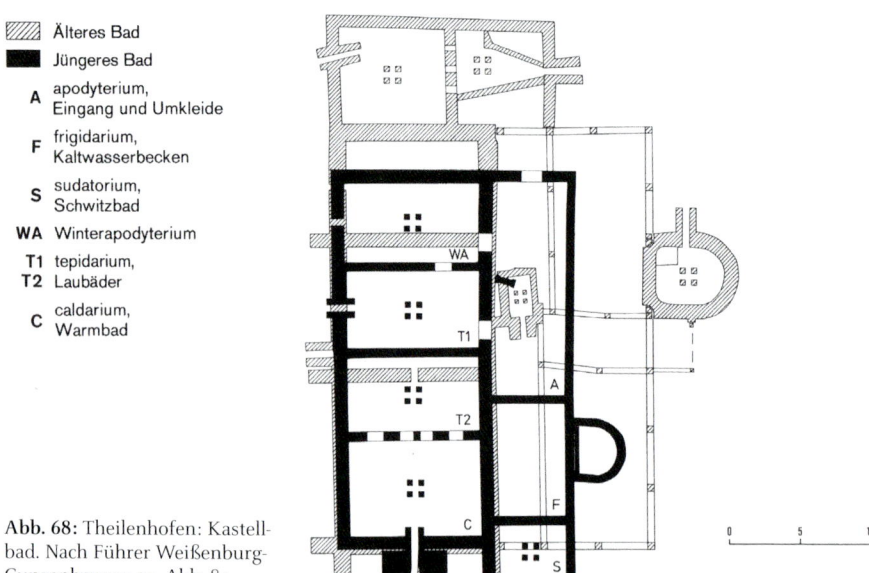

Älteres Bad
Jüngeres Bad
A apodyterium, Eingang und Umkleide
F frigidarium, Kaltwasserbecken
S sudatorium, Schwitzbad
WA Winterapodyterium
T1 tepidarium,
T2 Laubäder
C caldarium, Warmbad

Abb. 68: Theilenhofen: Kastell-bad. Nach Führer Weißenburg-Gunzenhausen 15, Abb. 84.

Abb. 69: Die rekonstruierten Fundamente des Badegebäudes von Theilenhofen südwestlich des Kastells. Foto: Th. Fischer.

Der weitere Verlauf des Limes ab **WP 14/12** führt durch landwirtschaftlich intensiv genutztes Gelände, weshalb die Reste der „Teufelsmauer" hier so gut wie verschwunden sind. Auch vom **WP 14/13** ist heute nichts mehr zu sehen. Dieser Steinturm hatte eine Breite von 4,5 m. Die Palisade und der Holzturm **WP 14/13** sollen nach Berichten der Reichslimeskommission etwas weiter nördlich, ca. 60 m vor der Steinmauer gelegen haben. Der Limes verläuft nun hinab zur Straße Pfofeld–Rehenbühl. Östlich der Straße steigt das Gelände wieder steil an. Der Verlauf des Limes ist auf der mit Obstbäumen bestandenen Wiese kaum sichtbar, deswegen nimmt man am besten den nördlich des Limes angelegten Flurbereinigungsweg. Sobald man die Anhöhe erreicht, ist der Weg zurück zum Limes ausgeschildert. An der Kante der Hochfläche befand sich der heute kaum noch erkennbare **WP 14/14 (Abb. 70)**. Der Holzturm wurde nur teilweise ausgegraben. Nordöstlich seines Standortes fand man an einem leichten Knick in der Grenzmauer einen 4,35 x 3,6 m großen Steinturm. Im Vorfeld der Mauer lagen die Palisade und der Flechtwerkzaun. Die Stelle von **WP 14/14** und das östlich anschließende Limesstück sind heute von dichtem Gebüsch überwuchert. Im weiteren Verlauf markiert ein Feldweg die Limesmauer. Im Wald wird der Schuttwall wieder sichtbar. Das Gelände steigt erneut an. Auf der Anhöhe zieht sich der Wald ein Stück nördlich des Limes dahin. Hier ist auf dem Feldweg die Oberseite der Limesmauer mit ihren beiden Außenquaderreihen gut sichtbar.

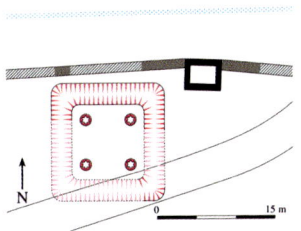

Abb. 70: Planzeichnung des WP 14/14, Holzturmgraben und Pfostenlöcher, Palisade und Flechtwerkzaun, Steinturm mit anbindender raetischer Mauer. Entwurf: Th. Fischer; Ausführung: A. Smadi.

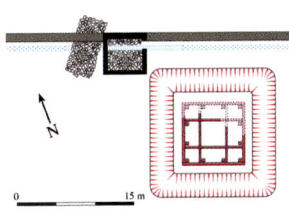

Abb. 71: Planzeichnung des WP 14/15, Holzturmreste („Blockhaus"), Palisade und Flechtwerkzaun, Steinturm mit anbindender raetischer Mauer, die über einen älteren gepflasterten Weg gebaut worden sein soll. Entwurf: Th. Fischer; Ausführung: A. Smadi.

An der höchsten Stelle stand der heute nicht mehr erkennbare **WP 14/15 (Abb. 71)**. Nordöstlich dieses als „Blockhaus" konstruierten Holzturms mit Ringgraben befand sich der 5,5 x 5,1 m große Steinturm. Die Limesmauer soll hier eine ältere gepflasterte Straße überschneiden. Auch Reste der Palisade und des Flechtwerkzauns konnten festgestellt werden. Weiterhin läuft der Weg auf den Resten des Schuttwalls von der Anhöhe hinunter zu einem Waldstück.

Karte 4

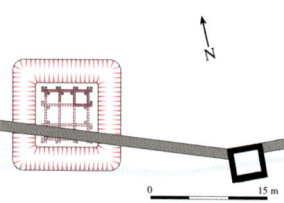

Abb. 72: Planzeichnung des WP 14/17, Holzturmreste („Blockhaus") von der raetischen Mauer und vom Flechtwerkzaun überlagert, Palisade und Flechtwerkzaun, Steinturm mit anbindender raetischer Mauer in Mauerknick. Entwurf: Th. Fischer; Ausführung: A. Smadi.

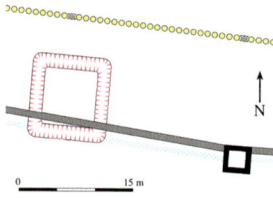

Abb. 73: Planzeichnung von WP 14/18, Holzturmgraben, von der raetischen Mauer überlagert, Palisade und Flechtwerkzaun (von Holzturmgraben überlagert?), Steinturm mit anbindender raetischer Mauer. Entwurf: Th. Fischer; Ausführung: A. Smadi.

Vom Ostrand des Waldstückes, wo man **WP 14/16** vermutet, läuft der Limes über freies Feld einen Höhenrücken entlang. Von hier aus bietet sich ein weiter Ausblick in das nördlich gelegene Gebiet vor der römischen Reichsgrenze. Kurz vor der Straße Rittern–Thannhausen stößt man auf den restaurierten Steinturm von **WP 14/17 (Abb. 72)**. Der Holzturm verfügte als „Blockhaus" über einen Balkenrost. Sein Fundament wurde vom Flechtwerkzaun und der Limesmauer geschnitten. In einem leichten Knick der Mauer lag der 4,5 x 4,35 m große Steinturm. Nachdem der Limes die Straße Rittern–Thannhausen überquert hat, erreicht man nach ca. 500 m im Wald die kaum noch sichtbaren Reste des **WP 14/18 (Abb. 73)**. Der Holzturm wird von der Limesmauer durchzogen. Östlich davon an einem leichten Mauerknick befand sich der 4,6 x 4,6 m große Steinturm.

Weiter durch den Wald und über das Waldende hinaus markiert der Weg den Schuttwall. Beim nächsten Waldstück biegt der Weg in Richtung Mistelberg nach Nordosten ab, während der Schuttwall noch ein Stück weit am Waldrand sichtbar verläuft. Dort wo der Schuttwall auf den Waldweg in Richtung Dorsbrunn trifft, befand sich an einem Mauerknick **WP 14/19**. Da ab hier die Spuren des Limes in der Landschaft verschwunden sind, bleibt man am besten auf dem erwähnten Weg nach Dorsbrunn. In der Nähe der Stelle, an der er den Wald verlässt, hat man **WP 14/20** entdeckt. Reste des Steinturms von 5,4 x 6,4 m sind heute wieder restauriert. Vom nordöstlich von Dorsbrunn gelegenen **WP 14/21** mit seinem Steinturm (5,1 x 4,3 m) ist allerdings nichts mehr zu sehen.

Wenn man nach der Durchquerung des Ortes ca. 100 m der Straße Richtung Walkerszell folgt, erreicht man einen Flurbereinigungsweg, der nach Osten steil zum Wacholderbuck hinaufführt. Etwa dort, wo man die Hochfläche erreicht, lag der heute nur noch schwach erkennbare **WP 14/22 (Abb. 74)**. Südwestlich der Holzturmreste fand man an einem Mauerdurchlass das Fundament eines 5,2 x 4,7 m großen Steinturms. Auch Reste einer Palisade und eines Flechtwerkzaunes wurden entdeckt.

Auf der Hochfläche nimmt man nun noch ein Stück weit den Weg nach Südosten und biegt bei der nächsten Wegkreuzung nach Nordosten ab. Nach ungefähr 150 m mündet von Osten ein Feldweg ein, der den Verlauf des Grenzwalls kennzeichnet. Dabei hat man den **WP 14/23** umgangen. Ab hier ist der Limes ausgeschildert. Nachdem er nach einem Stück über freies Feld wieder in den Wald eintritt, wird der Schuttwall erneut sichtbar. Etwa 550 m weiter stößt man auf **WP 14/24**. Gut erkennbar ist der Hügel des Holzturms mit seinem Ringgraben. Bei der Ausgrabung des 6 x 4,55 m großen Steinturmes fand man eine steinerne Handmühle.

Nach etwa 400 m verlässt der Schuttwall den Wald und ein Weg südlich des Waldrandes nimmt seinen Verlauf auf. Etwa in der Mitte der Strecke vor dem nächsten Waldstück trifft man auf die nur noch schwer erkennbaren Reste von **WP 14/25 (Abb. 75)**. Aus dem Holzturm stammt eine Münze des Kaisers Marc Aurel von 166/167 n. Chr. Obwohl über ihre genaue Lage nichts mehr bekannt ist, gibt sie immerhin einen Hinweis, wie lange der Holzturm bestanden haben könnte. Der Turm wird von der Mauer überlagert. Östlich davon befand sich der 6,4 x 5,5 m große Steinturm.

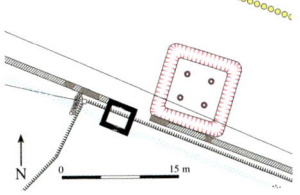

Abb. 74: Planzeichnung von WP 14/22, Holzturm mit Palisade und Flechtwerkzaun, Steinturm und anbindender raetischer Mauer. Entwurf: Th. Fischer; Ausführung: A. Smadi.

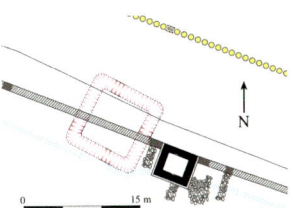

Abb. 75: Planzeichnung von WP 14/25, Holzturmgraben, von raetischer Mauer überlagert, mit Palisade und Flechtwerkzaun (um Holzturm herumgeführt), Steinturm und anbindender raetischer Mauer, Spuren eines gepflasterten Weges (?). Entwurf: Th. Fischer; Ausführung: A. Smadi.

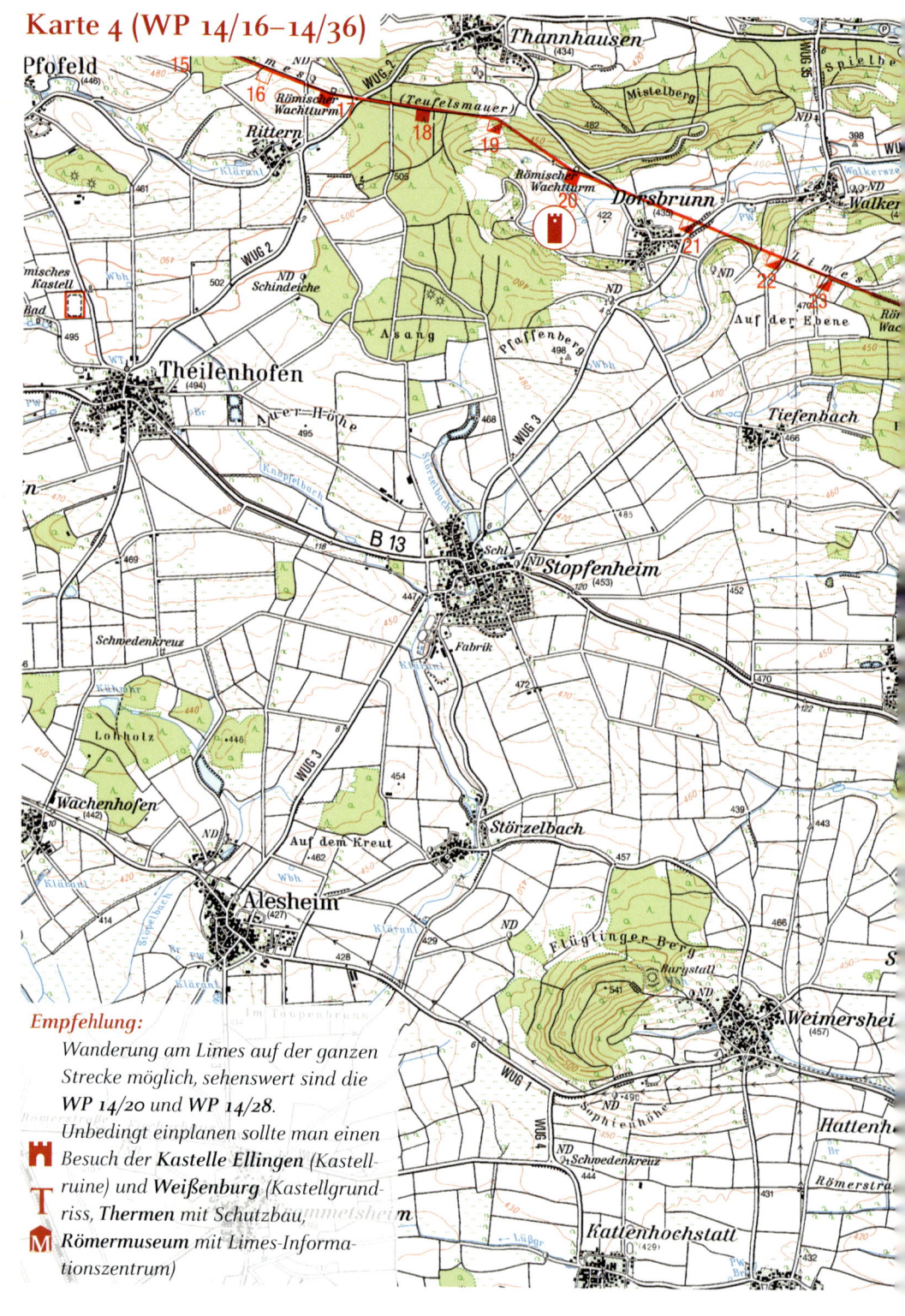

Karte 4 (WP 14/16–14/36)

Empfehlung:

Wanderung am Limes auf der ganzen Strecke möglich, sehenswert sind die **WP 14/20** und **WP 14/28**.

Unbedingt einplanen sollte man einen Besuch der **Kastelle Ellingen** (Kastellruine) und **Weißenburg** (Kastellgrundriss, **Thermen** mit Schutzbau),

Römermuseum mit Limes-Informationszentrum)

Der Wanderweg verläuft weiter auf dem Schuttwall des Limes und zieht über freies Feld, bis er nach etwa 450 m nördlich eines Waldes entlangläuft. Nach etwa 90 m befindet sich im Wald ca. 15 m vom Grenzwall entfernt das **Kleinkastell bei Gündersbach** (nicht im ORL). Es wird vermutet, dass die 18 x 18 = 360 m² große Anlage hier einen **WP 14/26** ersetzte. Östlich des Kleinkastells führt der Weg zum Tal der Rezat hinab. Da hier keine sichtbaren Spuren der Limesmauer vorhanden sind, nimmt man am besten den Waldweg, der in Richtung Süden zur Eisenbahnunterführung verläuft. **WP 14/27**, der über dem Tal oberhalb der Eisenbahnlinie lag, ist heute nicht mehr sichtbar. Ebenso wenig sind im Talgrund Limesspuren zu sehen. Sondierungen haben gezeigt, dass der Limes hier von meterhohen Sedimenten überdeckt wurde.

Ein Umweg über die Rezatbrücke bei der Lauterbrunnmühle führt an den Limes zurück. Am Rande des Pfahlholzes am Ostufer der Rezat wird der Schuttwall zuerst nur flach, dann aber deutlich erhöht wieder wahrnehmbar. Auf der Höhe stößt man auf den noch gut im Gelände erkennbaren **WP 14/28**. Der Holzturmhügel mit seinem Ringgraben wird von der Limesmauer überschnitten. Östlich davon befindet sich der ebenfalls als Schutthügel sichtbare 5,4 x 5,2 m große Steinturm. Richtung Osten läuft der deutlich flacher werdende Schuttwall den Hang hinab zur Bundesstraße 2 Pleinfeld–Ellingen. Hier markiert einer der alten Gedenksteine aus dem 19. Jahrhundert den Limes.

⋯⋙ *In der Stadt **Ellingen** ist das „Römerkastell Sablonetum" gut ausgeschildert. Wer mit dem Auto unterwegs ist, findet Parkmöglichkeiten vor Ort. Außerdem beginnt und endet am Ellinger Rathaus ein 9 km langer Limesrundwanderweg, der u. a. ebenfalls zum Kastell führt.*

Das Kastell liegt etwa 700 m östlich des Ortes Ellingen an der Straße nach Höttingen; es ist ca. 1,8 km vom Limes und 4 km nördlich von Weißenburg entfernt. Man kann vom Kastell aus zwar nicht den nahen, tiefer gelegenen Limes einsehen, doch besteht Blickkontakt zum **WP 14/33**. Die Limesstraße Pfünz–Theilenhofen führt ca. 100 m südlich am Kastell vorbei, das Tal der Rezat westlich des Kastells stellt einen wichtigen Durchgangsweg in das freie Germanien dar. Nach ersten Grabungen der Reichslimeskommission erfolgte die annähernd komplette Aufdeckung des Kastells in den Jahren 1980–1982 durch das Bayerische Landesamt für Denkmalpflege (**Abb. 76**). Sie wurde durch die Flurbereinigung erzwungen und gefördert. Dabei fand sich auch vor dem Südtor eine komplett erhaltene Bauinschrift.

Die Gründung des Kastells fiel in die Spätzeit Traians oder in die Frühzeit Hadrians (115–125). Seine Aufgabe bestand in der Verstärkung des Wachdienstes am Limesabschnitt nördlich von Weißenburg. Die zunächst hölzerne Umwehrung des ca. 90 x 90 m großen Kastells von 0,72 ha Fläche wurde laut Ausweis des Grabungsbefundes und der Bauinschrift im Jahre 182 n. Chr. in Stein ausgebaut. Es konnten vier Ecktürme sowie zwei mit Türmen bewehrte Tore an der nördlichen und der südlichen Schmalseite des Kastells nachgewiesen werden. Ein Graben, im Süden als Sohlgraben, lief um die Anlage. Als ältere Innenbauten ließen sich vier hölzerne Rechteckgebäude ausmachen, die anscheinend noch während der Holzphase der Umwehrung umgebaut wurden. Mit dem Ausbau in Stein entstand auch eine neue Bebauung der Innenfläche des Kastells. Im Zentrum errichtete man in Stein eine Art auf das Fahnenheiligtum reduzierte *principia* mit hölzernem Umgang (**A**). Bau **B** war eine große Doppelbaracke von 51 x 17 m mit

Ellingen/Sablonetum
Lkr. Weißenburg-Gunzenhausen, Mfr.

Kastell und Vicus der mittleren Kaiserzeit

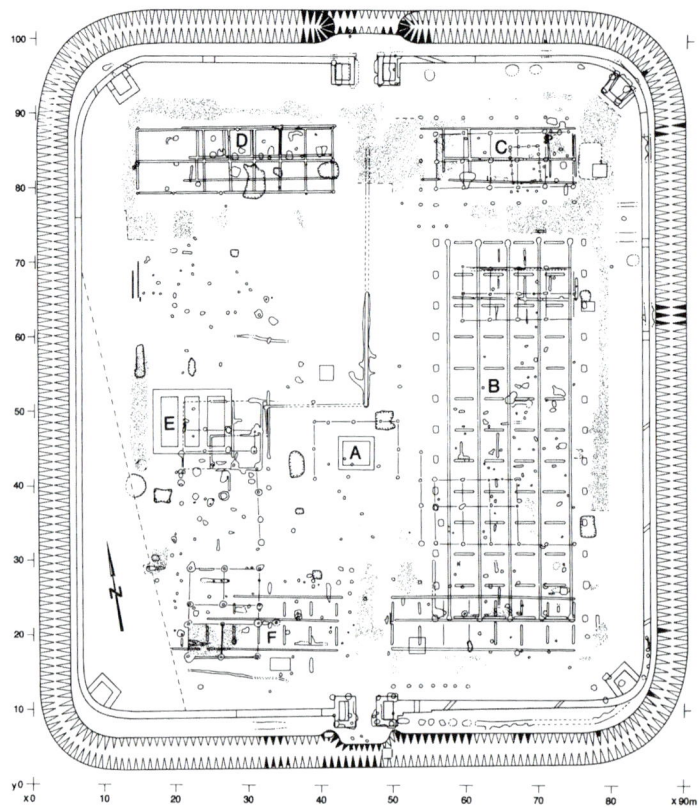

Abb. 76: Plan des 1980–1982 ausgegrabenen Kastells Ellingen/Sablonetum. Nach Braun u. a. 1992 Abb. S. 43.

Abb. 77: Kastell Ellingen, rekonstruierte Lagerumwehrung mit Eckturm. Foto: H. Sperling.

24 *contubernia* (Unterkünfte für Stubengemeinschaften von acht Mann); in der Baracke **C** befanden sich zehn Contubernien. Auch in Bau **D** waren wohl Soldaten untergebracht, während der Bau **E** eher als Magazin zu deuten ist. Gebäude **F** wird als Wohnhaus des Kommandanten der Ellinger Besatzung interpretiert. Zumindest für die Zeit nach 182 n. Chr. ist auch die Besatzung des Kastells Ellingen bekannt: Die erwähnte Bauinschrift nennt als bauende Einheit die ca. 250 Mann zählenden *pedites singulares*, die ehemalige Infanteriegarde des ritterlichen Statthalters (Procurator) vor der Ankunft der 3. Italischen Legion in Raetien. Unter einem Centurio dieser Legion aus Regensburg haben sie das „Kastellum Sablonetum" in Stein neu errichtet. Um das Kastell war auch ein Vicus feststellbar. Das Ende des Kastells kann man nur ganz allgemein in die 1. Hälfte des 3. Jahrhunderts datieren. Dass dieses Ende gewaltsam war, belegen u. a. menschliche Skelettreste, darunter drei abgeschlagene und sorgsam beigesetzte Köpfe von erwachsenen Männern.

→ *Das Kastell präsentiert sich heute als Teilrekonstruktion der Nordfront* (**Abb. 77**) *mit Erläuterungstafeln, ergänzt durch eine kommentierte Kopie der Bauinschrift. Parkplätze vor Ort vorhanden. Funde: Römermuseum Weißenburg*

Lit.: W. KOHL, ORL A 14 (1927), 81f. – K. DIETZ, Kastellum Sablonetum und der Ausbau des raetischen Limes unter Kaiser Commodus. Chiron 13, 1983, 497–536. – ULBERT/FISCHER 1983, 80f. – W. ZANIER, in: BRAUN u. a., Limes, 43f. – W. ZANIER, Das römische Kastell Ellingen. Limesforschungen 23 (Mainz 1993). – W. ZANIER, in: RiB 1995, 436–439.

·····⫶ *Etwa 4 km nördlich von Ellingen liegt* **Weißenburg**. *Die sichtbaren Zeugnisse aus der Römerzeit, die sich im Westen vor der Altstadt befinden, sind gut ausgeschildert. Wer mit dem Auto unterwegs ist, der findet Parkmöglichkeiten vor Ort.*

Weißenburg i. Bayern/Biriciana,

Lkr. Weißenburg-Gunzenhausen, Mfr.

Kastell und Vicus der mittleren Kaiserzeit

Das Alenkastell *Biriciana*/Weißenburg befindet sich ca. 6,8 km südlich des Limes **(Abb. 78)**. Als Besatzung ist die *ala I Hispanorum Auriana* überliefert. Die erste Phase, ein Holz-Erde-Kastell, wurde um 90 n. Chr. erbaut. Es war ca. 175 x 179 m groß und besaß ca. 3,1 ha Fläche. In einer zweiten Bauphase um die Mitte des 2. Jahrhunderts erfolgte der Ausbau in Stein in annähernd gleichen Ausmaßen. Das wohl nach dem Vorbild der Porta Praetoria des Regensburger Legionslagers mit halbrunden vorspringenden Türmen versehene Nordtor ist heute wieder rekonstruiert **(Abb. 79)**. Von den Innenbauten sind durch die Grabungen der Reichslimeskommission die *principia*, das *praetorium*, ein *horreum* sowie steinerne Raumeinheiten größerer Fachwerkbauten bekannt. Um das Kastell entstand ein besonders großer und gut ausgebauter Vicus,

Abb. 78: Weißenburg, Steinkastell (1) mit den großen Thermen (3), zwei weiteren Bädern (2 und 4) und Steingebäude (5). Nach Wamser 1984 Abb. 38.

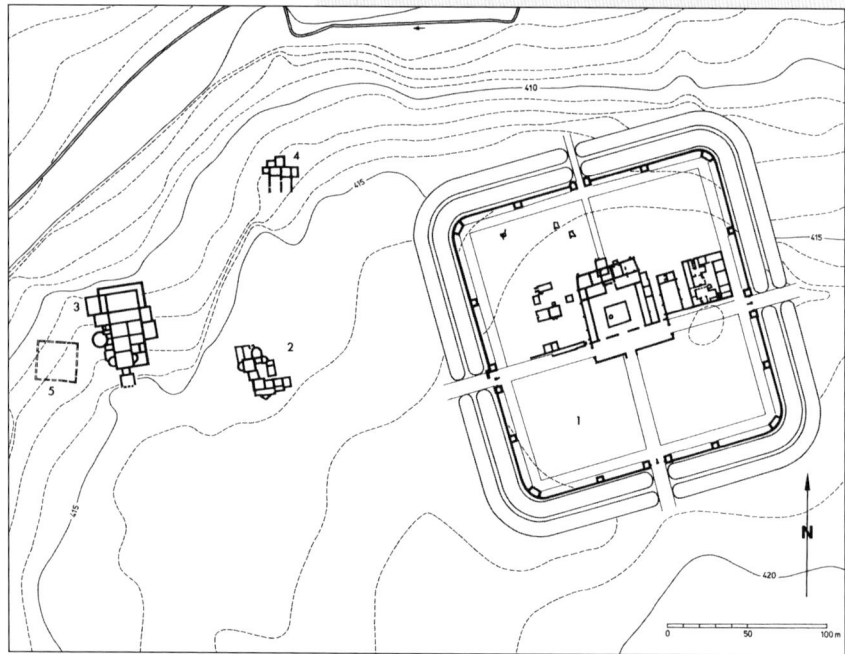

Abb. 79: Rekonstruiertes Nordtor Kastell Weißenburg. Ein Abschnitt der Kastellaußenwand wurde mit dem damals üblichen hellweißen Verputz versehen. Die rot ausgemalten Fugen empfinden die Quaderbauweise nach. Stadt Weißenburg. Foto: R. Renner

von dem mehrere Steinbauten, darunter drei Thermen bekannt sind. Besonders das große Kastellbad (im Ort gut ausgeschildert) ist hier durch seine gute Erhaltung hervorzuheben, es wurde modern ausgegraben, restauriert und kann unter einem Schutzbau besichtigt werden **(Abb. 80, 81)**.

Die gewaltsame Zerstörung von Kastell und Vicus erfolgte nach 253 n. Chr., wie ein im Kastell gefundener Münzschatz bezeugt. In Zusammenhang damit ist der bedeutende Weißenburger Schatzfund zu sehen, der ein Tempelinventar enthielt (Bronzegefäße, Götterstatuetten aus Bronze, Votivbleche aus Silber, Teile von Paradehelmen u. a.) und das Glanzstück des Weißenburger Römermuseums darstellt.

In 1,6 km Entfernung nordöstlich vom Kastell auf der Flur Breitung wurde ein nur kurz belegtes 3,05 ha großes Holz-Erde-Kastell traianisch-hadrianischer Zeit ausgegraben. Seine Besatzung könnte

Abb. 80: Planzeichnungen der großen Thermen von Weißenburg mit den vier Bauphasen vom frühen 2. bis zur Zeit um die Mitte des 3. Jhs. n. Chr. Nach Wamser 1984 Abb. 46.

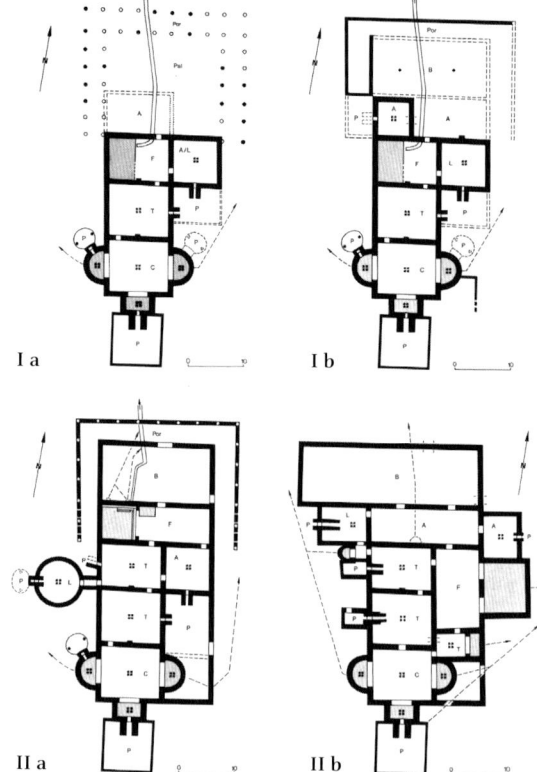

I a   I b

II a   II b

Lit.: E. FABRICIUS ORL B Nr. 72 (1906). – ULBERT/FISCHER 1983, 81ff. – WAMSER 1984. – SCHÖNBERGER 1985, 472f. – S. BURMEISTER, Studien zum Weißenburger Bäderviertel. Bayer. Vorgesch. Bl. 55, 1990, 107–189. – C.-M. HÜSSEN, Das Holzkastell auf der ‚Breitung' in Weißenburg in Bayern, in: V. A. Maxfield u. M.J. Dobson (Hrsg.), Roman Frontier Studies 1989. Proceedings of the XVth International Congress of Roman Frontier Studies, Exeter 1991, 191–195. – E. GRÖNKE/E. WEINLICH, Die Nordfront des römischen Kastells Biriciana/Weißenburg. Kat. Prähist. Staatsslg. München 25, 1991. – KOSCHIK/Z. VISY, Die Großen Thermen von Weißenburg i. Bay., (Mainz 1992). – E. GRÖNKE, in: BRAUN u. a. 1992, 46ff. – C.-M. HÜSSEN, in: BRAUN u. a. 1992, 48. – H.-J. KELLNER/G. ZAHLHAAS, Der römische Tempelschatz von Weißenburg in Bayern (Mainz 1993). – H. J. KELLNER, in: RiB 1995 534f. – E. GRÖNKE, Das römische Alenkastell Biricianae in Weißenburg i. Bay. Die Grabungen von 1890 bis 1990. Limesforsch. 25 (Mainz 1997). – BAATZ 2000, 289–292.– M. PIETSCH/J. FASSBINDER/L. FUCHS, AJB 2006, 98–101.

laut Inschrift eines in Weißenburg gefundenen Weihealtars die *cohors IX Batavorum equitata milliaria exploratorum* gewesen sein. Warum sie hier lag, ob sie kurzfristig die *ala I Hispanorum Auriana* ersetzte oder ob sie gleichzeitig mit dieser am Ort stationiert war, dies alles ist unbekannt.

→ *In Weißenburg ist der Besuch des Römermuseums (Schatzfund!) mit dem neu eingerichteten Limes-Informationszentrum ein Muss.*

Abb. 81: Blick über die unter einem Schutzbau rekonstruierten großen Thermen von Weißenburg. Foto: Th. Fischer.

Wer die Limeswanderung ohne Unterbrechung weiter fortsetzen will, für den geht es von **WP 14/28** aus weiter auf der Straße Richtung Ottmarsfeld, die ungefähr entlang der Mauer verläuft. Etwa 200 m östlich der Straßenkreuzung, wo sich heute ein Teich befindet, wird **WP 14/29** vermutet. Wir empfehlen, nun einen Umweg auf der Straße über Ottmarsfeld zu machen, da in der sumpfigen Bachniederung die Spuren des Limes verschwunden sind. Auch der südlich von Ottmarsfeld, etwa 100 m westlich eines Transformatorenhäuschens gelegene **WP 14/30** ist nicht mehr sichtbar. Die Straße von Ottmarsfeld nach Oberndorf quert ca. 150 m nach der scharfen Kurve nach Süden einen Feldweg, der nun über eine längere Strecke dem Verlauf des Grenzwalls folgt. An der Straßenkreuzung wird der Standort von **WP 14/31** angenommen und auf der Höhe vor einem südlich des Limes gelegenen Wäldchen **WP 14/32**. Etwa 150 m östlich des Wäldchens biegen der Limes und der auf ihm verlaufende Weg Richtung Südosten ab. In diesem Winkel in einer topografisch überaus günstigen Lage stand der heute nicht mehr erkennbare **WP 14/33**. Von dieser Stelle aus hat man nicht nur einen weitreichenden Ausblick entlang des Limes, sondern man kann auch die Kastelle Weißenburg und Ellingen sehen.

Der Limes läuft ab jetzt über ansteigendes Gelände hinauf zur Jurahochfläche. Dort, wo er die Straße Fiegenstall–Höttingen quert, stand einst ein stark verwitterter Limes-Gedenkstein aus dem 19. Jahrhundert, der durch einen neuen, ähnlichen Stein, aber mit der veralteten Inschrift, ersetzt wurde. Östlich der Straße wird **WP 14/34** vermutet. Ab hier ist der Schuttwall von Hecken überwuchert. Mit etwas Glück kann man den nun folgenden Felchbach trockenen Fußes überqueren. Dem vorsichtigen Wanderer sei jedoch der Umweg über Fiegenstall nahegelegt. Bei Ausgrabungen der Reichslimeskommission wurde in der Bachniederung eine Reihe von hölzernen Grenzhindernissen („Palisade, Bretterzaun 1, Bretterzaun 2, Flechtwerkzaun, Mauer") entdeckt. Anscheinend hatte der Felchbach die hölzernen Sperranlagen mehrmals weggerissen und man musste sie immer wieder ersetzen.

Südöstlich des Baches, den Hang hinauf, ist der Schuttwall wieder gut sichtbar. Durch den Wald wird er auf einer Länge von etwa 500 m von einem Weg begleitet. Am östlichen Waldrand befand sich wohl **WP 14/35**. Etwa 200 m zieht der Limes nun über freies Feld und anschließend etwa 500 m wieder als deutlich erkennbarer Schuttwall durch den Wald. Der auf dieser Strecke lokalisierte **WP 14/36** ist heute im Gelände nicht mehr zu sehen.

Karte 5 ◌◌◌◌◌◌◌

Am Waldrand verläuft ein kurzes Stück der Straße Höttingen–Auhof auf dem Limes. Dort, wo sie nach Nordosten abbiegt, wurde der heute auch nicht mehr sichtbare **WP 14/37** entdeckt. Der kaum noch wahrnehmbare Schuttwall zieht nun über freies Feld ins Tal hinab, dann ungefähr entlang der Straße vom Auhof her und schließlich zur Jurahochfläche hinauf. Am Hang wird der Schuttwall wieder deutlich erkennbar. Etwa 80 m bevor der Limes auf die Straße Rohrbach–Inderbuch stößt, nimmt man aufgrund von Funden römischer Keramik den Standort von **WP 14/38** an. Auch ein Kleinkastell wird hier vermutet. Man gelangt nun zu dem interessanten und reizvollen Naturdenkmal der Steinernen Rinne, einer eigenartigen Kalktuffsteinbildung, und folgt ihr hangaufwärts. Hier ist auch der Limesweg ausgeschildert. Spuren des Limes und von **WP 14/39** in der Mitte des Hanges sind allerdings nicht mehr zu sehen. Oben an der Kante der Hochfläche angelangt, erreicht man die Stelle des **WP 14/40**, dessen nicht mehr vorhandener Steinturm 5,1 x 5,4 m groß war.

Nun folgt die wohl eindrucksvollste Strecke des Limes in Bayern: Als Damm verläuft er kilometerweit und schnurgerade über die Jurahochfläche, deutlich erkennbar an der Hecke (Pfahlhecke) und meist von einem Weg begleitet. Etwa 100 m bevor der Limes die Straße Kaltenbach–Oberhochstatt überquert, gibt sich als leichter Hügel im Feld der Steinturm (6,6 x 6,6 m) von **WP 14/41** zu erkennen. In Oberhochstatt, wenig mehr als einen Kilometer südlich des Limes, ist ein Kleinkastell durch Funde und Luftbilder belegt. Es liegt in der Flur „Burgstall" am Ortsrand von Oberhochstatt, wo die Straße Richtung Burgsalach die Hochfläche erreicht.

Weiter zieht sich die Pfahlhecke über drei Kilometer weithin sichtbar durch das freie Feld bis zum Waldrand am Sportplatz von Burgsalach. Von den Wachposten auf diesem Streckenabschnitt sind heute keine Spuren mehr erkennbar. **WP 14/42** und **WP 14/44–14/46** werden nur vermutet. **WP 14/43** wurde zwar ausgegraben, aber schlecht dokumentiert. Sein 5,7 x 5,8 m großer Steinturm war an die Mauer nachträglich angebaut. Südwestlich von Burgsalach trifft die Pfahlhecke auf den Waldrand. Dort befand sich der **WP 14/47**, von dessen 4,5 x 3,7 m großem Steinturm nichts mehr zu sehen ist. Vor dem Waldrand liegt beim Sportplatz von Burgsalach ein Park- und Rastplatz. Dort unterrichtet eine Hinweistafel über den Limesverlauf und von hier aus führt auch ein Wanderweg zum 1,3 km südwestlich gelegenen Kleinkastell von Burgsalach, Flur „In der Harlach".

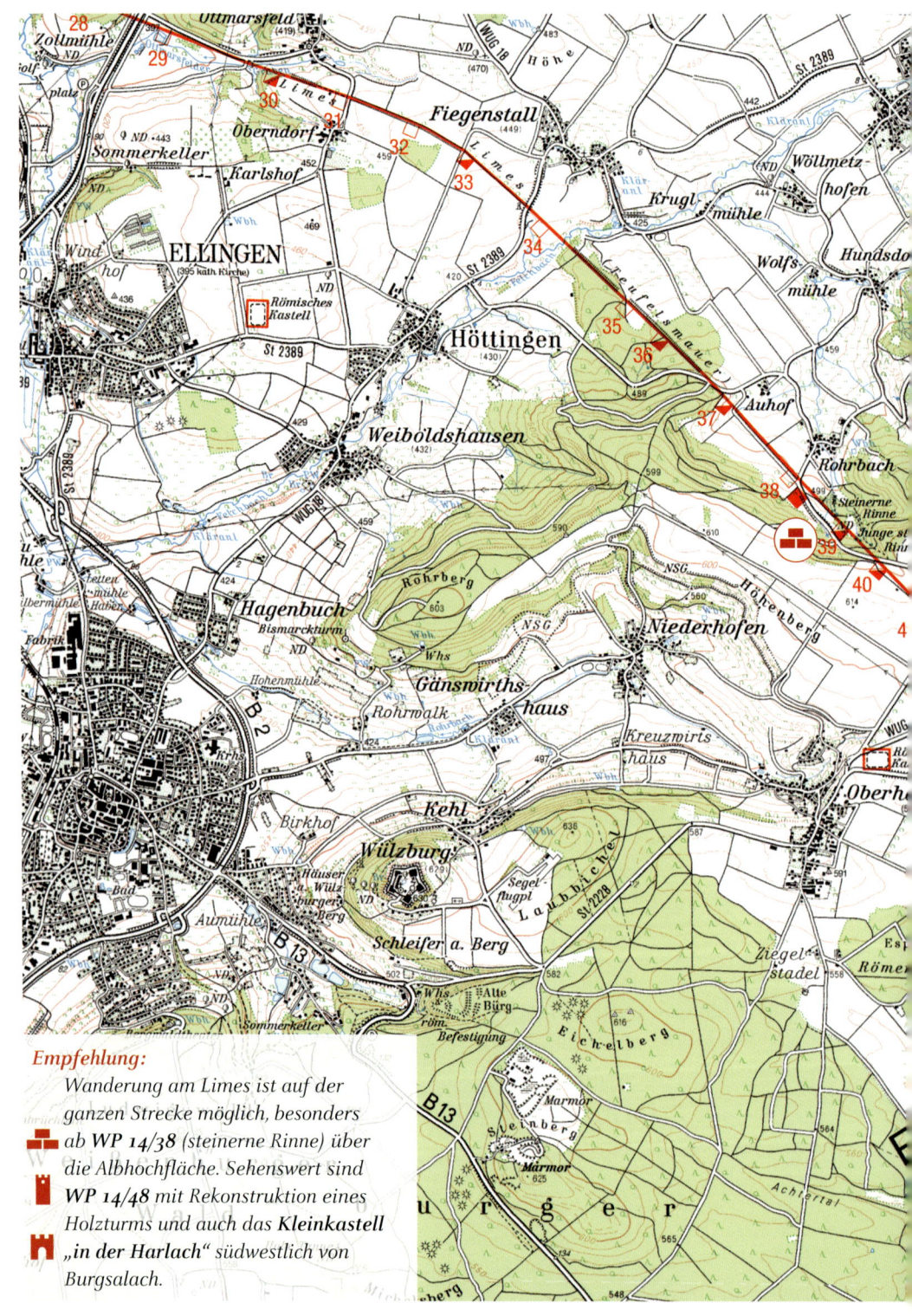

Empfehlung:

*Wanderung am Limes ist auf der ganzen Strecke möglich, besonders ab **WP 14/38** (steinerne Rinne) über die Albhochfläche. Sehenswert sind **WP 14/48** mit Rekonstruktion eines Holzturms und auch das **Kleinkastell** „in der Harlach" südwestlich von Burgsalach.*

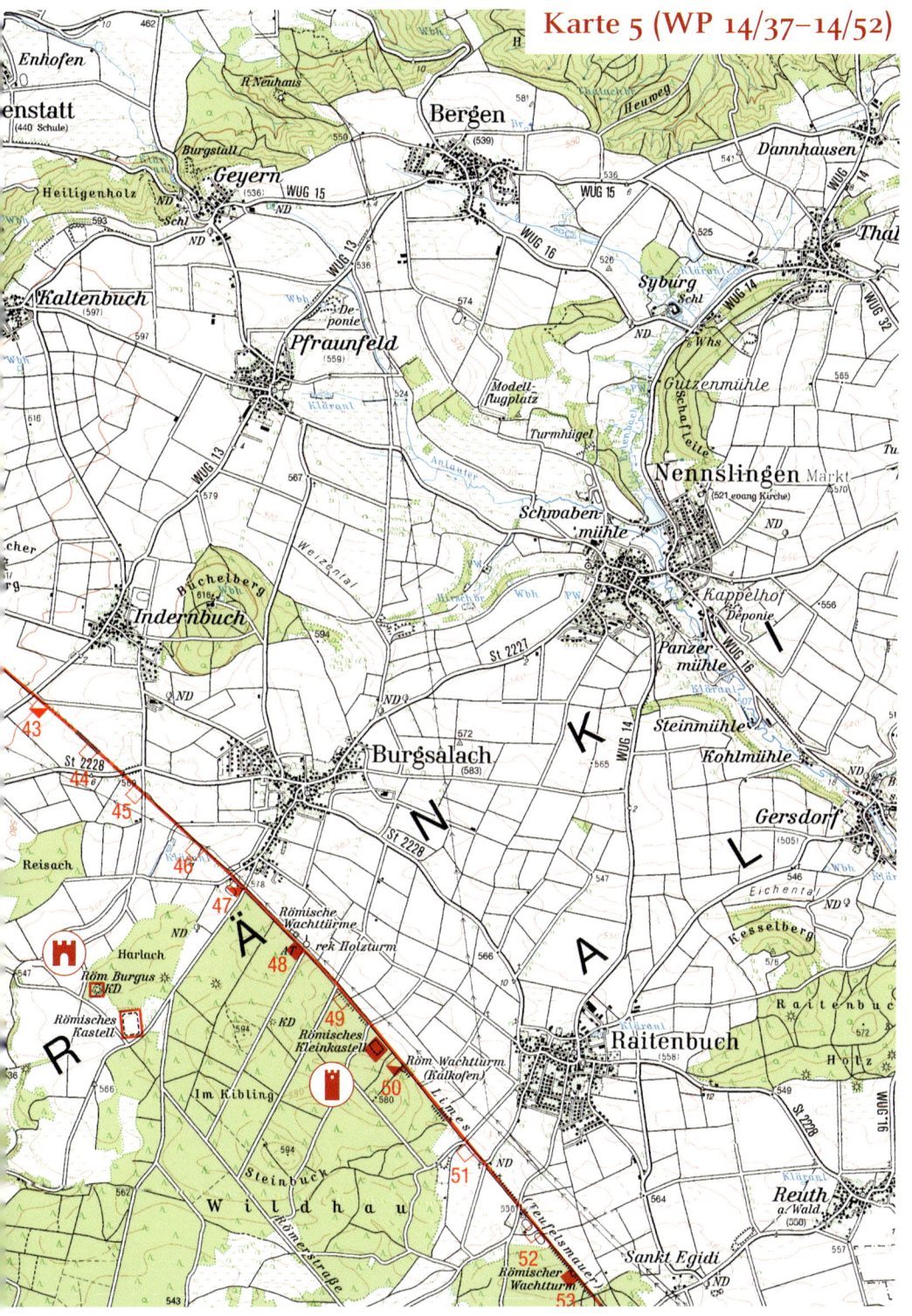

Abb. 82: Die Mauern des Burgus in der Harlach waren bei seiner Auffindung noch bis zu 3 m Höhe erhalten! Historische Aufnahme.

Burgsalach
Lkr. Weißenburg-Gunzenhausen, Mfr.

Mittelkaiserzeitliches Kleinkastell

Dieses heute gut ausgeschilderte Kleinkastell war bei seiner Ausgrabung während des ersten Weltkriegs mit z. T. über 3 m hohen Mauern noch sehr gut erhalten (**Abb. 82**). Es weist als zweistockige quadratische Anlage (32,6 m Seitenlänge) mit Innenhof und halbkreisförmig zurückspringendem Eingang eine am ganzen Limes einmalige Grundform auf und bot einer Besatzung von ca. 100 Mann genügend Raum (**Abb. 83**). Dies würde gut zu der Annahme passen, hierin ein sog. Centenarium zu sehen, das in Nordafrika eine geläufige militärische Bauform darstellt. Besatzung könnte eine der nach dem Jahre 238 n. Chr. in verschiedene Abteilungen aufgesplitterte und z. T. auch nach Raetien strafversetzte Unterabteilung der *Legio III Augusta* aus Lambaesis (Nordafrika, heute Algerien) gewesen sein. Ein 1978 in der Nähe im Luftbild entdecktes Kleinkastell nach dem üblichen „Spielkartenschema" mit abgerundeten Ecken scheint älter zu sein.

→ *Fundamente des Kleinkastells sind rekonstruiert, Erläuterungstafeln.*

Lit:. W. SCHLEIERMACHER, Centenaria am raetischen Limes. Aus Bayerns Frühzeit. Friedrich Wagner zum 75. Geburtstag (München 1962) 195–204. – ULBERT/FISCHER 87f. – SCHÖNBERGER 1985, 487. – C.-M. HÜSSEN, in: Braun u. a. 1992, 44f. – K. DIETZ, in: RiB 1995, 431f. – BAATZ 2000, 298f.

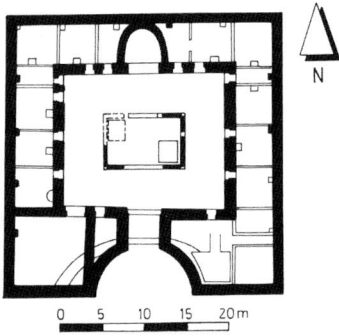

Abb. 83: Burgsalach, Grundriss des Kleinkastells „In der Harlach". Nach Ulbert/Fischer 1983 Abb. 67.

Wandert man vom Parkplatz bei den Sportanlagen von Burgsalach aus etwa 600 m weiter am Waldrand entlang, stößt man auf die konservierten Reste des Steinturmes (4,72 x 4,7 m) von **WP 14/48**. Südöstlich davon wurde – nicht auf antiken Fundamenten – ein Holzturm **(Abb. 85)** nachgebaut, allerdings nicht ganz fachgerecht. Ab hier ist auch die den Limes südlich begleitende Römerstraße vorzüglich erhalten. Diese Straße kann über weite Strecken nach Südosten über die Altmühl beim Kastell Pfünz bis zum Kastell Kösching beobachtet werden. Auch an dieser Straße hat man gelegentlich steinerne Wachttürme festgestellt, allerdings in weiteren Abständen als bei den Limestürmen. Diese Straßentürme sind jedoch bis heute kaum erforscht worden.

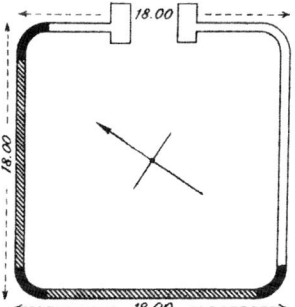

Abb. 84: Planzeichnung des Kleinkastells Raitenbuch. Nach ORL.

Nach dem rekonstruierten Holzturm kann man die raetische Mauer als Schuttwall (zumeist von Hecken bewachsen) gut verfolgen. Die damaligen Wachtposten auf diesem Streckenabschnitt konnten jedoch selten lokalisiert werden, **WP 14/49**, **WP 14/51** und **WP 14/52** werden nur vermutet. Von **WP 14/50** konnte allein der Hügel des Holzturmes entdeckt werden. Noch vor **WP 14/50** lag ca. 20 m hinter dem Limes das nur schwach sichtbare **Kleinkastell von Raitenbuch (Abb. 84)**. Es maß 18 x 18 m und hatte abgerundete Ecken und ein Tor im Norden zum Limes.

Nach weiteren 500 m, die der Limes als Schuttwall am Waldrand entlangläuft, ist er in seinem weiteren Verlauf über den Sportplatz von Raitenbuch kaum sichtbar.

Abb. 85: Rekonstruierter Holzwachturm 14/48 bei Burgsalach. Foto: E. Riedmeier-Fischer.

Karte 6

Am Waldrand nach dem Sportplatz setzt der Schutt-wall wieder ein und etwa nach 450 m erreicht man die verfallenen Reste von **WP 14/53**. Von hier bis zum Limesknick bei Petersbuch ist der Schuttwall über eine Entfernung von 3 km wieder sehr gut er-halten. Allerdings ist es im Wald teilweise schwie-rig, ihm zu folgen. Etwa 200 m nachdem man die von St. Egidi kommende Straße überquert hat, stößt man auf die Reste des **WP 14/54**. Die verfallenen Fundamente stammen von einem Steinturm mit 6 x 5,6 m Seitenlänge. Nach etwa 250 m tritt der Grenzwall aus dem Wald heraus und verliert sich auf einer kurzen Strecke über eine Wiese, um dann entlang des Waldrands wieder als Schuttwall aufzu-tauchen. Kurz nachdem der Limes einem Weg fol-gend seinen Verlauf im Wald fortsetzt, stößt man auf die restaurierten Grundmauern des Steinturms von **WP 14/55**. Vom vorherigen **WP 14/54** ist die-ser 1,05 km entfernt. Der 6,2 x 5,9 m große Stein-turm besaß auf seiner Rückseite einen ebenerdigen Eingang. Man folgt dem gut erhaltenen Schuttwall weiter durch den Wald. 27 m vor dem Limesknick, in der Nähe von **WP 14/56**, liegt ca. 28 m hinter der Mauer das **Kleinkastell bei Petersbuch**. In der Nachbarschaft von zwei Dolinen kann man die Res-te des quadratischen, 400 m² großen Wehrbaus gut erkennen **(Abb. 86)**.

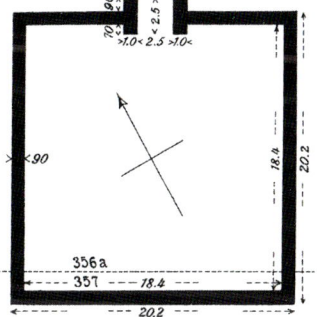

Abb. 86: Planzeichnung des Kleinkastells bei Petersbuch. Nach ORL.

Kurz vor dem Limesknick verlässt der Schuttwall den Wald und zieht von hier ab durch Lesesteine überhöht und von Hecken bepflanzt als weithin sichtbare Landmarke über die Hochfläche der Alb. Von dem ursprünglich 6,4 x 6,3 m großen Steinturm von **WP 14/56** am Limesknick ist heute nichts mehr zu sehen. Die Limes-mauer war an beiden Seiten an den Turm angebaut. Es wurden auch Reste einer Palisade und eines Flechtwerkzauns ausgegraben. Die Palisade hatte ebenfalls einen einknickenden Verlauf und zudem einen Durchlass.

Von Straßen und Wegen begleitet läuft nun die Pfahlhecke über Ackerland, nörd-lich vorbei an Petersbuch bis zur Straße Petersbuch–Titting. Durch das hier begin-

Empfehlung:

Wanderung am Limes auf der ganzen
Strecke gut möglich. Besonders emp-
fehlenswert ist die Turmrekonstruktion
WP 14/63 mit **Limeslehrpfad** und die
Strecke durch die **Wassertäler**
(ab WP 14/65).

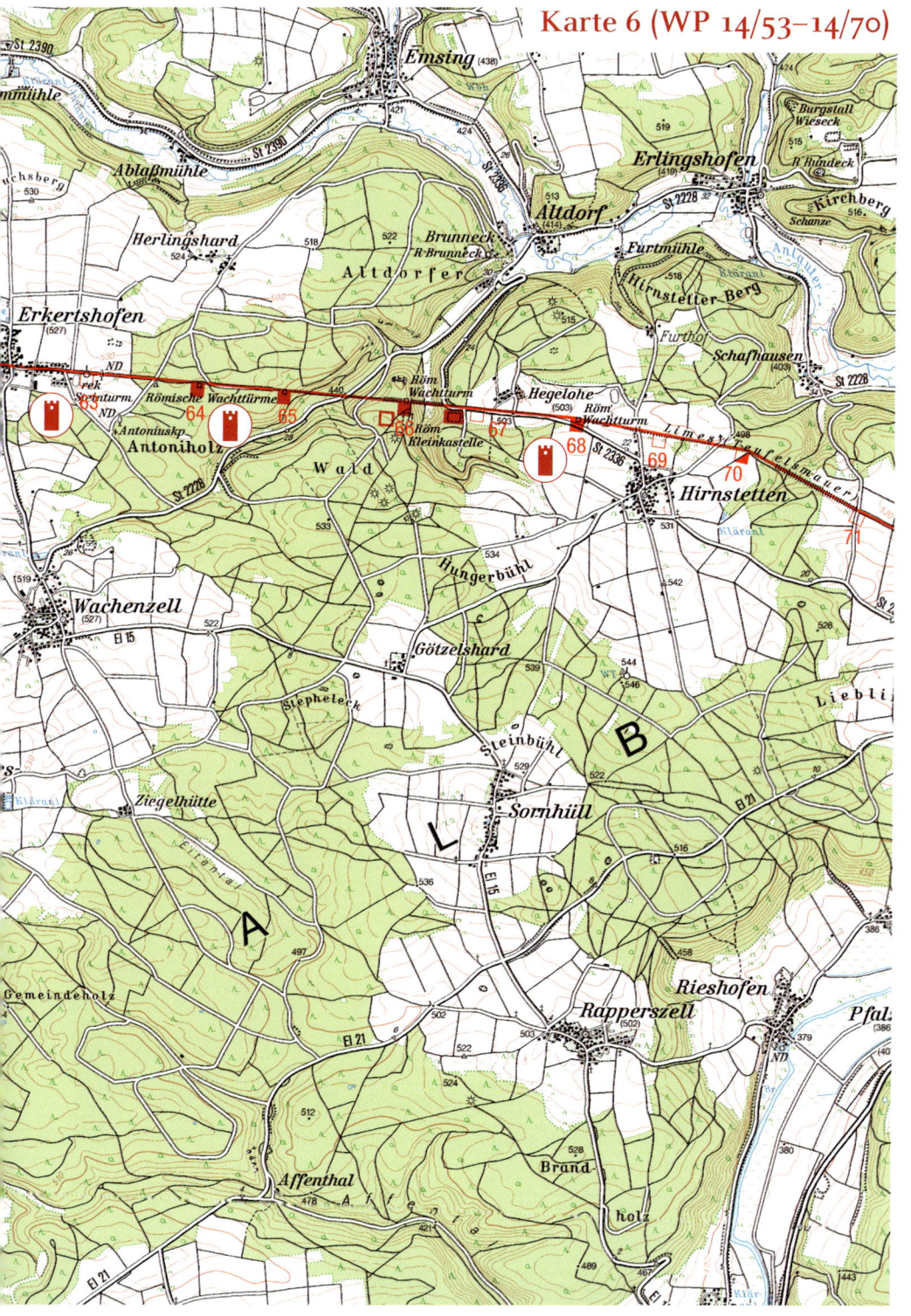

nende Steinbruchgebiet, das Teile des Limes zerstört hat, markiert die Straße nach Erkertshofen den Verlauf des römischen Grenzwalls. Die Standorte der an dieser Strecke gelegenen **WP 14/57, 14/58, 14/60** und **14/62** werden nur vermutet. Bei der Ausgrabung von **WP 14/59** entdeckte man im Innenraum des 6,5 x 5,7 m großen Steinturms eine Feuerstelle. Auch eine Palisade und der Flechtwerkzaun konnten nachgewiesen werden. Von **WP 14/61** war der Steinturm nur noch teilweise erhalten, dennoch konnte er mit einer Größe von 5,9 x 7,5 m rekonstruiert werden. Auch hier fand man die Palisade vor der Mauer.

WP 14/63 wird hinter Erkertshofen, an der Einmündung eines von Süden kommenden Weges in die dem Limes folgende Straße vermutet. An dieser Stelle hat man 1992 einen Parkplatz mit Hinweistafel auf den Limes angelegt sowie die Rekonstruktion eines steinernen Limesturms errichtet, der für Besucher zugänglich ist **(Abb. 87)**. Ein ca. 3,5 km langer Limeslehrpfad mit dem Markierungssymbol „Römer" ist ab hier ausgeschildert.

Abb. 87: Rekonstruierter steinerner Limesturm am WP 14/63 bei Erkertshofen. Foto: E. Riedmeier-Fischer.

Etwa 500 m östlich von Erkertshofen begleitet der Limes wieder als gut sichtbarer Schuttwall den Weg. 150 m nachdem der Schuttwall erneut im Wald verläuft, steht an einer Straßenkreuzung einer der Gedenksteine aus dem 19. Jahrhundert (**Abb. 88**). Nach 400 m trifft man auf die Reste des **WP 14/64** (**Abb. 89**). Sein Holzturm wird von der später errichteten Limesmauer durchschnitten. Im Innenraum des östlich daneben gefundenen Steinturms (6,45 x 5,77 m) entdeckte man zwei Feuerstellen. Er wurde von der Nürnberger Naturhistorischen Gesellschaft restauriert (**Abb. 90**), dagegen ist der nach ca. 600 m folgende **WP 14/65** heute völlig verfallen. Dort steht der 6,4 x 5,6 m große Turm ausnahmsweise frei 18 m hinter der Mauer. Auch im Inneren dieses Turms fand man zwei Feuerstellen. Östlich davon liegt der fast 2 m hohe Hügel des Holzturms.

Abb. 88: Gedenkstein aus dem 19. Jh. bei Erkertshofen. Foto: Th. Fischer.

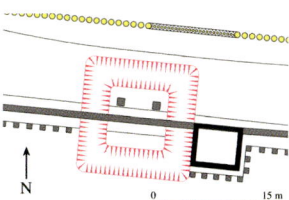

Abb. 89: Planzeichnung von WP 14/64, Holzturmgraben (von raetischer Mauer überlagert), Palisade, Flechtwerkzaun, Steinturm mit anbindender raetischer Mauer. Entwurf: Th. Fischer; Ausführung: A. Smadi.

Abb. 90: Die nach der Ausgrabung restaurierten und heute wieder verfallenen Fundamente des Steinturms von WP 14/64. Foto: Th. Fischer.

Auf der nun folgenden Strecke Richtung Hirnstetten überquert der Limes die beiden Wassertäler. Besonders eindrucksvoll zeigt sich hier, dass er ohne Rücksicht auf das Gelände schnurgerade, dem Bauprogramm des römischen Militärs folgend, über die steil abfallenden Hänge erbaut wurde. Wenn man diese Strecke, dem Limes direkt folgend – womöglich mit Gepäck – bergauf und bergab erwandert hat, bekommt man einen nachhaltigen Eindruck davon, mit welcher Sturheit das römische Militär beim Bau der raetischen Mauer gelegentlich vorgegangen ist. Der Abschnitt ist schwer begehbar, zumal der anfangs noch sichtbare Schuttwall beim Abstieg ins westliche Wassertal nach und nach verschwindet. Der heute ausgeschilderte Limesweg folgt zwar nicht dem Schuttwall, bietet aber den Vorteil, dass er besser zu bewältigen ist.

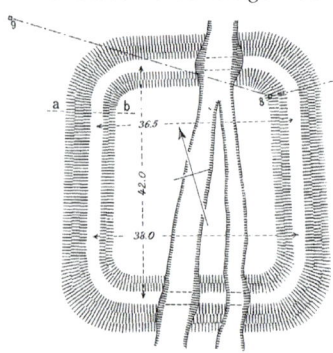

Abb. 91: Planzeichnung des Kleinkastells Biebig. Nach ORL.

Auf dem Höhenrücken zwischen den beiden Wassertälern sind noch die Reste des Steinturms von **WP 14/66** als Hügel zu sehen. Der 4,9 x 6,9 m große Turm lag ebenfalls frei stehend 10 m hinter der Limesmauer. Südlich davon kann man die Reste des ca. 39 x 42 m (0,15 ha Fläche) großen **Kleinkastells Biebig** erkennen (**Abb. 91**). Diese kaum untersuchte und schwer zu beurteilende Anlage besaß offenbar keine gemörtelte steinerne Wehrmauer. Aus dem Wallkörper soll ein römisches Keramikfragment (Terra Sigillata; Datierung?) stammen. Auch ein Graben fehlt.

Im östlichen Wassertal ist der Schuttwall nicht nur an den Hängen, sondern auch in der Wiese im Talgrund gut sichtbar. Die Mauer hat hier drei Wasserdurchlässe. An der Mauer steht ein Kalkofen aus nachrömischer Zeit. Ähnliche Kalköfen fand man an mehreren Orten entlang des Limes. Man benutzte sie im Mittelalter und später, um die Steine der raetischen Mauer zu Kalk zu verbrennen. Auf der Hochfläche über dem Osthang des östlichen Wassertales mündet der Grenzwall in die Straße Altdorf–Hirnstetten, deren weiterer Verlauf über 800 m den Limes markiert. An der östlichen Hangkante, wenig südlich der Straße, verbergen sich die flachen Schuttwälle des **Kleinkastells von Hegelohe** im dichten Unterholz **(Abb. 92)**. Diese quadratische Anlage von 20,10 x 20,25 m besaß nur ein Tor. Östlich davon, in geringer Entfernung vom Kastell, wird **WP 14/67** vermutet.

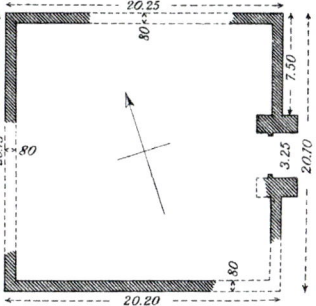

Abb. 92: Planzeichnung des Kleinkastells von Hegelohe. Nach ORL.

Ein kurzes Stück verläuft die Straße noch auf dem Limes, bevor sie etwas nach Süden in Richtung Hirnstetten abknickt. Ab dieser Stelle führt der nun wieder gut erkennbare Schuttwall durch ein Stück Ödland. Nach etwa 250 m findet man auf einer flachen Anhöhe bei einem Rastplatz mit einem Hinweisschild die gut im Gelände sichtbaren Reste von **WP 14/68 (Abb. 93)**. Der Holzturmhügel wird von der Mauer überschnitten. Westlich davon liegt der leicht schräg an die Limesmauer angebaute Steinturm (6,1 x 4 m). Auch die Palisade konnte hier festgestellt werden. Die Teufelsmauer nimmt nun, oft als feldbegleitende Hecke erkennbar, über 1 km ihren Verlauf über offenes Wiesenland. Lediglich nördlich von Hirnstetten verläuft sie durch ein kleines Wäldchen, an dessen westlichem Ende **WP 14/69** angenommen wird.

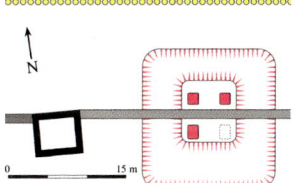

Abb. 93: Planzeichnung des WP 14/68. Holzturm (von raetischer Mauer überlagert), Palisade und Steinturm mit anbindender raetischer Mauer. Entwurf: Th. Fischer; Ausführung: A. Smadi.

Nachdem der Limes die Straße nach Hirnstetten überquert hat, begleitet er 250 m lang den südlichen Waldrand. Hier hat man **WP 14/70** entdeckt, von dem heute allerdings nichts mehr zu sehen ist. Kurz dahinter vor dem Eintritt in den Wald biegt die Grenzmauer leicht in südliche Richtung ab. Der gut erhaltene Schuttwall durchläuft nun das Pimer Trockental. Östlich davon verlässt der Limes den Wald. Ein gut ausgebauter Flurbereinigungsweg nimmt seinen Verlauf auf. An diesem Abschnitt vermutet man **WP 14/71**.

Karte 7

Auf etwa 1 km verläuft der von Hecken begleitete Weg auf dem römischen Grenzwall, bevor er nach Süden abzweigt. Hier wurde der heute nicht mehr kenntliche **WP 14/72** ausgegraben, aber leider wenig genau dokumentiert.

Auf nicht mehr so gut ausgebauten Feldwegen kann man dem Limes weiter folgen, bis man nach etwa 600 m auf die Straße Pfahldorf–Enkering trifft. Auf einer Anhöhe kurz davor vermutet man **WP 14/73**. Der Feldweg folgt weiter dem Limesverlauf, bis er nach etwa 750 m, kurz nachdem er die Straße Pfahldorf–Kipfenberg kreuzt, an einem Waldrand endet. Auf diesem Abschnitt wird **WP 14/74** vermutet. Im Bereich des Straßenüberweges konnte das Bayerische Landesamt für Denkmalpflege (Außenstelle Ingolstadt) 1981 bei Straßenbauarbeiten einen Abschnitt des Fundamentes der raetischen Mauer und einen daneben errichteten, wahrscheinlich römischen, Kalkofen ausgraben. Im Wald werden nach etwa 150 m, neben dem Weg, wieder die Reste des Schuttwalls erkennbar. Nach weiteren 50 m findet man die Reste des Steinturms von **WP 14/75**. Der 6,6 x 5,8 m große Turm lag etwa 25 m frei hinter der Mauer. Er hatte einen 90 cm breiten Eingang an der Rückseite und im seinem Inneren befanden sich Feuerstellen. Etwa 200 m weiter eröffnet sich eine Lichtung, an deren nördlichem Rand der Schuttwall entlangzieht. Man nimmt an, dass hier der **WP 14/76** stand. Nachdem man etwa 270 m wieder durch den Wald weitergewandert ist, sieht man an einem leichten Knick in der Limesmauer die Reste der Fundamente des Steinturms von **WP 14/77**. An der Rückseite des 5,9 x 5,2 m großen Turms entdeckte man wie bei **WP 14/75** einen 90 cm breiten Eingang. Im Innenraum legte man einen Estrich und Feuerstellen frei.

Die folgende, gut markierte Strecke bis zur Spitze des Bergsporns zwischen dem Altmühltal und dem Kälbertal zählt zu den eindrucksvollsten und besonders gut erhaltenen Abschnitten des raetischen Limes. Als mächtiger Damm, nur von einigen Wegdurchstichen und alten Grabungsschnitten durchbrochen, zieht er durch den Wald. An der östlichen Spitze der Höhe, dem Pfahlbuck, erreicht man

Abb. 94: Blick von dem rekonstruierten Holzturm des WP 14/78 auf das Kastell Böhming, über dessen Zentralgebäude heute die Kirche steht. Foto: Th. Fischer.

WP 14/78 (Abb. 95). Der Holzturmhügel ist von einem Ringgraben umgeben und man kann noch die vier von der Reichslimeskommission freigelegten großen Pfostenlöcher erkennen. Der 5,5 x 6,5 m große Steinturm war wenige Meter westlich davon in einen Mauerknick gebaut. Östlich des Holzturms hat der Fremdenverkehrsverein Kipfenberg einen Holzturm mit Aussichtsgalerie errichtet, dessen Bauweise jedoch nicht den Ausgrabungsbefunden am raetischen Limes entspricht. Von seiner Galerie aus hat man einen guten Ausblick zum südwestlich gelegenen Kastell Böhming (kenntlich an der Kirche, die über dessen Mittelgebäude steht!). Die Sichtverbindung wurde allerdings nur durch die Auslichtung des Waldes erreicht **(Abb. 94)**. Dieses Beispiel zeigt sehr schön, dass schon die Römer zur Aufrechterhaltung ihrer optischen Kommunikation der Türme untereinander und von den Türmen zu den Kastellen gezwungen waren, die Wälder im Limesbereich zu

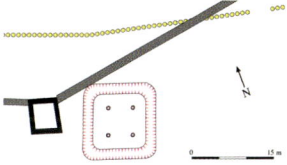

Abb. 95: Planzeichnung des WP 14/78, Holzturm, Palisade und der in einem Mauerknick gelegene Steinturm mit anbindender raetischer Mauer. Entwurf: Th. Fischer; Ausführung: A. Smadi.

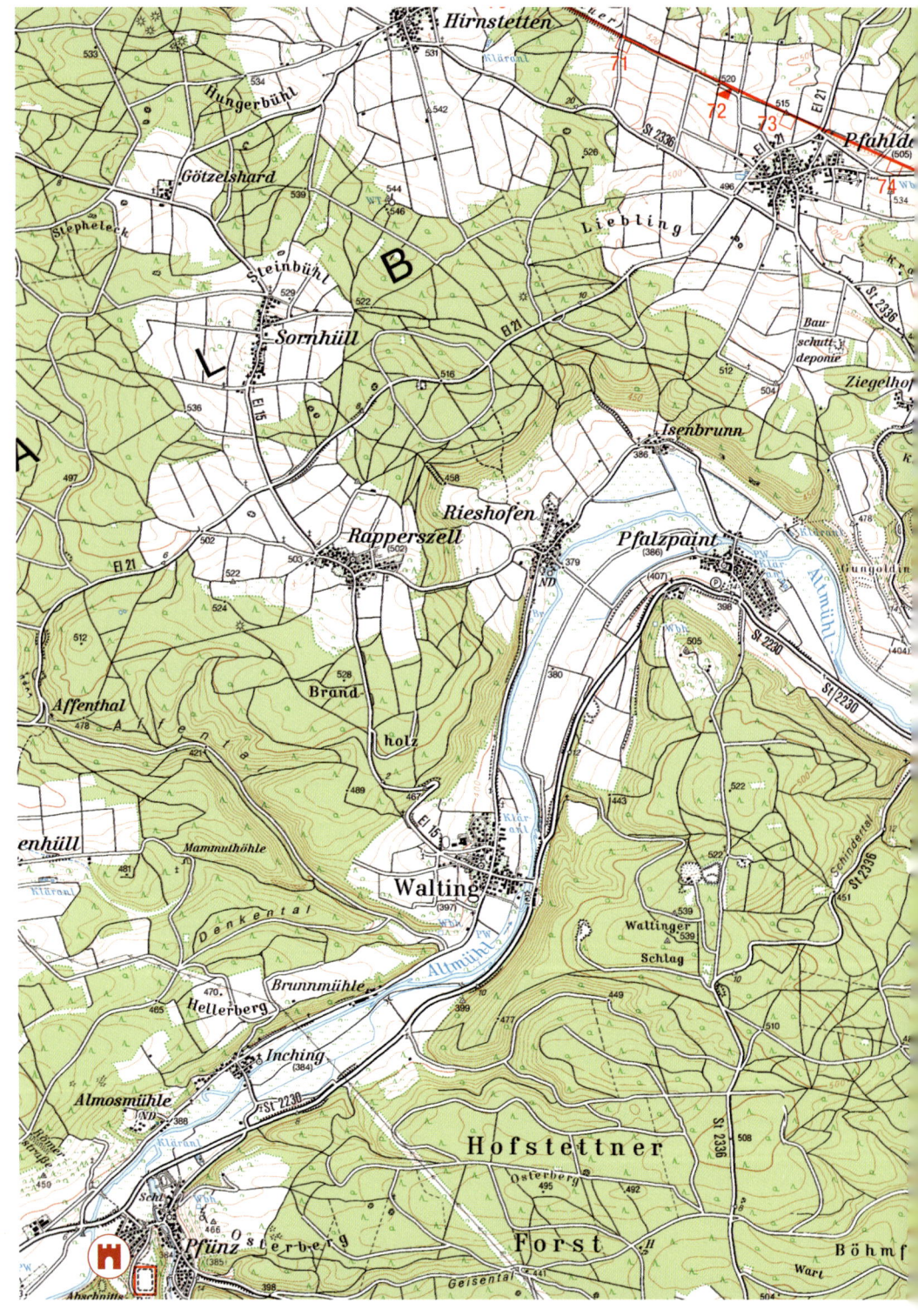

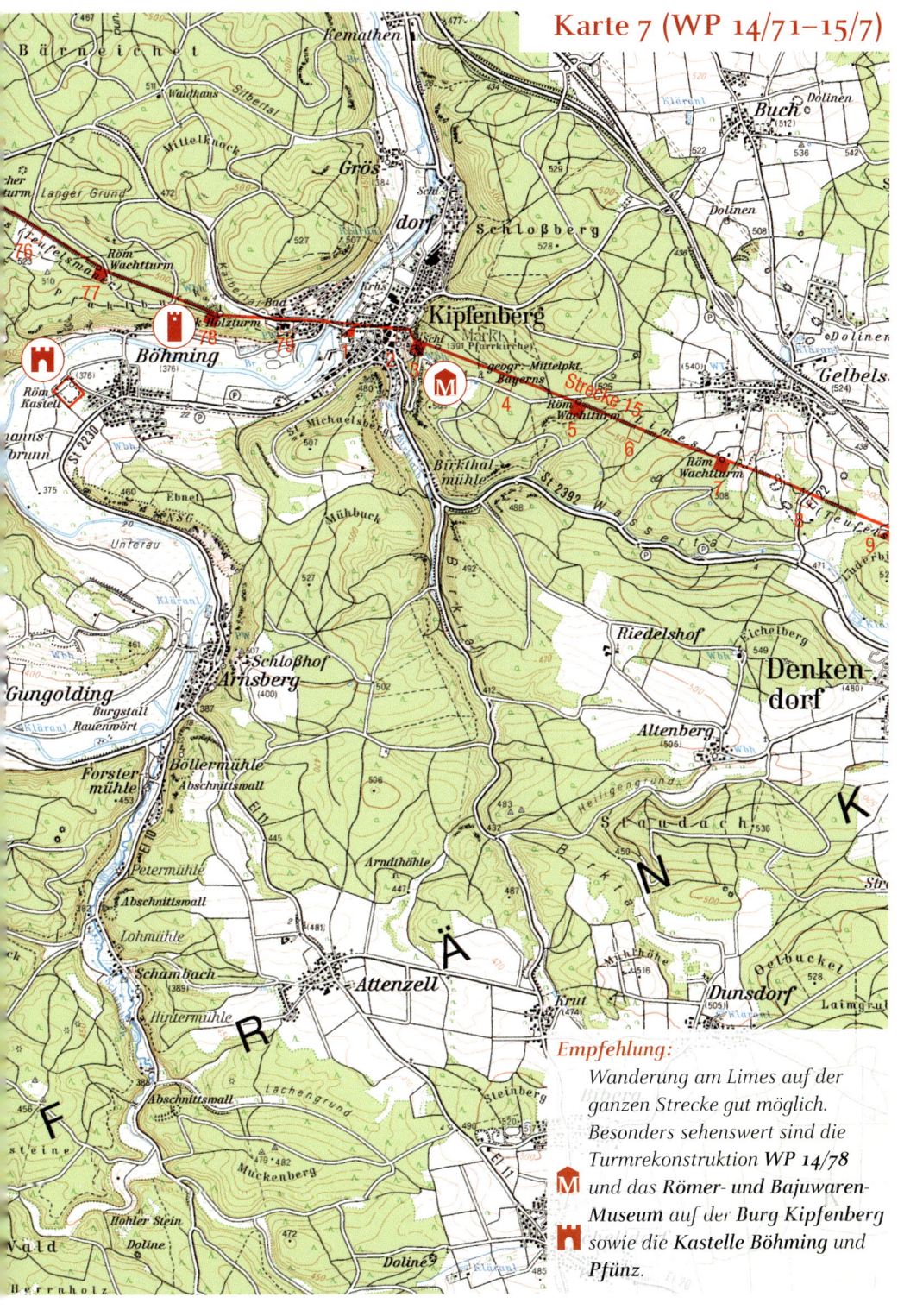

Empfehlung:

Wanderung am Limes auf der ganzen Strecke gut möglich. Besonders sehenswert sind die Turmrekonstruktion **WP 14/78** und das **Römer- und Bajuwaren-Museum** auf der **Burg Kipfenberg** sowie die **Kastelle Böhming** und **Pfünz**.

pflegen und auszulichten. Auch ein Stück Palisade hat man am Turm wieder errichtet, allerdings nicht ganz nach den bekannten römischen Befunden.

···⟶ *In **Kipfenberg** sollte man einen Besuch im sehenswerten **Römer- und Bajuwaren Museum** auf der Burg einplanen. Hier befindet sich seit Juli 2006 auch der „Infopunkt Limes". Alljährlich im August feiert Kipfenberg das sog. Limesfest. Vom Ort aus bieten sich ferner Ausflüge an zum **Kastell Böhming** (ca. 1 km entfernt) oder auch zum **Kastell Pfünz** (ca. 2 km).*

Die Mauer verläuft noch etwa 53 m weiter zum Steilhang und bricht dann dort ab. Nach Beschreibungen des 18. und 19. Jahrhunderts hat sie anscheinend damals noch bis in das Altmühltal hinabgeführt. Im Talgrund entdeckte die Reichslimeskommission bei Ausgrabungen gut erhaltene Grenzbefestigungen aus Holz. Im Bereich der heutigen Altmühlbrücke vermutet man den letzten Wachtposten der Strecke 14, **WP 79**. Der beste Überblick über die sehr interessante topografische Situation bietet sich vom Michelsberg aus, der sich als steiler Fels südlich von Kipfenberg erhebt. Der Bergsporn ist über eine Fahrstraße am Westhang erreichbar. Die beeindruckenden vor- und frühgeschichtlichen Wallanlagen des Michelsbergs hat F. Winckelmann erforscht und beschrieben.

Böhming
Markt Kipfenberg, Lkr. Eichstätt, Obb.

Kleinkastell und Vicus der mittleren Kaiserzeit

Das Kastell Böhming befindet sich 400 m westlich des Ortes in der Altmühlniederung. Es ist leicht zu finden, da sich in seiner Mitte die weithin sichtbare Kirche von Böhming befindet. Das Kastell ist nur ca. 1 km vom nördlich auf der Jurahöhe vorbeiziehenden Limes entfernt. Grabungen der Reichslimeskommission legten 1898 und 1905 Teile der Umwehrung (mit zwei Toren und einem Spitzgraben) sowie des Mittelgebäudes frei **(Abb. 96)**. Das Steinkastell der jüngsten Bauperiode maß 95 x 78 m (0,7 ha Fläche). Der Kastellgrundriss ist heute noch gut erkennbar durch die bis zu $1\frac{1}{2}$ m hohen Geländekanten. Auch die Bauinschrift vor dem Südwesttor wurde damals gefunden. Sie besagt, dass das Kastell 181 n. Chr. von Spezialisten der 3. Italischen Legion und mit Hilfe der Kohorte aus Pfünz (der das Böhminger Kastell wohl unterstellt war) fertiggestellt wurde. Als Besatzung von Böhming kommt eine Abteilung der *cohors I Breucorum c. R.* aus Pfünz infrage. Von einem relativ großen Vicus südlich und östlich des Kastells ist zwar nichts mehr zu sehen, aber es sind Lesefunde und Spuren durch Notbergungen bekannt; auch ein Gräberfeld wurde durch Bauarbeiten angeschnitten. Aus dem Vicusbereich stammen ferner germanische Funde der Spätantike.

→ *Funde: Museum für Ur- und Frühgeschichte Eichstätt*

Lit.: F. WINCKELMANN, ORL B Nr. 73a (1906). – ULBERT/FISCHER 1983, 93ff. – SCHÖNBERGER 1985, 487. – TH. FISCHER, in: Braun u. a. Limes Bayern, 49f. – TH. FISCHER, in: RiB 1995, 429. – BAATZ 2000, 306–308.

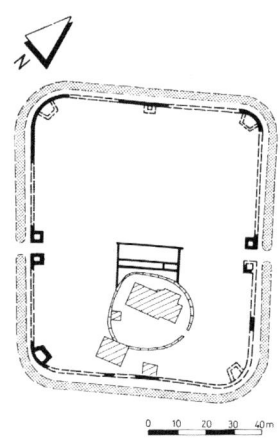

Abb. 96: Plan des Kastells Böhming. Nach Ulbert/Fischer 1983 Abb. 78.

Das Kastell Pfünz liegt auf dem Kirchberg hoch über dem Dorf, auf einem Jurasporn zwischen den Tälern der Altmühl und des Pfünzer Baches. Zum Limes beträgt die Entfernung ca. 10,2 km Luftlinie. Nachdem schon früher im Vicus gegraben worden war, legten umfangreiche Grabungen der Reichslimeskommission (K. Popp, F. Ohlenschlager, H. Arnold und F. Winkelmann) 1884 bis 1900 große Teile des Kastells und des Kastellvicus frei **(Abb. 97)**. Als Besatzung des Kastells ist seit dem Ende des 1. Jahrhunderts n. Chr. eine mehrfach ausgezeichnete Kohorte römischer Bürger *(cohors I Breucorum civium Romanorum Valeria victrix bis torquata ob virtutem appellata equitata)* bezeugt.

Das Kastell bildet ein leicht verschobenes Rechteck von 189 x 145 m mit 2,5 ha Seitenlänge, die Praetorialfront ist nach Norden zum Altmühltal hin ausgerichtet. Die beiden Spitzgräben sind heute noch gut sichtbar, jüngere Untersuchungen haben aber erbracht, dass an der Südseite nur ein einziger, besonders breiter und tiefer Graben ange-

Pfünz/Vetoniana
Lkr. Eichstätt, Obb.

Kastell und Vicus der mittleren Kaiserzeit

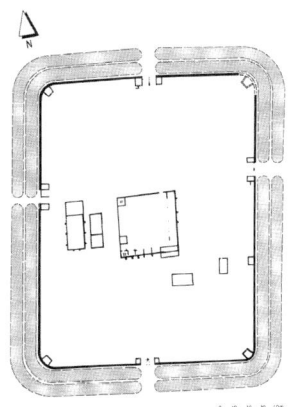

Abb. 97: Plan des Kastells Pfünz. Nach Ulbert/Fischer 1983 Abb. 81.

Abb. 98: Kastell Pfünz, rekonstruiertes Nordtor und Umfassungsmauer (vom Südtor aus gesehen). Foto: E. Riedmeier-Fischer.

legt war. Von der Nordfront des Kastells sind leider Teile der Umwehrung, ohne dass man die darunter liegenden Originalbefunde sachgemäß untersucht hätte, in wenig geglückter Art rekonstruiert worden **(Abb. 98)**. So hat man z. B. den nordwestlichen Eckturm mit einer zinnenbewehrten Plattform versehen, obwohl hier eher ein Ziegeldach- oder Holzschindeldach angemessen wäre. Ebenso fehlt bei Tor und Mauer das obligatorische Gesims in Höhe des Wehrgangs an der Außenseite, obwohl dieses im Fundmaterial vorhanden war. Ferner sind Tor und Turm ein Stockwerk zu niedrig. Was die Ausrüstung der Soldatenfigurinen in der rekonstruierten Wachstube in einem der Tortürme angeht, so wäre hier ebenfalls einiges zu korrigieren! Von den Innenbauten wurden das Mittelgebäude, ein Speicher und weitere Steinbauten dokumentiert. Leichtere Fachwerkbauten, etwa die Mannschaftsunterkünfte, wurden bei der damaligen Grabungstechnik nicht erkannt.

Spuren des Vicus zeichneten sich deutlich sowohl südlich des Kastells auf der Albhochfläche als auch im wesentlich tiefer gelegenen Altmühltal ab. Neben zahlreichen Wohn- und Werkstattbauten fanden sich auch das östlich im Tal gelegene Kastellbad und mehrere gesicherte oder vermutete Tempel, darunter ein Dolichenus-Heiligtum (Jupiter Dolichenus war vom Ende des 1. bis Mitte des 3. Jahrhunderts ein beim römischen Militär beliebter Soldatengott). Südlich des Kastells ist außerdem ein Gräberfeld entdeckt und teilweise ergraben worden.

Kastell und Vicus von Pfünz sind um die Mitte des 3. Jahrhunderts n. Chr. in einer großen Brandkatastrophe untergegangen. Zeugnisse davon sind ein Münzschatz (Schlussmünze: 232 n. Chr.) im Dolichenus-Heiligtum des Lagerdorfes, Brandschutt mit Anreicherung von Metallfunden sowie Reste menschlicher Skelette, z. B. auch ein angeketteter Gefangener am Mittelgebäude, oder die Überreste erschlagener Soldaten im Südtor.

→ *Funde: Zum größten Teil im Museum für Vor- und Frühgeschichte Eichstätt*

Lit.: F. WINCKELMANN, ORL B 73 (1901). – ULBERT/FISCHER 1983, 94–99. – SCHÖNBERGER 1985, 473. – TH. FISCHER, in: Braun u. a., 50. – TH. FISCHER, in: RiB 1995, 500f. – BAATZ 2000, 308ff.

Strecke 15:
Von Kipfenberg bis Hienheim a. d. Donau

Die insgesamt 31 km lange Strecke reicht vom östlichen Altmühlufer in Kipfenberg bis zum Westufer der Donau bei Hienheim. Sie verläuft fast gerade von Nordwesten nach Südosten, weist allerdings nördlich von Sandersdorf einen Bogen nach Norden auf. Über diese Abweichung des Limesverlaufs wurde viel diskutiert, eine plausible Erklärung gibt es nicht. Auch die lokalen Eisenerzvorkommen reichen als Begründung nicht aus, solange deren Ausbeutung in der Römerzeit nicht nachgewiesen ist. Dieser Abschnitt des Limes ist mit den weit entfernten Kastellen Kösching und Pförring im Vergleich zu anderen Limesstrecken nur schwach gesichert, was aber der antiken Gefährdungslage entsprochen haben dürfte.

 **Karte 8**

Kösching/
Germanicum
Lkr. Eichstätt, Obb.

Kastell und Vicus der
mittleren Kaiserzeit

Das Kastell befindet sich am nördlichen Hochufer der Donau im Bereich des Marktes Kösching (s. Übersichtskarte) und ist heute völlig überbaut. Die Ortskirche liegt inmitten der *principia*. Die Lokalisierung des Kastells gelang 1899–1903 durch die Reichslimeskommission (Streckenkommissar J. Fink). Jüngere Grabungen konnten, vor allem im Bereich der Nordfront, die älteren Beobachtungen nicht immer bestätigen, es fand sich auch der Graben einer Holzbauphase, die von der Lage der Steinbauphase abweicht (**Abb. 99**). Trotz aller Unsicherheiten wird man an der Auffassung festhalten können, dass die Praetorialfront des Kastells im Süden (in Richtung Donau) lag und dass das Kastell ca. 4 ha Fläche besaß, was gut zur nachgewiesenen Belegung mit einer Reitertruppe *(ala quingenaria)* passt. Eine beidseitig beschriebene Marmorplatte datiert die Gründung des Kastells in das Jahr 80 n. Chr. Damit wäre Kösching das älteste raetische Limeskastell nördlich der Donau.

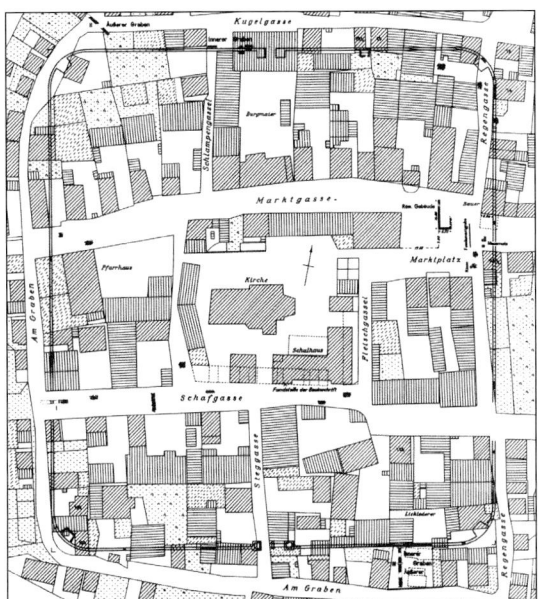

Abb. 99: Plan des Kastells von Kösching im Bereich des heutigen Ortes. Nach ORL.

Die erste Besatzung bildete die *ala I Augusta Thracum*, welche unter Traian – spätestens in den Jahren 121–125 n. Chr. – aus Raetien abzog. Dann folgte die *ala I Flavia Gemelliana*, die bis zu ihrem Untergang im Zusammenhang mit dem Limesfall in Kösching blieb. Eine Bauinschrift dieser Einheit aus dem Jahr 141 n. Chr. datiert den Ausbau des Kastells in Stein. Vom Vicus sind nur Spuren bekannt, eine südwestlich des Kastells nachgewiesene *mansio* (Rasthaus) mit Bad bildet den einzigen konkreteren Hinweis. Ein Gräberfeld an der Straße nach Pfünz lag nordwestlich des Kastells. Ein 240 Denare umfassender Münzschatz mit einer Schlussmünze von 241 n. Chr. ist im Zusammenhang mit dem Ende von Kastell und Vicus zu sehen.

→ *Im Rathaus befindet sich eine römische Inschrift und am ehemaligen Friedhof bei der Kirche ein Meilenstein. Funde: Museum Kösching.*

Lit.: J. FINK ORL B Nr. 74 (1913). – ULBERT/FISCHER 1983, 113f. – SCHÖNBERGER, 457. – C.-M. HÜSSEN, in: Braun u. a. 1992, 51f. – TH. FISCHER in: RiB 1995, 469. – BAATZ 2000, 320. – C.-M. HÜSSEN/N. MEHLER AJB 2004, 84ff.

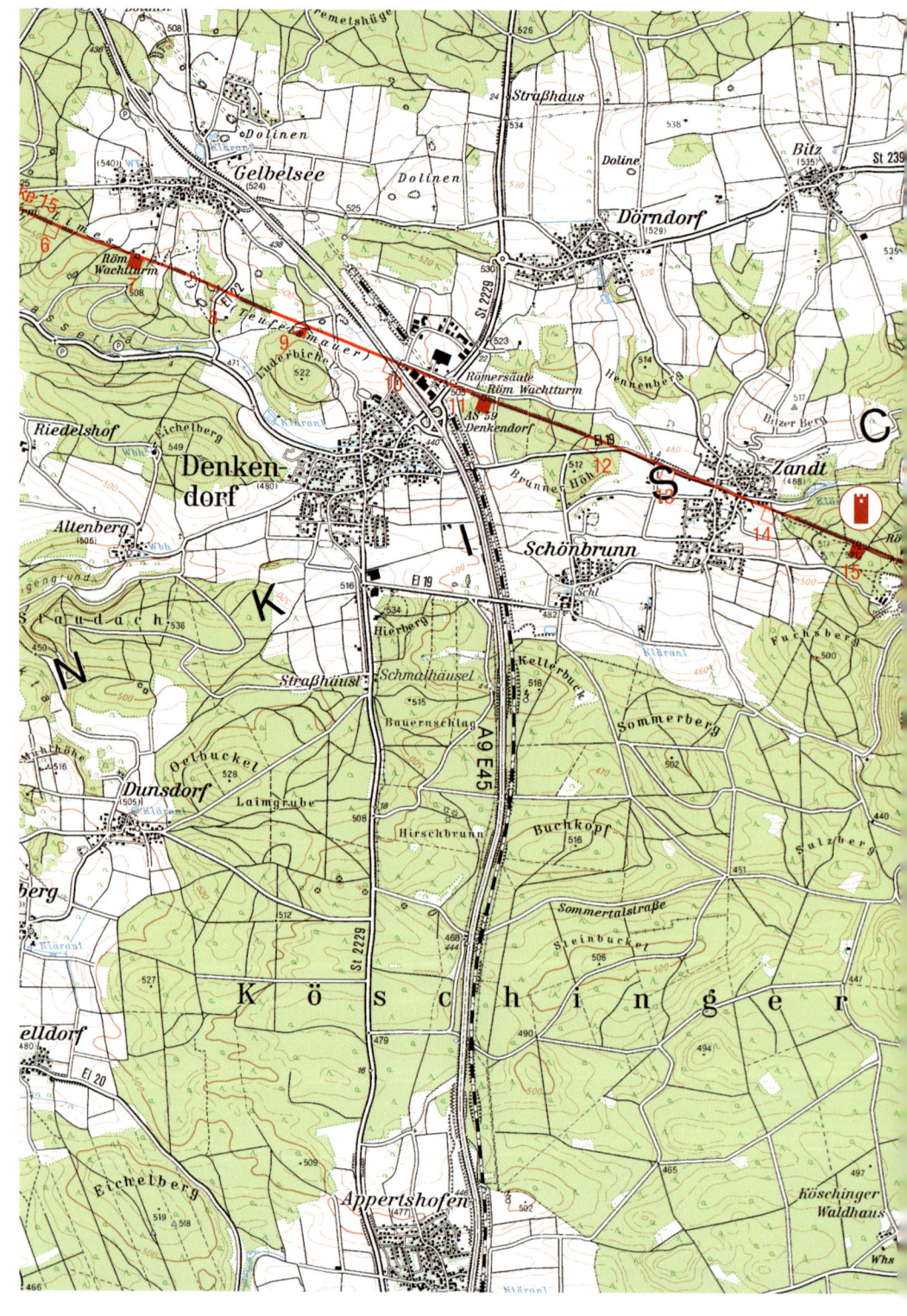

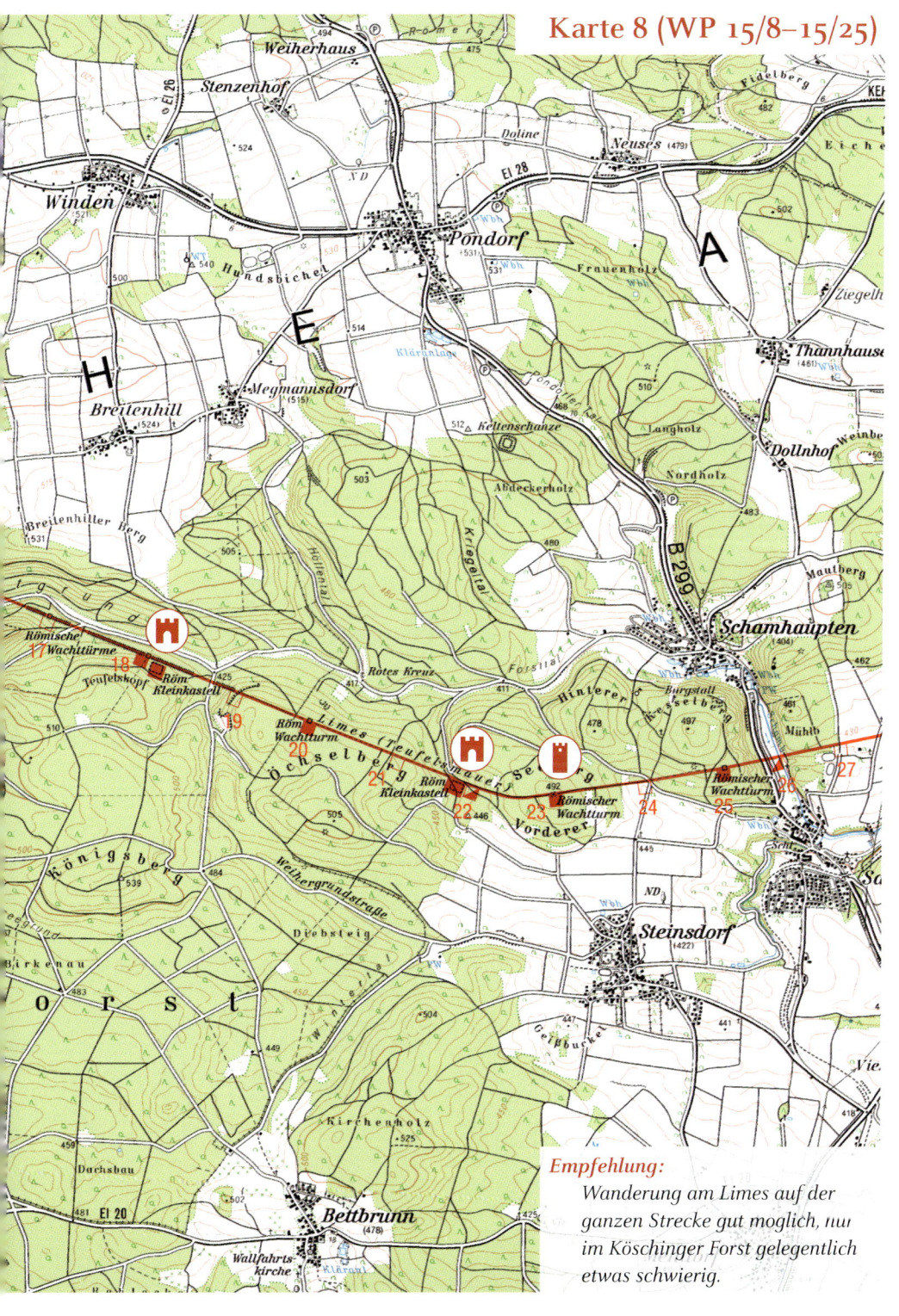

Karte 8 (WP 15/8–15/25)

Empfehlung:

Wanderung am Limes auf der ganzen Strecke gut möglich, nur im Köschinger Forst gelegentlich etwas schwierig.

Pförring/Celeusum
Lkr. Eichstätt, Obb.

Kastell und Vicus der
mittleren Kaiserzeit

Abb. 100: Hinweisstein aus dem 19. Jh. auf dem Gelände des Kastells von Pförring. Foto: Th. Fischer.

Das Alenkastell, dessen Namen mit *Celeusum* überliefert ist, hebt sich heute noch nördlich des Ortes Pförring (s. Übersichtskarte) in freiem Feld deutlich im Gelände ab. Seine Umwehrung ist in der bis zu 5 m hohen Böschung erkennbar. Die 194 x 201 m große, 3,9 ha messende Wehranlage verdankt ihre gute Erhaltung einer Nutzung als Wehrbau im Mittelalter. An der Südseite steht ein Hinweisstein aus dem 19. Jahrhundert (**Abb. 100**). Als Besatzung kennt man die *ala I Flavia singularium civium Romanorum pia fidelis*. Errichtet als Holz-Erde-Kastell unter Kaiser Traian (98–117) erfolgte laut Bauinschrift der Ausbau in Stein im Jahre 141 n. Chr. Grabungen und Luftbilder lassen die Tore mit den für Reiterkastelle typischen doppelten Toreinfahrten sowie die *principia* erkennen. Ferner sind im Inneren weitere Bauten sowie eine kleine mittelalterliche Kirche mit runder Apsis im Osten bekannt. Luftbilder bezeigen im Lagerdorf zahlreiche, nicht näher erforschte Steinbauten (**Abb. 101**). Im Ostvicus wurde in den frühen 80er-Jahren ein Töpferofen ergraben. Entlang der in Richtung Nordost führenden Straße nach Eining wurde ein Gräberfeld lokalisiert, hier befanden sich auch steinerne Grabbauten. Im 3. Jahrhundert gingen Kastell und Vicus zugrunde, einzelne völkerwanderungszeitliche Bestattungen lassen sich noch keiner Siedlung zuordnen.

→ *Die einstmals restaurierten Fundamente des Kastellosttores und des nördlichen Eckturmes sind bereits wieder stark verfallen. Ein nachrömischer Einbau in der Nordwestecke der Umwehrung diente früher als Bierkeller. Römische Inschriften befinden sich an der südlichen Außenwand bei der Sebastianikirche. Funde: Ausstellung im Rathaus; Archäologische Staatssammlung München*

Lit.: J. FINK ORL B Nr. 75 (1902). – ULBERT/FISCHER 1983, 110–113. – SCHÖNBERGER 1985, 473. – C.-M. HÜSSEN in: Braun u. a. 1992, 52f. – C.-M. HÜSSEN in: AJ 1995, 115ff. – K. DIETZ in: RiB 1995, 499f. – BAATZ 2000, 321f. – J. FASSBINDER/C. S. SOMMER/K. BERGHAUSEN, AJB 2006, 94–97.

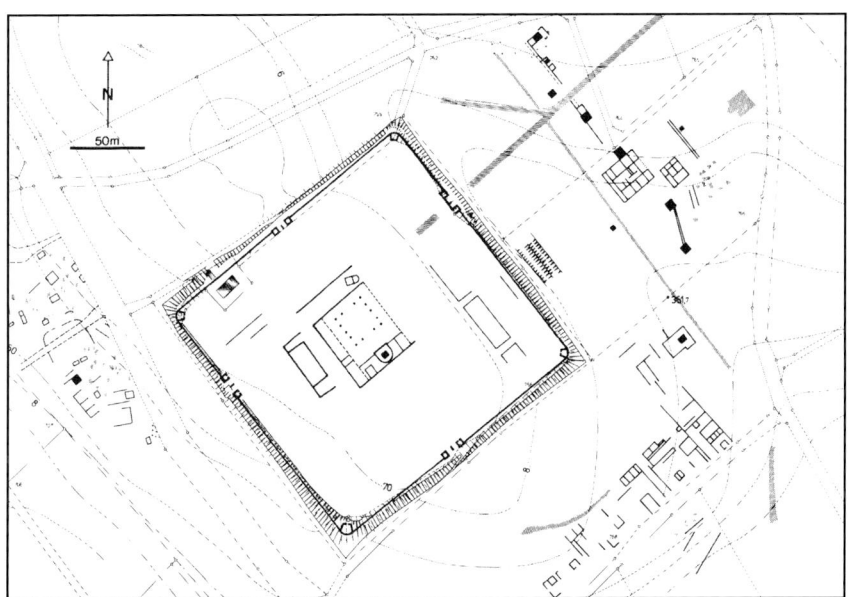

Abb. 101: Plan des Kastells Pförring mit Lagerdorf, kombiniert aus Grabungen, Luftbildern und Magnetometerprospektion. Nach AJB 1995 Abb. 53.

Hat man die Altmühl in Kipfenberg über die heutige Brücke, an deren Platz vielleicht schon zur Römerzeit eine Brücke existierte, überschritten, beginnt der letzte Abschnitt des raetischen Limes, die Strecke 15. Etwa 50 m östlich der Brücke befand sich der Steinturm **WP 15/1**, von dem sich obertägig leider nichts erhalten hat. Durch Grabungen konnte die Reichslimeskommission den Verlauf der Mauer durch den Ort, am nördlichen Rand des Ortskerns vorbei, feststellen. Zu sehen ist davon heute nichts mehr. Nur ein alter Gedenkstein des 19. Jahrhunderts erinnert noch an den römischen Grenzwall. Im Ortsbereich wird auch der **WP 15/2** vermutet. Kurz danach steigt die Mauer den steilen Hang nördlich der Burg hoch. Danach ist der Schuttwall wieder erkennbar. Der anstrengende Anstieg erfolgt heute auf einem ausgeschilderten Wanderweg. Oben begleitet ein Weg die geringen Reste des Schuttwalls. Bald erreicht man **WP 15/3**. Dort sieht man zunächst die Ruine eines mittelalterlichen Steinturms. 30 m südöstlich davon liegt der kaum sichtbare Holzturmhügel, der von der Mauer geschnitten wird. Östlich hiervon erkennt man die Grabungsstelle des 4,5 x 4 m großen Steinturms. Vor der Limesmauer kann man hier noch den Palisadengraben wahrnehmen.

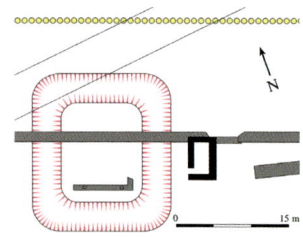

Abb. 102: Planzeichnung des WP 15/5. Holzturm (von der raetischen Mauer überlagert) mit Palisade und ausnahmsweise an die raetische Mauer angebautem Steinturm. Entwurf: Th. Fischer; Ausführung: A. Smadi.

Die folgende Limesstrecke ist im Gelände nicht immer gut zu erkennen, aber sie wird im Allgemeinen durch einen Waldweg markiert, bis sie die Straße Kipfenberg–Gelbelsee kreuzt. An dieser Stelle vermutet man **WP 15/4**. Östlich der Straße kann man den Holzturmhügel von **WP 15/5 (Abb. 102)**, der von der Mauer überschnitten wird, noch sehen. Östlich davon wurde ein Steinturm mit einer ungewöhnlichen Größe von 3,6 x 6 m ausgegraben. Daneben befand sich ursprünglich ein Mauerdurchgang, der später zugesetzt wurde. Merkwürdig ist außerdem, dass östlich von **WP 15/5** angeblich zwei Limesmauern in spitzem Winkel aufeinander zulaufen.

Nun führt der Schuttwall wieder gut sichtbar weiter durch den Wald. Auf diesem Abschnitt wird **WP 15/6** angenommen. Der Limes läuft nun ca. 500 m am nördlichen Waldrand entlang. Am Ende des Waldes erreicht man **WP 15/7**. Der Holzturmhügel wird von der Mauer durchschnitten. Östlich davon liegt frei hinter der Mauer der 7,35 x 5,29 m große Steinturm, an dessen Rückseite sich ein Eingang befand. Von hier bis zur Straße Gelbelsee–Denkendorf ist der Schuttwall nur teilweise erhalten. Er zieht zunächst durch ein Wiesental, dann am Rande einer Doline entlang. Weiter ist er im Wechsel als Feldrain, als Terrasse oder als Wall kenntlich. In einem Wäldchen östlich der Straßenkreuzung tauchen deutlichere Spuren des Limes auf. Aber vom Ende des Wäldchens bis zur Autobahn 9 (Nürnberg–München) ist in den Äckern und Wiesen auf einer Strecke von etwa 1 km keine Spur des Limes zu sehen. Die auf dieser Strecke gelegenen **WP 15/8** und **15/10** werden nur vermutet, während der heute nicht mehr sichtbare **WP 15/9** nordwestlich von Denkendorf untersucht wurde. Man entdeckte einen Steinturm (6 x 5,75 m) mit einer Feuerstelle und einem Estrich im Inneren.

Die letzten 300 m vor der Autobahn nimmt ein Feldweg den Verlauf des Schuttwalls auf. Die Autobahn quert man durch eine Unterführung nördlich von Denkendorf und biegt dann auf den ersten kreuzenden Feldweg nach rechts ab, der wieder auf dem Limes entlangführt. An der Stelle, an der der Limes die Straße Denkendorf–Grampersdorf überquert, steht ein Limesgedenkstein von König Max II. Von der Straße bis zum Wald markiert eine Hecke den Limes. Im Wald wird der Schuttwall wieder sichtbar. Nach ca. 100 m kommt man zum **WP 15/11**. Sein Holzturmhügel wird schräg von der Limesmauer überschnitten. Der östlich davon liegende Stein-turm (5,75 x 5,95 m) wies einen rückwärtigen Eingang und im Innenraum eine Feu-erstelle auf. Der Limes wird von hier ab durch keinen Weg mehr gekennzeichnet. Im Wald wird der Standort von **WP 15/12** angenommen. Am Waldrand stößt man auf die Straße nach Zandt, die den Verlauf des Limes aufnimmt. Auch die **WP 15/13** westlich und **WP 15/14** östlich von Zandt werden nur vermutet.

Die nun folgende Wanderung durch den einsamen und oft wilden Köschinger Forst ist interessant, aber schwierig und kann manchmal durchaus als abenteuerlich bezeichnet werden. Im Wald östlich von Zandt setzt der Schuttwall wieder ein. Etwa 100 m nach der Waldspitze erhebt sich eine Felsgruppe. Dort wird der Schuttwall wieder erkennbar. Vor der Mauer kann man teilweise den Graben der Palisade sehen. Ersteigt man die Anhöhe des Fuchsberges, so kommt man zu den Resten des **WP 15/15 (Abb. 103)**. Hier erreicht der Limes seinen höchsten Punkt zwischen dem Altmühltal und dem Schambachtal. Der Holzturmhügel liegt in diesem Fall vor der Mau-er. Sein Ringgraben und die Spuren von drei der ehemals vier Pfosten sind noch erkennbar. Südlich davon sind deutlich sichtbar die Reste des 6,2 x 4,9 m großen Steinturms. An seiner Rückseite konnte ein 0,6 m breiter Eingang festgestellt werden und im Innenraum fand man eine Feuerstelle und fünf Stufen einer steinernen Treppe. Auch die Palisade ist etwa 35 m vor der Mauer noch als flacher Graben vorhanden.

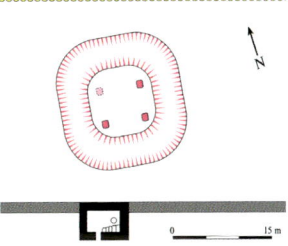

Abb. 103: Planzeichnung des WP 15/15, Holzturm mit Palisade und Steinturm mit anbindender raetischer Mauer. Im Steinturm wurden noch fünf steinerne Treppenstufen aufgefunden. Entwurf: Th. Fischer; Ausführung: A. Smadi.

Der sehr gut erhaltene Schuttwall verläuft nun durch ein Wildschweingehege, das man am besten entlang des südlich gelegenen Steinbruchs umgeht. Nach etwa 650 m steigt man steil und mühsam in ein Trockental hinab. Im Talgrund setzt der Schuttwall kurz aus und zieht dann wieder hoch zur Kuppe eines Geländesporns (Breitenhiller Berg). Auf seiner Höhe vermutet man **WP 15/16**. Danach führt der Li-mes wieder ins Tal hinab. Nach dessen Durchquerung läuft der Limes parallel zum Trockental am Südhang entlang. Der Schuttwall und die Palisadenspur sind nun auf einer Länge von 3 km gut erkennbar. Hier fehlt allerdings ein begleitender Weg, so

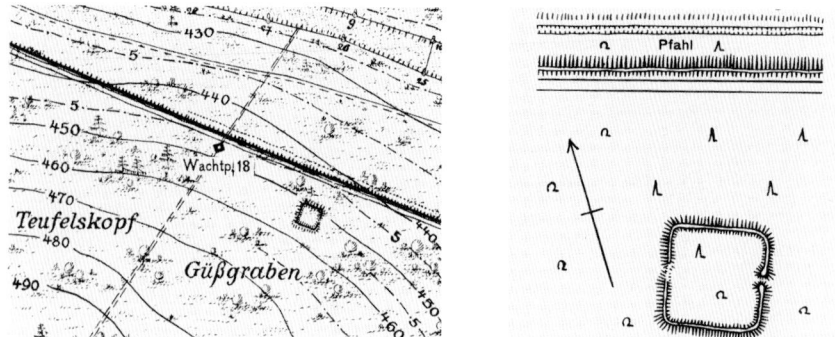

Abb. 104: Lageplan und Planzeichnung des Kleinkastells am Güßgraben. Nach ORL.

dass dieses Stück schwer begehbar ist. Nach etwa 500 m wird **WP 15/17** angenommen. Etwa 600 m nach der nun folgenden Wegekreuzung befinden sich 9 m hinter (!) der Mauer die Reste des **WP 15/18**. Nur noch der Schutthügel des Steinturms ist erkennbar. Ca. 100 m südöstlich davon und 27 m südöstlich der Limesmauer liegen die Überreste des **Kleinkastells Güßgraben (Abb. 104)**, einer quadratischen Anlage mit 17 x 17 m Seitenlänge und nur einem Tor. Der gut erhaltene Schuttwall und der Palisadengraben können leicht verfolgt werden.

Nach 500 m durchquert der Limes ein kleines Trockental, auf dessen östlicher Anhöhe (bei dem Steinbruch) **WP 15/19** vermutet wird. Obwohl der Schuttwall weiterhin gut sichtbar ist, wird es schwieriger, zu folgen. Nach 600 m gelangt man zu den gut erkennbaren Resten von **WP 15/20**. Der Holzturmhügel wird von der Mauer überlagert. Der östlich davon gelegenen Steinturm (4,9 x 5,1 m) wies im Inneren einen Steinplattenbelag auf. Auf dem weiteren Weg zieht der Schuttwall der Limesmauer im Gelände kaum noch kenntlich in das Trockental hinab, wo er dann völlig verschwindet. Oberhalb des westlichen Hanges wird **WP 15/21** vermutet.

Es ist nicht ganz einfach, an der Ostseite des Tals den sichtbaren Anschluss der Mauer wiederzufinden, die nun etwa 2 km lang von einem Weg flankiert wird. Nicht mehr zu sehen sind die Überreste des nur unzureichend ausgegrabenen **WP 15/22**. Knapp westlich davon am Osthang über dem Tal liegt etwa 30 m hinter der Limesmauer das konservierte **Kleinkastell am Hinteren Seeberg**, eine quadratische Anlage von 17 x 17 m mit zwei Toren (**Abb. 105**). Hier fanden sich u. a. frühmittelalterliche Eisenkreuze, wie am Weinberg bei Eining und in Bad Gögging.

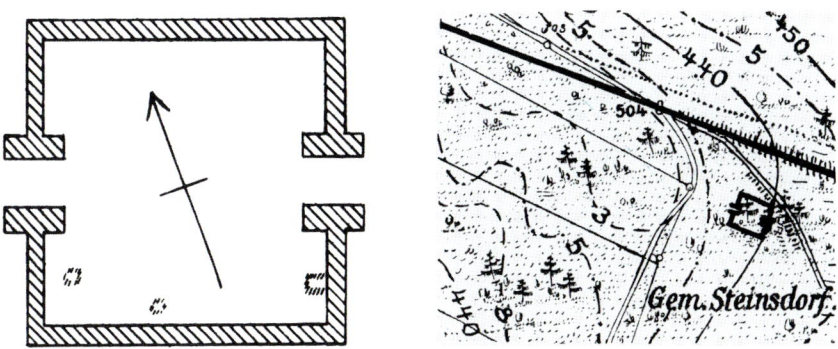

Abb. 105: Planzeichnung und Lageplan des Kleinkastells am Hinteren Seeberg. Nach ORL.

Nach etwa 300 m verändert die raetische Mauer ihre Richtung und biegt nach Nordosten ab. 250 m nach dem Knick erreicht man auf der Höhe des Hinteren Seebergs die gut sichtbaren Reste des **WP 15/23 (Abb. 106)**. Der Holzturmhügel wird von der Mauer überschnitten. In seinem Inneren kann man noch drei der vier von der Reichslimeskommission ausgegrabenen Pfostenspuren sehen. Die Fundamentreste des 7,4 x 6,75 m großen Steinturms sind weniger markant.

Der nun deutlich flachere Schuttwall zieht von einem Weg begleitet den Hang hinab. Nach etwa 500 m erreicht er das Waldende. Als breiter, flacher Schuttwall durchquert er ein Wiesental. Dort, wo er wieder in den Wald einmündet, vermutet man **WP 15/24**. Der Limes verläuft nun entlang des Südhangs des Kesselberges, bis er nach etwa 750 m den Steilhang über dem Schambachtal erreicht. Noch im Wald, am höchsten Punkt des Kesselberges, finden sich die Reste des **WP 15/25**. Der Holzturmhügel wird von der Mauer geschnitten. Westlich davon liegen die nicht sehr deutlich sichtbaren Reste des 4,5 x 3,6 m großen Steinturms. Das anschließende Limesstück ist im Gelände sowohl am Hang als auch im Tal, kaum erkennbar und mangels eines begleitenden Weges nur schwer zu verfolgen.

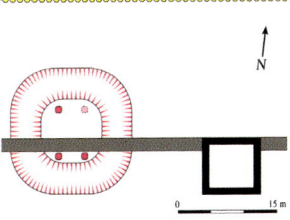

Abb. 106: Planzeichnung des WP 15/23, Holzturm (von der raetischen Mauer überlagert), Palisade und Steinturm mit anbindender raetischer Mauer. Entwurf: Th. Fischer; Ausführung: A. Smadi.

Karte 9

Der **WP 15/26**, den man im Tal, östlich der Bundesstraße 299 ausgegraben hat, ist heute nicht mehr zu sehen. Der Grenzwall überquert nun die Schambach. Auch am Osthang des Tals findet man keine erkennbaren Reste der Mauer. Erst östlich des Waldes kann man beim Sportplatz ein heckenbewachsenes Limesstück erblicken. Vor dem Wald wird **WP 15/27** vermutet.

Der Limes zieht nun in einem Bogen von Norden am östlichen Ortsrand von Neuenhinzenhausen entlang wieder in Richtung der Schambach. Im Limesbogen sind die Überreste des nur zum Teil ausgegrabenen **WP 15/28** nicht mehr sichtbar. Da in diesem Bereich auch keine Spuren der Mauer mehr erkennbar sind, kann man es sich sparen, den Bogen auszugehen. Es empfiehlt sich, durch das Schambachtal Richtung Osten zu wandern, bis man bei Viermühlen wieder auf den Limes trifft. Etwa dort, wo die Bahnlinie den Hang entlangläuft, steigt der Limes vom Tal hoch, hier am Hang wird auch **WP 15/29** angenommen. Auf halber Strecke zwischen Viermühlen und Sollern quert man durch eine Unterführung die Bahnlinie. Danach erblickt man am bewaldeten Hang des Messnerberges wieder Spuren des Schuttwalls. Auf der Hochfläche kann man der raetischen Mauer, die als deutlich überhöhter Feldrain sichtbar ist, auf dem begleitenden Weg folgen. Auf der Kuppe des Messnerberges geben sich die Reste des **WP 15/30** deutlich zu erkennen. Der 4,5 x 3,5 m große Steinturm liegt in einem leichten Mauerknick, der auch schon in der älteren Palisade festzustellen ist. Nun durchquert die raetische Mauer das Trockental des Tötenackerergrundes. Auf dem Talgrund und auch auf dem sehr steilen Westhang, den man besser auf einem Feldweg südlich umgehen sollte, fehlen Spuren der Mauer. Erst im Tal, in dem Feld östlich der Straße Altmannstein–Mendorf, wird ein kurzes Stück des mit einer Hecke bewachsenen Schuttwalls kenntlich. Am steil ansteigenden Osthang kann man ein besonders gut erhaltenes Stück des Limes beobachten, sogar die Außenschale der Mauer ist hier noch zu erkennen **(Abb. 107)**. Auch das im Norden vorgelagerte Palisadengräbchen zeigt sich hier in hervorragender Erhaltung.

Etwa 400 m südöstlich des Tales begleitet ein Weg den Schuttwall. Kurz zuvor trifft man auf der Westseite des Kochberges auf die Reste von **WP 15/31**. Der Holzturmhügel wird von der Mauer geschnitten. Der 6 x 4,7 m große Steinturm besaß im Westen einen Zugang. 500 m läuft der Weg parallel zum Schuttwall, bis er den Wald verlässt. Dort knickt der Limes nach Nordosten ab und zieht weiter am Wald-

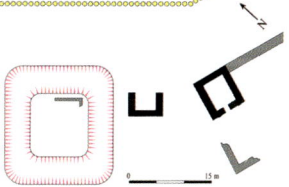

Abb. 107: Deutlich sichtbar ist der Schuttwall der Limesmauer in den Äckern östlich von WP 15/30 bei Altmannstein. Foto: Th. Fischer.

rand entlang. Am Knick hat man **WP 15/32 (Abb. 108)** entdeckt. Die Überreste von gleich drei Steintürmen, die wohl zeitlich aufeinander folgten, sind von dichtem Gestrüpp überwuchert. Ein Turm lag im Knick der Mauer, einer stand frei hinter ihr und der dritte war nachträglich an die Mauer angebaut (3,2 x 2,8 m). Die Maße der anderen Türme sind nicht überliefert. Nordwestlich davon befindet sich der Holzturmhügel.

Der Limes läuft nun als Feldweg durch die Äcker weiter, bis er nach etwa 1 km die Straße Altmannstein–Hagenhill kreuzt. Etwa 500 m westlich der Straße liegt der heute nicht mehr erkennbare **WP 15/33**. Es wurden nur die Fundamente des 4,5 x 3,5 m großen Steinturms untersucht. Hier biegt der Limes noch mal leicht nach Nordosten ab, um dann geradlinig bis zur Donau hin zu führen. Östlich der

Abb. 108: Planzeichnung des in einem Limesknick gelegenen WP 15/32, Holzturm (von der raetischen Mauer überlagert), Palisade sowie die Überreste von drei Steintürmen in nicht ganz klarer zeitlicher Abfolge und Größe. An den mittleren bindet die raetische Mauer an. Entwurf: Th. Fischer; Ausführung: A. Smadi.

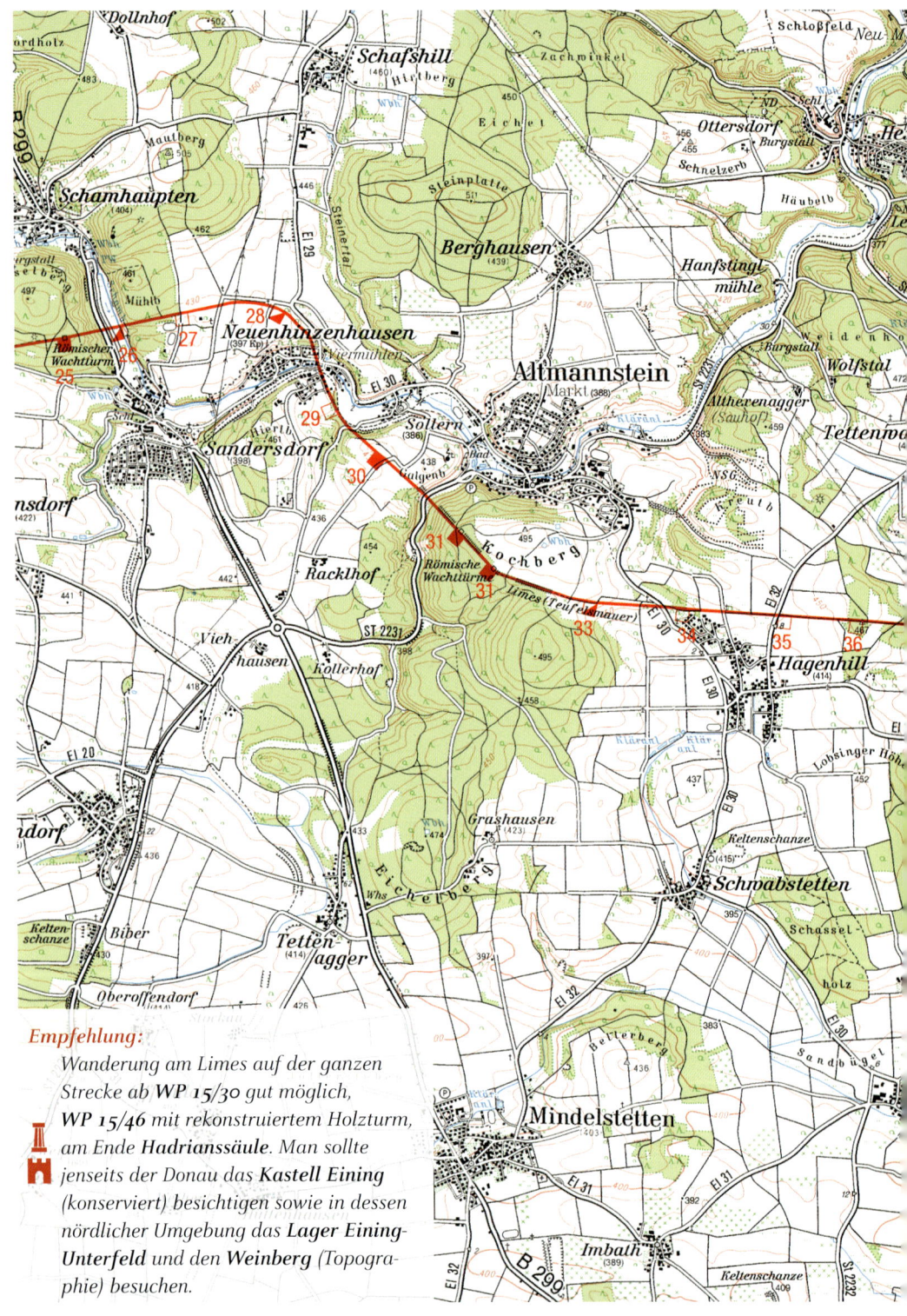

Empfehlung:

Wanderung am Limes auf der ganzen Strecke ab **WP 15/30** *gut möglich,* **WP 15/46** *mit rekonstruiertem Holzturm, am Ende* **Hadrianssäule***. Man sollte jenseits der Donau das* **Kastell Eining** *(konserviert) besichtigen sowie in dessen nördlicher Umgebung das* **Lager Eining-Unterfeld** *und den* **Weinberg** *(Topographie) besuchen.*

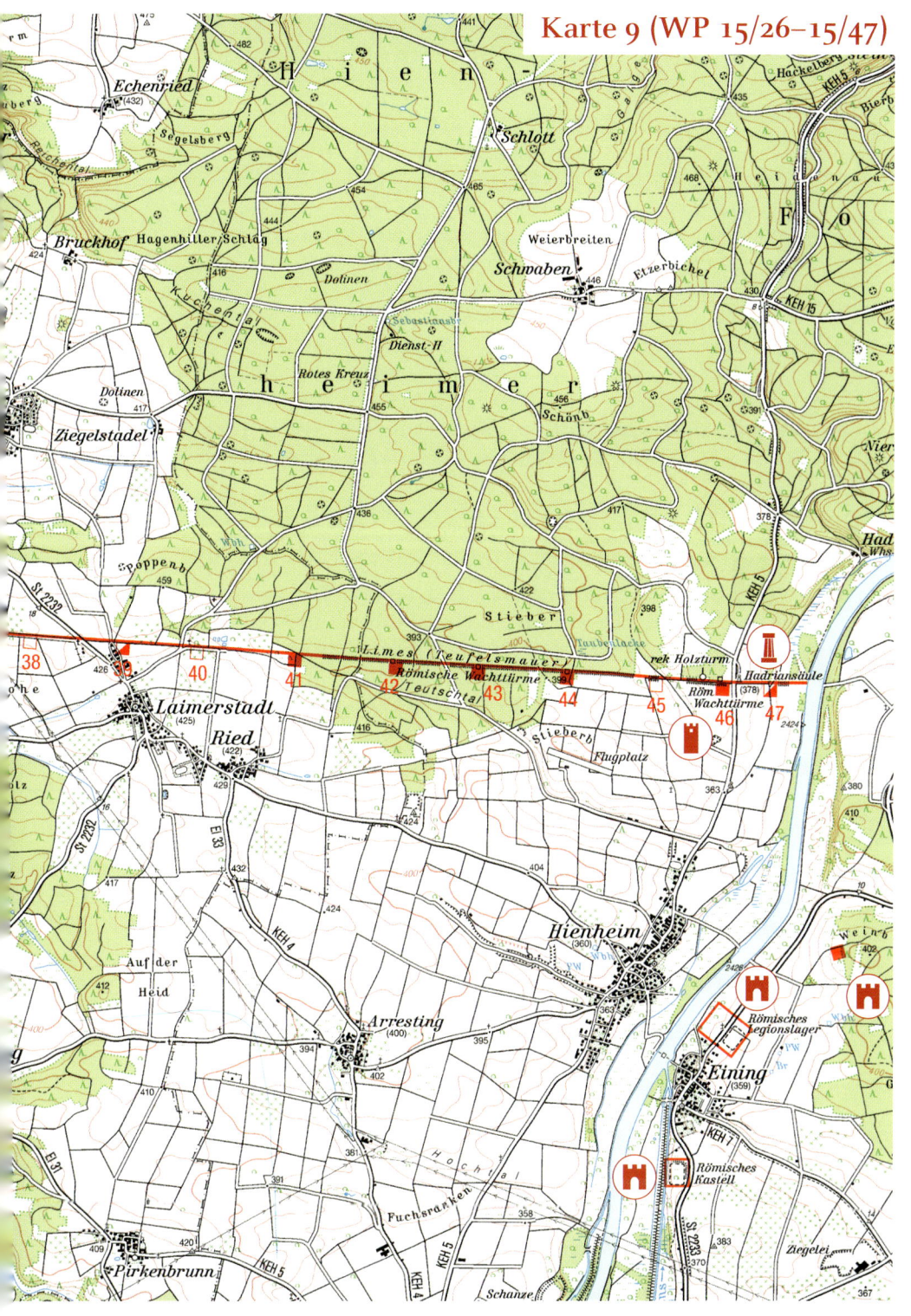

Echenried
(432)

Segelsberg

Schlott

H i e n - h e i m e r   F o

Hackelberg

KEH 5

Bierb

435

Bruckhof
424

Hagenhiller Schlag

Dolinen

Weierbreiten

Schwaben
446

Etzerbichel

430

KEH 15

8

Kuchental

444

454

485

468

Dolinen
417

Sebastianst

Diener-H

Rotes Kreuz

h e i m e r

455

456

Schönb

391

Ziegelstadel

436

417

378

Nier

Had
Whs

Poppenb
459

422

Stieber

398

KEH 5

St 2239

Limes (Teufelsmauer)

393

Taubenlacke

400

rek Holzturm

Hadrianssäule

38   426   **39**   **40**   **41**   Römische Wachttürme
/Teutschtal   **42**   **43**   **44**   **45**   Röm
Wachttürme   (378)   **47**

46

2424

Laimerstadt
(425)

Ried
(422)

416

429

Stieberb

Flugplatz

363

380

410

St 2292

432

424

404

363

Hienheim
(360)

2426

Weinb
402

Auf der
Heid

412

417

410

424

400

Römisches
Legionslager

Arresting
(400)

394

395

402

Eining
(359)

KEH 7

KEH 4

E 33

381

Hochtal

Römisches
Kastell

St 2233

383

409

420

391

KEH 5

358

Fuchsranken

370

Ziegelei

367

Pirkenbrunn

KEH 4

KEH 5

Schanze

Straße verläuft der flache, undeutliche Schuttwall am Südrand eines Wäldchens und nach einer Wiese nimmt ein Feldweg seine Richtung auf. Hier vermutet man **WP 15/34**.

Über eine Strecke von beinahe 4 1/2 km zieht nun der Weg fast schnurgerade auf der Trasse der Limesmauer dahin. Er läuft nördlich an Hagenhill vorbei. Östlich der Straße Hagenhill–Tettenwang nimmt man **WP 15/35** an. Auch **WP 15/36** wird nur vermutet, etwa 600 m östlich auf einer von einem Wäldchen bestandenen Kuppe. Nach einem kurzen Stück über freies Feld verschwindet der Limes wieder im Wald. Dort ist die Mauer gelegentlich als Schuttwall neben dem Weg sichtbar. Wo der Limes wieder aus dem Wald heraustritt, nimmt man **WP 15/37** an. Im weiteren Verlauf tritt der von einer Hecke bewachsene Schuttwall nochmal am Wegrand in Erscheinung. Nach etwa 300 m befand sich der vermutete **WP 15/38**. Kurz danach überquert der dem Limes folgende Weg die Straße Laimerstadt–Tettenwang und verläuft geradlinig weiter.

Nördlich von Laimerstadt befand sich der heute nicht mehr erkennbare **WP 15/39**. Der Weg führt nun an der südlichen Spitze eines Wäldchens vorbei. Bei einem Feldkreuz kurz dahinter vermutet man **WP 15/40**. Nach weiteren 750 m tritt der Limes in den Hienheimer Forst ein. Vorher jedoch umgeht der bisher entlang des Schuttwalls verlaufende Weg in Richtung Süden eine große Doline. Am Waldrand kann man im dichten Unterholz zwar die wenig markanten Reste des **WP 15/41** finden, doch kann man dieses beschwerliche Stück auch vermeiden und stattdessen der Beschilderung des Limesweges folgen. Im Wald wird dann auf der markierten Strecke der Schuttwall langsam wieder gut erkennbar. Nach 300 m wird er durch einen kreuzenden Weg und eine Pipeline unterbrochen und läuft danach gut erhalten und von einem Weg flankiert weiter. Nach 250 m erreicht man die Überreste des in die Mauer eingebundenen Steinturms (5,5 x 4,6 m) und des Holzturmgrabens von **WP 15/42**. Ca. 10 m nordwestlich vor der Mauer ist der Ringgraben des Holzturms zu sehen.

Die raetische Mauer läuft nun in ein Tälchen hinab. Auf diesem Abschnitt kann man hinter dem Schuttwall flache Mulden finden, die von Steinbrüchen zum Bau der Mauer stammen. Im Tal überquert man einen Waldweg und folgt dann dem ansteigenden Gelände. 300 m östlich des Weges auf der Anhöhe stößt man auf die Reste des Steinturms von **WP 15/43**. Der frei hinter der Mauer errichtete Turm hatte eine Größe von 6,5 x 5,6 m. Wiederum 700 m weiter nach Osten, wo man vor der Mauer auch Reste des Palisadengrabens sieht, lag **WP 15/44**. Das einst konservierte

Fundament des 4,68 x 4,4 m großen Steinturms ist heute bereits wieder zerfallen. Östlich davon ist der Ringgraben des Holzturms zu erkennen, der von der Mauer überschnitten wird. Kurz nach **WP 15/44** verlässt der Limes den Wald und zieht, noch immer von einem Weg begleitet, am südlichen Waldrand entlang. Nach dem Wald führt der Limes auf einer Länge von etwa 250 m durch ein Trockental. Anstelle des dort vermuteten **WP 15/45** ist seit Kurzem ein Kleinkastell von ca. 19 x 19 m Größe nachgewiesen.

Der Erhaltungszustand des Schuttwalls wird nun immer schlechter. Nach der Durchquerung eines kurzen Waldstückes kreuzt der Limes im Ödland die Straße Hienheim–Altessing. Kurz zuvor trifft man auf heute nur noch schwach erkennbare Überreste des **WP 15/46 (Abb. 109)**. Östlich des von der Mauer geschnittenen Holzturmes fand man die Fundamente des 4,5 x 4,8 m großen Steinturms. An diesem Platz hat man eine moderne Holzturmkonstruktion **(Abb. 111)** errichtet, die allerdings wenig Ähnlichkeit mit einem römischen Wachturm hat. Besteigt man jedoch den Turm, so hat man von der Aussichtsplattform einen weiten Blick über das Donautal und hinüber nach dem Weinberg bei Eining, wie dies auch vom römischen Wachturm aus der Fall gewesen sein muss. Östlich der Straße von Hienheim ließ König Max II. 1861 am Limesende die sogenannte Hadrianssäule **(Abb. 110)** errichten, dort befindet sich heute auch ein Parkplatz. Von diesem aus läuft der Schuttwall immer flacher werdend zur Donau hinunter, wo er in der Niederung verschwindet. Kurz davor lag als letzter Wachposten am Limes der **WP 15/47**, der heute nicht mehr erkennbar ist. Dieser hatte genauso wie **WP 15/46** Sichtverbindung zu dem Wachturm auf dem Weinberg bei Eining und dieser wiederum zum Kastell Eining.

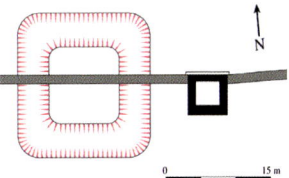

Abb. 109: Planzeichnung des WP 15/46, Holzturm (von der raetischen Mauer überlagert) und Steinturmfundament mit anbindender raetischer Mauer. Entwurf: Th. Fischer; Ausführung: A. Smadi.

Abb. 110: Sog. Hadrianssäule des Königs Max II. am Limesende bei Hienheim. Foto: Th. Fischer.

Abb. 111: Rekonstruierter Holzturm bei WP 15/46 nahe Hienheim. Foto: E. Riedmeier-Fischer.

Eining/Abusina
Stadt Neustadt a. d. Donau, Lkr. Kelheim, Ndb.

Kastell und Vicus der mittleren Kaiserzeit und der Spätantike, Vexillationslager der 2. H. des 2. Jhs., Wachtturm, Kaserne und Tempelbezirk der mittleren Kaiserzeit (Abb. 112)

Das Kastell liegt ca. 500 m südlich des Ortes Eining auf dem östlichen Donauufer. Heute ist es eingezäunt und verfügt über einen ausgeschilderten Parkplatz. Zum fast 4 km entfernten Limes besteht keine direkte Sichtverbindung, wohl aber über den Wachposten auf dem Weinberg 2 km nordöstlich von Eining. Das Kastell, dessen freigelegte Ruinen heute konserviert zu besichtigen sind, wurde nicht mehr durch das Forschungsprogramm der Reichslimeskommission erfasst. Hier grub 1878–1920, nach lokalen Ansätzen, das Bayerische Landesamt für Denkmalpflege (P. Reinecke), jüngere Notbergungen folgten. Zu den bedeutendsten Entdeckungen in Eining gehört ein Verwahrfund, der 1975 unter nicht ganz geklärten Umständen im Vicus geborgen worden war. Bei dem Fund handelt es

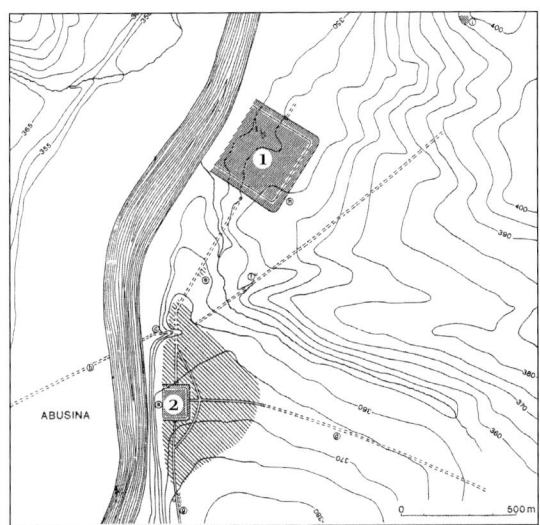

Abb. 112: Lageplan des Kastells Eining-Abusina (2) und seiner Umgebung in der mittleren Kaiserzeit mit dem Lagerdorf (schraffiert) und dem Lager Eining-Unterfeld (1). Nach Fischer/Spindler 1984 Abb. 11.

sich u. a. um eine Maske **(vgl. Abb. 32)**, drei Hinterhauptteile von Gesichtshelmen, sieben Kopfschutzpanzer für Pferde sowie sieben Teile von Beinschienen.

Einige ältere Metall-, Keramik- und Glasfunde deuten vielleicht auf einen claudischen Militärposten hin, dieser ist aber keineswegs bewiesen. Sicheren Boden betritt man mit einem Holz-Erde-Kastell aus der Zeit des Titus (79–81). Hier konnte M. Gschwind kürzlich belegen, dass bereits in dieser Phase die Innenbebauung der der Steinbauphasen entsprach. Es folgte eine Fülle von Aus- und Umbauten bis in das 5. Jahrhundert hinein, so dass die heute konservierten Ruinen eine etwas verwirrende Mischung aus älteren und jüngeren Steinbauphasen bilden **(Abb. 113)**.

Als erste Besatzung ist die *cohors IV Gallorum*, eine *cohors equitata* zu nennen, die vor der Mitte des 2. Jahrhunderts n. Chr. von der *cohors III Britannorum equitata* abgelöst wurde. Als einzige Auxiliartruppe am obergermanisch-raetischen Limes, die

Abb. 113: Plan des Kastells Eining-Abusina mit Ausschnitt des
Lagerdorfes. Nach Fischer/Spind-
ler 1984 Abb. 12.

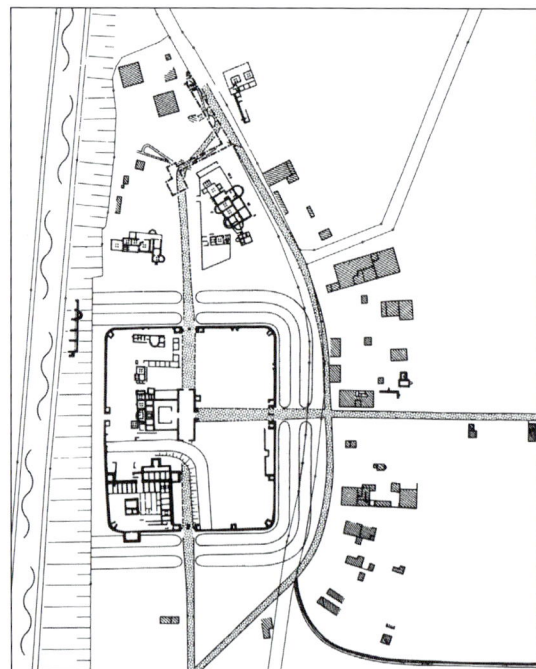

Abb. 114: Blick in Richtung
Süden über das Kastellgelände
von Eining. In der Mitte das
Stabsgebäude (*principia*).
Foto: Th. Fischer.

die Stürme des 3. Jahrhunderts überlebt hat, ist sie in Eining bis zum 5. Jahrhundert n. Chr. bezeugt. Das 147 x 125 m große Kastell mit 1,8 ha Innenfläche, steinerner Umwehrung und zwei Spitzgräben weicht von dem üblichen Kastellschema dadurch ab, dass das Mittelgebäude, und damit die gesamte Innenbebauung, in seiner Ausrichtung von Norden nach Osten gedreht wurde **(Abb. 114)**. In der Spätantike wurde unter Diokletian (284–305) in die Südwestecke des Kastells ein kleines, aber sehr stark befestigtes Binnenkastell eingebaut, das später noch mehrfach erweitert und umgebaut worden ist. Die Mauern des älteren Lagers umschlossen nun den befestigten Vicus. Aus dieser Spätzeit stammen die meisten der heute sichtbaren Neu-, An- und Umbauten, u. a. das spätantike Kastellbad nördlich des Mittelgebäudes. Das Kastell wurde zuletzt von Soldaten elbgermanisch-böhmischer Herkunft belegt und um 430 n. Chr. (?) gewaltsam zerstört. Der umfangreiche Vicus mit auffallend vielen Steinbauten ist durch Lesefunde, Notbergungen und Luftbilder erschlossen. Ergraben wurden vor der Nordfront des Kastells ein Unterkunftshaus für Dienstreisende *(mansio)* und das Kastellbad.

Vexillationslager Eining-Unterfeld

In der Flur „Unterfeld", ca. 1 km nördlich des Eininger Kohortenkastells *Abusina*, befindet sich ein 11 ha großes römisches Truppenlager, dessen nordöstlicher Graben samt seiner Umbiegung nach Südosten noch heute in großen Teilen sichtbar ist **(Abb. 10, 115)**. Grabungen H. Schönbergers und Luftbilder belegen eine Rasensodenmauer und zwei Spitzgräben, die das Lager, welches mit seiner Westseite an die Donau anbindet, befestigten. Durch Luftbilder sind ebenfalls ein Mittelgebäude und ein repräsentativer Wohnbau, wohl das

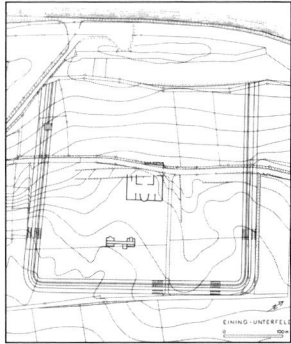

Abb. 115: Plan des Lagers Eining-Unterfeld mit durch Luftbildbefunde erschlossener Innenbebauung. Nach Fischer/Spindler 1984 Abb. 27.

Abb. 116: Plan der Baubefunde vom Weinberg bei Eining: Wachturm, Mannschaftsunterkunft und Mars-und Victoriatempel. Nach Fischer/Spindler 1984 Abb. 30.

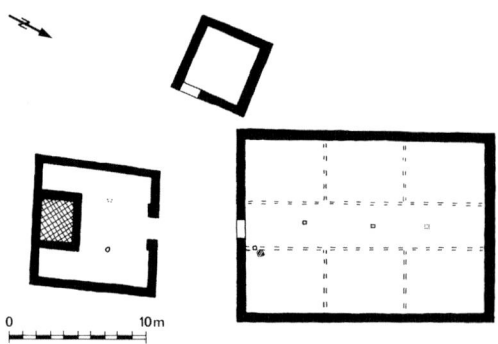

praetorium, nachgewiesen. In diesem Lager waren während der Markomannenkriege, wohl nur in der kurzen Zeit nach 172 und vor 179 n. Chr., Teile der 3. Italischen Legion (ca. die Hälfte) und berittene Hilfstruppen stationiert. Beim Lager im Unterfeld handelte es sich vornehmlich um ein Truppenlager, von dem aus nach Raetien eingedrungene Markomannen und ihre Verbündeten bekämpft wurden.

Posten auf dem Weinberg

Auf dem nordöstlich von Eining gelegenen Weinberg fanden sich bei Ausgrabungen während des 1. Weltkrieges (P. Reinecke) drei Steinfundamente, die zu einem Wachturm, einer Mannschaftsunterkunft und zu einem kleinen Mars- und Victoria-Tempel gehörten. Der Turm stellte die Sichtverbindung vom Limesende bei Hienheim zum Kastell Eining her **(Abb. 116)**. Die Anlagen wurden im 3. Jahrhundert zerstört, im Schutt fanden sich u. a. kleine eiserne Steckkreuze als Hinweise auf eine Nutzung als christliche Kultstätte im frühen Mittelalter, ähnlich wie in Bad Gögging.

→ *Funde: Archäologische Staatssammlung München (Verwahrfund) und Museum Kelheim; der große Bestand im Museum Landshut ist derzeit leider nicht ausgestellt.*

Lit.: H.-J. KELLNER, Der römische Verwahrfund von Eining. MBV 29 (München 1978). – ULBERT/FISCHER 1983, 106–110. – TH. FISCHER/K. SPINDLER, Das römische Grenzkastell Abusina-Eining. Führer zu den archäologischen Denkmälern in Bayern, Niederbayern 1 (Stuttgart 1984). – TH. FISCHER, in: Braun u. a. 1992, 52ff. – A. FABER, Die südgallische Terra Sigillata aus Kastell und Vicus von Eining: Zum Beginn des Militärstützpunkts. Bayer. Vorgesch. Bl. 58, 1993, 99–122. – I. JÜTTING, Die Kleinfunde aus dem römischen Lager Eining-Unterfeld. Bayer. Vorgesch. Bl. 60 (1995), 143–230. – TH. FISCHER, in: RiB 1995 434ff. – BAATZ 2000, 312–326. – M. GSCHWIND, Abusina. Das römische Auxiliarkastell Eining an der Donau vom 1. bis zum 5. Jahrhundert n. Chr. MBV 53 (München 2004).

Teil IV

AUSGEWÄHLTE SONSTIGE
RÖMISCHE MILITÄRPLÄTZE
IN BAYERN VON A – Z

Alkofen, Gde. Bad Abbach, Lkr. Kelheim, Ndb.

Kleinkastell der mittleren Kaiserzeit

Nachdem die römische Donausüdstraße von Eining/*Abusina* nach Regensburg/*Reginum* eine Engstelle zwischen steilen Juraformationen und dem Strom passiert hat, weitet sich das Gelände zu bis zu einer weiteren Enge bei der Eiermühle. Südwestlich von Alkofen ist durch einschlägige Funde ein Kleinkastell von der Zeit um 100 n. Chr. bis in das 5. Jahrhundert hinein belegt. Die spärlichen Grabungsbefunde sind noch nicht aufgearbeitet.

→ *Funde: Archäologisches Museum der Stadt Kelheim*

Lit.: SCHÖNBERGER 1985, 474

Aislingen, Lkr. Dillingen a. d. Donau, Schw.

Kastell und Vicus der frühen Kaiserzeit

Das Holz-Erde-Kastell auf dem Sebastiansberg südöstlich von Aislingen ist eine Gründung der spättiberisch-claudischen Zeit (**Abb. 117**). Es befindet sich im Bereich von mächtigen vor- und frühgeschichtlichen Wehranlagen, mit denen das Plateau des „Alten Berges" umgestaltet worden ist. Das Kastell selber lag innerhalb der kleineren westlichen, 2,3 ha umfassenden rechteckigen Wehranlage. Da das Areal im Mittelalter wieder zu einer Befestigung umgestaltet worden ist, sind seine genauen Ausmaße unbekannt. Ältere Grabungen förderten Kleinfunde in großer Zahl zutage, diese betrafen aber nicht die Umwehrung. Die Bearbeitung durch G. Ulbert ergab Brandspuren der Jahre 68/69, aber keinen Hinweis auf einen Wiederaufbau unter Vespasian (69–79). In den in jüngerer Zeit gegrabenen Teilen des Vicus südlich des Kastells fehlen interessanterweise solche Brandspuren. Aber auch hier endet die Belegung mit dem Auflassen des Kastells.

Lit.: G. ULBERT, Die römischen Donau-Kastelle Aislingen und Burghöfe. Limesforsch. 1 (1959). – SCHÖNBERGER 1985, 446. – W. CZYSZ, RiB 1995, 415.

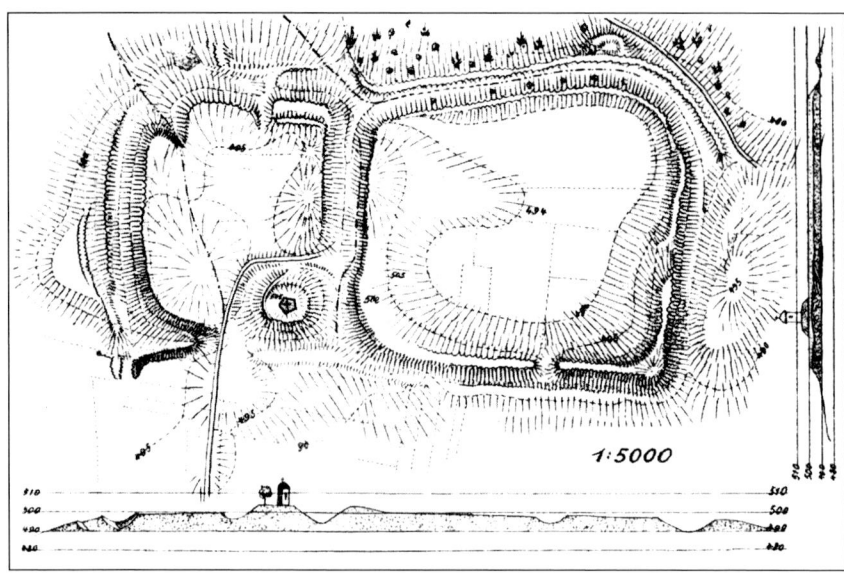

Abb. 117: Plan des frühkaiserzeitlichen Kastells bei Aislingen. Nach Ulbert 1959 Abb. 1 unten.

Augsburg/Augusta Vindelicum, Schw.

Kastelle der frühen und mittleren Kaiserzeit, Garnison der Spätantike

Im Stadtgebiet von Augsburg fanden sich die wichtigsten bisher bekannten früh-kaiserzeitlichen Truppenstandorte in Raetien **(Abb. 118)**. Ihre Größe, Zeitstellung und Besatzungen sind aber noch nicht eindeutig geklärt. In Augsburg-Oberhausen förderte zu Beginn des 20. Jahrhunderts ein Kiesgrubenbetrieb unmittelbar am Westufer der Wertach, kurz vor ihrem Zusammenfluss mit dem Lech, Unmengen römischer Kleinfunde zutage. Bald schon erkannte man in ihnen die Hinterlassenschaften eines augusteischen Truppenlagers. Diese nach Tausenden zählenden Waffen, Werkzeuge, Pferdegeschirrteile, Geräte und Ausrüstungsgegenstände römischer Legionare sind nur als Hinterlassenschaft eines großen Lagers zu deuten. Sie müssen bei einer Naturkatastrophe von einem höher gelegenen Platz in das Bett der Wertach abgeschwemmt worden sein. Die Analyse der am besten chronologisch einzuordnenden archäologischen Fundgruppen, der Münzen und der Terra Sigillata, ergab, dass der anhand der Fundkonzentration erschlossene Waffenplatz in Augsburg-Oberhausen irgendwann von etwa 8 v. Chr. bis um 5 v. Chr. gegründet

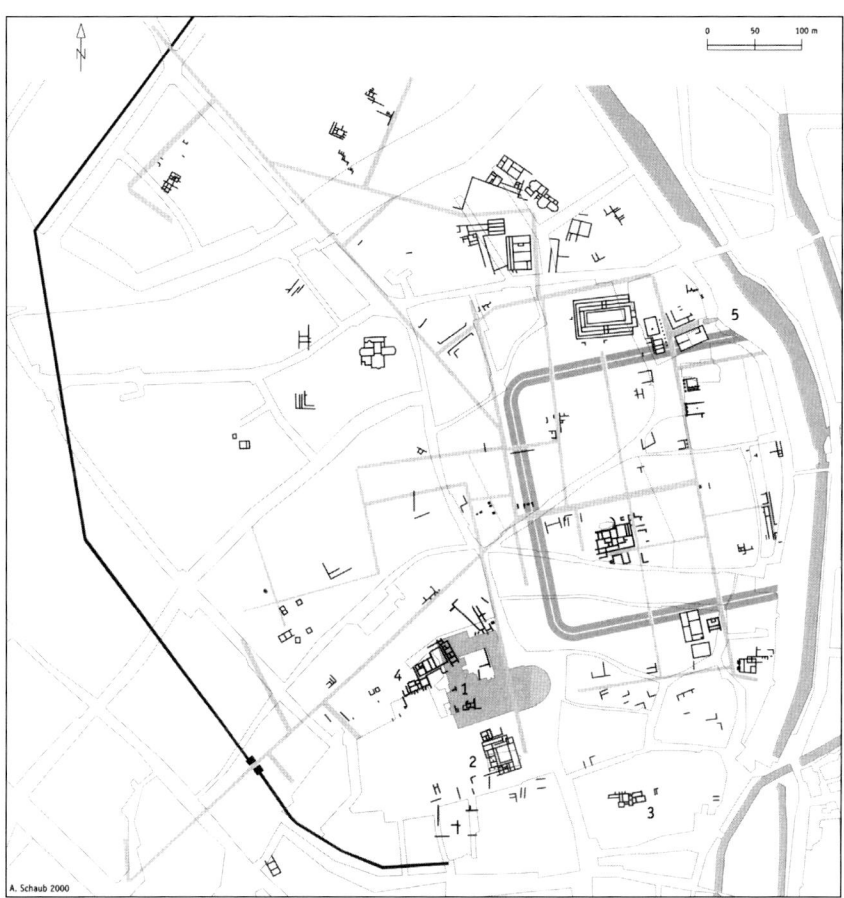

Abb. 118: Das römische Augsburg mit frühen Kastellen des 1. Jhs. n. Chr., im Osten der Stadt ans Lechufer angelehnt, mit städtischen Bauten und Stadtmauer ab dem 2. Jh. n. Chr, erhalten vor allem im Westen und Süden. Nach Babucke u. a. 2000 Abb. 45.

wurde; der Platz war bis um 16 n. Chr. belegt gewesen, als ihm die Katastrophe ein jähes Ende bereitete. Die typischen Legionärswaffen zeigen, dass zumindest Teile von Legionen in Augsburg-Oberhausen stationiert waren. Aber auch die Auxiliar-kavallerie und ebenso orientalische Bogenschützen sind durch einschlägige Funde gut belegt.

Das früheste römische Fundmaterial zeigt inzwischen deutlich, dass unter dem Zentrum der römischen Stadt *Augusta Vindelicum* anfangs noch keine zivil geprägte Ansiedlung existierte. Vielmehr lag hier ab der frühtiberischen Zeit ein größeres Truppenlager samt zugehöriger Zivilsiedlung. Daher kann man damit rechnen, dass die Hochwasserkatastrophe in Augsburg-Oberhausen zunächst einmal nur den Anlass bot, die dortige Garnison auf das hochwasserfreie Gebiet zwischen Lech und Wertach zu verlegen, wo dann die spätere Provinzhauptstadt *Augusta Vindelicum* entstehen sollte. Unter den Resten der späteren raetischen Hauptstadt lassen sich durch Befunde und Fundmaterial Legionstruppen, aber ebenso stärkere Reiterkontingente belegen. Reiter kann man auch noch in der flavischen Zeit durch Reitergrabsteine und eine Inschrift einer *ala I Augusta* (Thracum) fassen. Von den drei für das 1. Jahrhundert n. Chr. in Kastell und Vicus belegten Brandhorizonten wird einer in die Zeit der Bürgerkriege nach Neros Tod, einer in die Zeit um 90 n. Chr. datiert. In den 70er-/80er-Jahren des 1. Jahrhunderts scheint das Kastell aufgelassen worden zu sein, die Zivilsiedlung dagegen existierte weiter und blühte kräftig auf. Ein weiteres flavisches Kastell war anscheinend nur kurzfristig belegt. Die stetig wachsende zivile Ansiedlung erhielt unter Hadrian das Stadtrecht als *municipium Aelium Augustum*. Spätestens dann verlegte der raetische Statthalter, ein ritterlicher *procurator Augusti*, seinen Hauptamtssitz von Kempten nach Augsburg. Dies ändert sich auch nicht, als ab 178/79 n. Chr. der Kommandeur der Regensburger 3. Italischen Legion als senatorischer *legatus Augusti pro praetore* das Amt des Statthalters übernahm. Die Inschrift des Augsburger Siegesaltares von 260 n. Chr. zeigt, dass um diese Zeit wieder römische Truppen um Augsburg konzentriert waren.

Augsburg wandelte sich im 4. Jahrhundert zu einer Garnisonsstadt. Als Hauptstadt der Provinz Raetia secunda mit dem zivilen Statthalter *(praeses)* der Raetia secunda wurde es auch Sitz des militärischen Oberbefehlshabers *(dux)* beider Raetien. Funde und eine schriftliche Erwähnung in den Notitia dignitatum belegen, dass mit den *equites stablesiani seniores*, einer berittenen Gardeeinheit, die Stadt nun die vornehmste Truppe des raetischen Grenzheeres aufnahm. Wo genau diese Truppe im 4. und 5. Jahrhundert lag, ist noch nicht erforscht.

→ *Funde: Römisches Museum Augsburg*

Lit: W. HÜBENER, Die römischen Metallfunde von Augsburg-Oberhausen. Materialh. z. Bayer. Vorgeschichte 28 (Kallmünz 1973). – G. ULBERT, Die römische Keramik aus dem Legionslager Augsburg-Oberhausen. Materialh. z. Bayer. Vorgeschichte 14 (Kallmünz 1960). – S. v. SCHNURBEIN, Die Funde von Augsburg-Oberhausen und die Besetzung des Alpenvorlandes durch die Römer, in: J. BELLOT/W. CZYSZ/G. KRAHE (Hg.), Forsch. z. Provinzialröm. Archäologie in Bayerisch-Schwaben. Schwäbische Geschichtsquellen u. Forsch. 14 (Augsburg 1985), 15–43. – L. BAKKER, in: RiB 1995, 419–425. – BABUCKE u. a. 2000.

Bad Gögging, Stadt Neustadt a. d. Donau, Lkr. Kelheim, Ndb.

Heilbad der 3. Italischen Legion

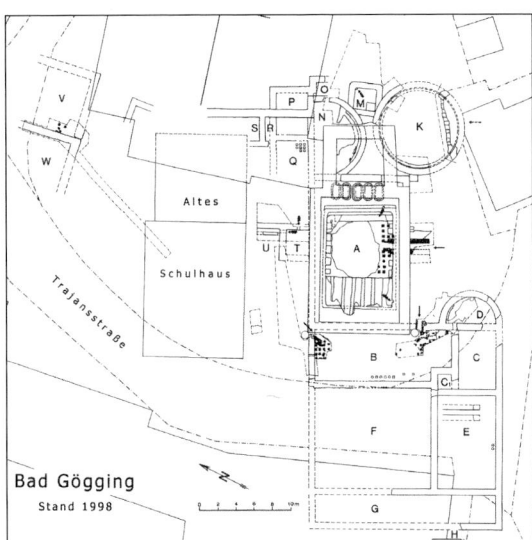

Abb. 119: Plan der Badeanlagen von Bad Gögging. **A:** Andreaskirche mit konserviertem Badebecken. Nach Nuber/Seitz AJB 1998 Abb. 58.

Die Besiedlung um die im Volksmund charakteristischerweise als „Stinkerbrunn" bekannten Schwefelquellen von Bad Gögging setzte bereits in vorgeschichtlicher Zeit ein. Eine römerzeitliche Nutzung dieser Heilquellen war lange umstritten, erst durch die Ausgrabungen in den Jahren von 1959/1975 und 1998 konnte hier weitgehend Klarheit geschaffen werden. Im Umfeld der romanischen Andreaskirche wurden größere Bereiche einer umfangreichen Badeanlage freigelegt, ohne dass sich dabei eindeutige Grenzen der Baueinheit gezeigt hätten **(Abb. 119)**.

Kleinfunde ohne Bezug zu Bauspuren belegen eine römische Besiedlung unbekannter Art ab der flavischen Zeit. Die großen Thermen wurden erst um 180 n. Chr. errichtet, als mit der Stationierung der 3. Italischen Legion in Regensburg die Truppe die Schwefelquellen als militärisches Heilbad nutzte, wie es in der Kaiserzeit üblich war. Der offizielle Charakter der Bauten äußert sich vor allem durch die Zusammenstellung der Ziegelstempel, unter denen neben der 3. Italischen Legion die *cohors III Britannorum* aus Eining vertreten war. Die Stempel FISCAL und

CAESAR belegen, dass auch Ziegeleien im Besitz der Provinzverwaltung und aus Domänen in kaiserlichem Privatbesitz an der Belieferung des Thermenbaus in Bad Gögging mitgearbeitet haben.

Ergraben hat man von der mehrperiodigen Anlage bisher ein großes rechteckiges, durch ein Ziegelpfeilerhypokaust beheiztes Badebecken von 10,8 x 7,8 m, über dem sich heute die romanische Andreaskirche erhebt. An dessen nordöstlicher Schmalseite befinden sich vier Sitzwannen, wie sie für ein römisches Kurbad charakteristisch sind. An die Ostecke dieses Warmwasserbeckens wurde später ein rundes Schwitzbad *(laconicum)* von 8 m Innendurchmesser angebaut. Die sonstigen Bauteile, Kanäle und Wasserbecken entziehen sich wegen ihres fragmentarischen Zustandes noch einer genaueren Ansprache. Ihre Interpretation ist auch deshalb schwierig, weil Heilbäder – im Gegensatz zu den sonst üblichen zivilen oder militärischen Thermenanlagen – keinem weitgehend genormten Bautyp angehören. Wohl im 3. Jahrhundert wurden die Thermen zumindest schwer beschädigt. Ein spätantikes Bad, das um das weiterbenutzte große Warmwasserbecken neu errichtet wurde, ist so schlecht erhalten, dass es kaum näher beschrieben werden kann. Der Archäologe H. U. Nuber ist der Meinung, dass es nie benutzt wurde, da die Hypokaustanlagen des jüngeren Bades völlig rußfrei waren. Im frühen Mittelalter (7. Jh.) wurde das große Badebecken zu einer christlichen Kultstätte umgestaltet.

→ *Heute ist der Innenraum der Andreaskirche mit den freigelegten römischen und jüngeren Vorgängerbauten als Museum gestaltet.*

Lit.: H. U. NUBER, Ausgrabungen in Bad Gögging. Römisches Staatsheilbad und frühmittelalterliche Kirchen (Landshut 1980). – TH. FISCHER, Römer und Bajuwaren an der Donau (Regensburg 1988), 57ff. – TH. FISCHER, in: RiB 1995, 426f. – H. U. NUBER/G. SEITZ AJB 1998, 75f. – AJB 2006, 81ff.

Burghöfe/Submuntorium,
Gde. Mertingen, Lkr. Donau-Ries, Schw.
Kastelle der frühen Kaiserzeit und der Spätantike

Das in tiberisch-claudischer Zeit erbaute Donaukastell liegt ca. 7 km südlich der Donau am westlichen Hochufer des Lechtales bei Burghöfe. Sein antiker Name war wohl schon in der Frühzeit *Submuntorium*, in der Spätantike *Summuntorium*. Hier endete die Via Claudia Augusta und kreuzte die Donausüdstraße. Das bisher durch Grabungen bekannte Lager besaß bei einer Ausdehnung von 150 x 140 m ca. 2,1 ha Fläche. Bei neueren Magnetometerprospektionen kamen die Spuren weiterer Kastelle dazu (**Abb. 120**). Wahrscheinlich wurde das Lager 69 n. Chr. in den Wir-

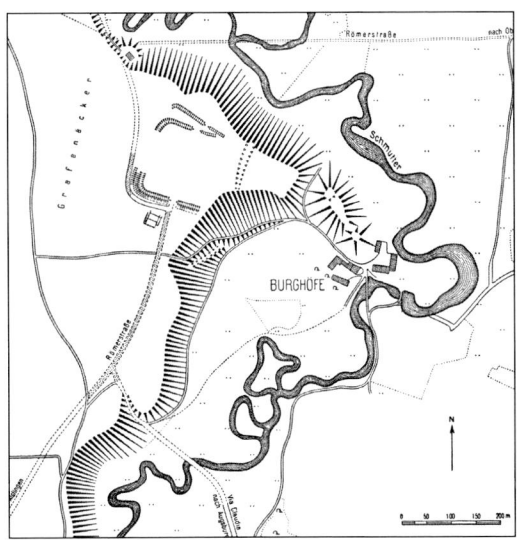

Abb. 120: Lageplan der Kastelle von Burghöfe. Nach Ulbert 1959 Abb. 2.

ren nach Neros Tod zerstört. In der jüngeren Phase war hier ein Kastell wohl bis in die frühhadrianische Zeit hinein belegt, dann existierte bis zum 3. Jahrhundert nur noch ein größerer ziviler Vicus weiter. Nach dessen Zerstörung wurde der Platz in spätrömischer Zeit wieder militärisch besetzt, wohl schon ab tetrarchischer Zeit. Das spätrömische Kastell auf der Spitze des Sporns fiel bei der Anlage einer mittelalterlichen Burg zum größten Teil der Zerstörung anheim, vor allem durch die Anlage des großen Halsgrabens, der heute noch deutlich zu erkennen ist.

Dieses in Donaunähe und im Vorfeld der Provinzhauptstadt gelegene Kastell beherbergte laut Notitia dignitatum die berittene Eliteeinheit der *equites stablesiani iuniores* und einen höheren Offizier, den *praefectus legionis tertiae Italicae* mit seiner Truppe, der einen Abschnitt der Donauflussgrenze kommandierte. Der Platz blieb bis weit in das 5. Jahrhundert hinein militärisch besetzt.

→ *Funde: Archäologische Staatssammlung München*

Lit.: G. ULBERT, Die römischen Donau-Kastelle Aislingen und Burghöfe. Limesforsch. 1 (1959). – SCHÖNBERGER 1985, 446f. – W. CZYSZ, in: RiB 1995, 429f. – S. GAIRHOS, S. ORTISI, AJB 2001, 94ff. – S. ORTISI, AJB 2003, 85–89. – S. GAIRHOS, S. ORTISI, AJB 2004, 105ff.

Burlafingen, Stadt Neu-Ulm, Lkr. Neu-Ulm, Schw.

Frühkaiserzeitliches Kleinkastell

Bei Burlafingen kam zunächst im Luftbild, dann in der Ausgrabung von M. Mackensen ein Doppelgraben mit Unterbrechung im Torbereich zutage, der zu einem Kastell von ca. 41 x 42 m Ausdehnung gehörte. Es besaß eine Rasensodenmauer mit

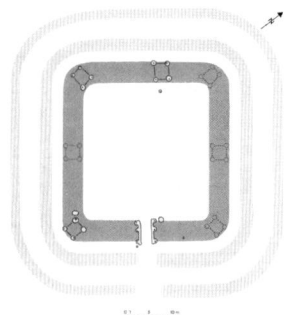

Abb. 121: Plan des frühkaiser-zeitlichen Kleinkastells von Burlafingen. Nach Mackensen 1987 Abb. 41.

hinterer Wallversteifung, eine einfache Toranlage, Ecktürme und Zwischentürme, jedoch keine Spuren fester Innenbauten (**Abb. 121**). Aufgrund der wenigen Kleinfunde, darunter Schleudersteine und dreiflügelige Pfeilspitzen, ist eine Datierung nur in die claudische Epoche (ca. 40–50 n. Chr.) wahrscheinlich. Als Besatzung kommt eine Auxiliarvexillation einer östlichen Truppe in Frage, von der auch ein schon vor Jahren beim Kiesabbau gefundener Bronzehelm stammen könnte.

→ *Funde: Archäologische Staatssammlung München*

Lit.: M. MACKENSEN, Frühkaiserzeitliche Kleinkastelle bei Nersingen und Burlafingen an der oberen Donau. MBV (München 1987). – SCHÖNBERGER 1985, 446.

Epfach/Abodiacum, Lorenzberg, Gde. Denklingen, Lkr. Landsberg a. Lech, Obb.

Frühkaiserzeitlicher Militärposten, spätantike Höhensiedlung

Auf einem ringsum durch Steilhänge geschützten Inselberg in der Lechschleife nordöstlich von Epfach entstand an einem Lechübergang im letzten Jahrzehnt v. Chr. eine Militärstation, die bis in claudische Zeit existierte. Von ihrer Holzbebauung und Holz-Erde-Befestigung wurden bei den Grabungen der Universität Mün-

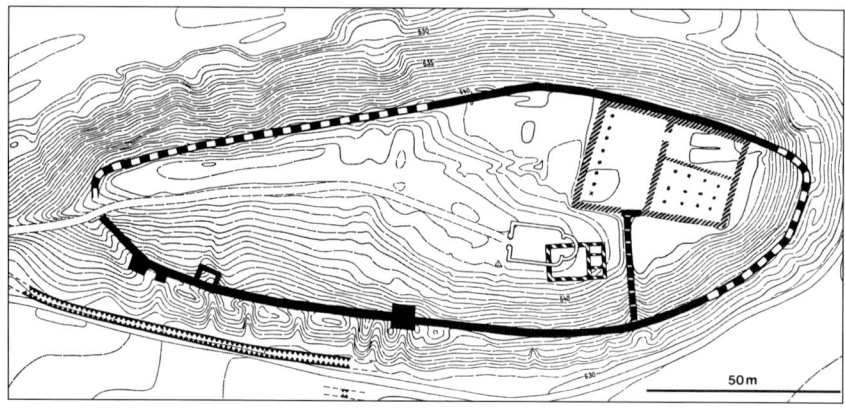

Abb. 122: Plan der spätantiken Anlagen auf dem Lorenzberg bei Epfach. Nach RiB 1995 Abb. 134.

chen 1953–1957 nur wenige Reste erfasst, das reichhaltige Fundmaterial lieferte aber entscheidende Informationen. Anscheinend lag hier am Übergang der frühen Römerstraße Bregenz-Salzburg ein Posten mit einem Legionsdetachement und Auxiliarreitern von zusammen ca. 150 Mann. Von dem Vicus, der im Tal südwestlich des Lorenzberges angelegt wurde und der die Höhensiedlung ablöste, ist der Name *Abodiacum* überliefert. In der Spätantike **(Abb. 122)** wurde der Lorenzberg, nachdem der Vicus im 3. Jahrhundert den Alamanneneinfällen zum Opfer gefallen war, wieder befestigt, nun mit Steinmauern, in die zahlreiche Spolien verbaut waren. Die Höhensiedlung, die ab dem späten 4. Jahrhundert auch eine militärische Garnison beherbergte, existierte bis in die 1. Hälfte des 5. Jahrhunderts. In der Spätantike ist dort außerdem eine frühchristliche Steinkirche belegt, um die herum sich ein spätrömisch-frühmittelalterliches Gräberfeld entwickelte.

→ *Funde: Archäologische Staatssammlung München*

Lit.: J. WERNER (Hg.), Studien zu Abodiacum–Epfach. MBV 7 (1964). – J. WERNER, Der Lorenzberg bei Epfach. Die spätrömischen und frühmittelalterlichen Anlagen. MBV 8 (1969). – G. ULBERT, Der Lorenzberg bei Epfach. Die frührömische Militärstation. MBV 9 (1965). – SCHÖNBERGER 1985, 437. – W. CSYSZ, in: RiB 439ff. – A. RETTNER, 405, 421, 476 – und dann? Archäologische Hinweise zum Fortleben romanischer Bevölkerung im frühmittelalterlichen Südbayern, in: L. WAMSER/B. STEIDL (Hg.), Neue Forschungen zur römischen Besiedlung zwischen Oberrhein und Enns. Schriftenreihe der Arch. Staatsslg. 3 (Remshalden-Grunbach 2002), 270–273.

Faimingen/Phoebiana, Stadt Lauingen/Donau, Lkr. Dillingen a. d. Donau, Schw.

Kastelle und Vicus der mittleren Kaiserzeit

Ein erstes, ca. 1,7 ha großes Holz-Erde-Kastell wurde in Faimingen um 90 n. Chr. angelegt und um 120 n. Chr. wieder aufgegeben. Bald schon entwickelte sich ein großer ziviler Vicus, der wegen seiner günstigen verkehrsgeografischen Verbindungen rasch aufblühte. Bedeutung gewann der Ort auch als religiöses Zentrum um die Mitte des 2. Jahrhunderts durch die Errichtung des Apollo-Grannus-Tempels (über dem älteren Kastell), der ein bedeutendes Pilgerzentrum war **(Abb. 123)**. Auf den Beinamen Phoebus des Heil- und Quellgottes Apollo geht der Ortsname *Phoebiana* zurück. Sogar der Kaiser Caracalla suchte hier während seines Alamannenfeldzugs in den Jahren 212/213 Heilung. Das beinahe

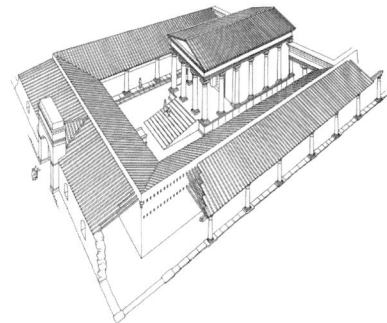

Abb. 123: Rekonstruktionszeichnung des Podientempels für Apollo-Grannus und seiner doppelten *porticus* (Säulenhalle) in Faimingen. Nach Wamser 2000 Abb. 66.

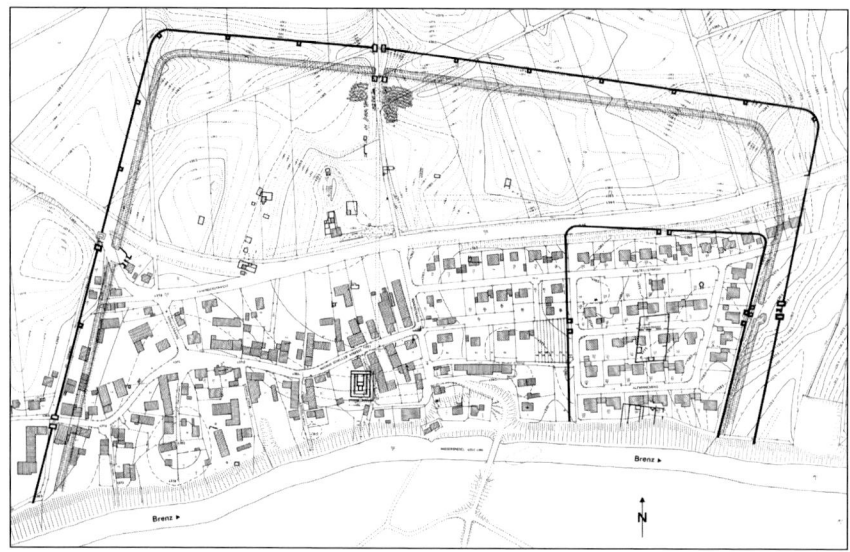

Abb. 124: Der Vicus von Faimingen mit Kastell und Stadtmauer des 3. Jhs. n. Chr. Nach RiB 1995 Abb. 35

städtische architektonische Erscheinungsbild des Ortes war nicht nur durch den qualitätvollen Podiumstempel des Apollo Grannus hervorgerufen, sondern auch durch eine eindrucksvolle Stadtmauer, die nach den archäologischen Befunden am Beginn des 3. Jahrhunderts entstanden war. Sie ersetzte eine ältere Holz-Erde-Befestigung. Vielleicht war sie tatsächlich eine jener Stiftungen Caracallas, die der römische Historiker Cassius Dio mit der Bemerkung abtat, dass die Stadtbauten während Caracallas Alamannenfeldzugs von den Einheimischen als „Kinderei" verlacht worden wären.

Die imponierende Faiminger Befestigung umschloss mit einer Länge von 1,75 km, mit vier Toren, zwei Eck- und mindesten 14 Zwischentürmen ein Areal von über 40 ha. Neueste Untersuchungen haben gezeigt, dass sie nie fertiggestellt wurde (**Abb. 124**). Auch der obligatorische Verteidigungsgraben fehlt. Das merkwürdige, trapezförmige späte Kastell von immerhin 5,2 ha im Inneren der Umwehrung des Vicus geht wohl auf das fortgeschrittene 3. Jahrhundert n. Chr. zurück, es ist momentan schwer zu datieren und interpretieren. Die monumentale Steinarchitektur Faimingens wurde in der Spätantike planmäßig abgetragen und wohl in den Festungen des Donau-Iller-Limes, z. B. im Bürgle bei Gundremmingen, verbaut. Für einen kleineren spätantiken Posten im Bereich des alten Ruinenfeldes gibt es Indizien.

→ *Die Teilrekonstruktion der Tempelanlage des Apollo Grannus ist sehenswert; Informationstafeln. Funde: Archäologische Staatssammlung München*

Lit.: F. DREXEL, ORL B Nr. 66c (1911). – J. EINGARTNER/P. ESCHBAUMER/G. WEBER, Der römische Tempelbezirk in Faimingen–Phoebiana. Limesforschungen 24 (Mainz 1993). – G. WEBER, in: RiB 1995, 441–444. – M. MÜLLER, Die römischen Grabfunde. Faimingen-Phoebiana II. Limesforsch. 26 (Mainz 1999). – W. CZYSZ, AJB 1996, 119–122.

Finningen, Stadt Neu-Ulm, Lkr. Neu-Ulm, Schw.

Spätantiker Burgus

Erst 1985 wurden die bereits 1908–1914 unter dem Friedhof von Finningen angegrabenen Reste eines spätrömischen Burgus von M. Mackensen untersucht. Der 12,0 x 11,70 m messende Turm mit 1,6 m dicken Mauern wurde in 10 m Abstand von einem ca. 3,60 m breiten und noch 1,3 m tiefen Spitzgraben umgeben **(Abb. 125)**. Seine Bauzeit ist unter Valentinian I. (364–375) anzunehmen, die Belegung bis in das 5. Jahrhundert hinein ist sehr wahrscheinlich.

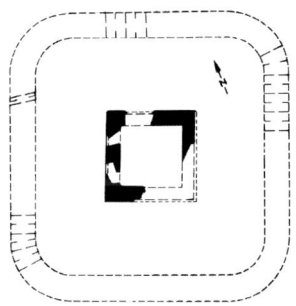

Abb. 125: Planzeichnung des spätantiken Burgus von Finningen. Nach Mackensen in: Wamser 2000 Abb. 182.

→ *Die Stelle des Burgus ist im Friedhofsareal um die Kirche durch farbige Pflasterung gekennzeichnet und wird auf einer Informationstafel erläutert.*

Lit.: M. MACKENSEN/A. MARX, Der spätrömische Wachturm von Finningen, AJB 1985, 119ff. – M. MACKENSEN, Besiedlung und militärisches Grenzgebiet im unteren Illertal und an der oberen Donau in der spätrömischen Kaiserzeit, in: Römer an Donau und Iller. Neue Forschungen und Funde, hg. vom Ulmer Museum (Sigmaringen 1996), 149ff.

Günzburg/Guntia/Gontia, Lkr. Günzburg, Schw.

Kastelle und Vicus der frühen und mittleren Kaiserzeit und der Spätantike

An der Mündung der Günz in die Donau entstand wahrscheinlich schon in claudischer Zeit ein militärischer Posten unbekannter Größe zur Sicherung der Flussübergänge. Doch erst ein flavisches Kastell (zwischen dem heutigen Friedhof und der Donaugasse) ist sicher belegt und bildete die Keimzelle der heutigen Stadt **(Abb. 126)**. Erste Besatzung des 77/78 n. Chr. erbauten Kastells war eine Reitertruppe, vielleicht die *ala II Flavia*, die später nach Heidenheim und Aalen verlegt wurde. Aus dem Lagerdorf dieses Kastells entwickelte sich ein aufblühender ziviler Vicus, von dem

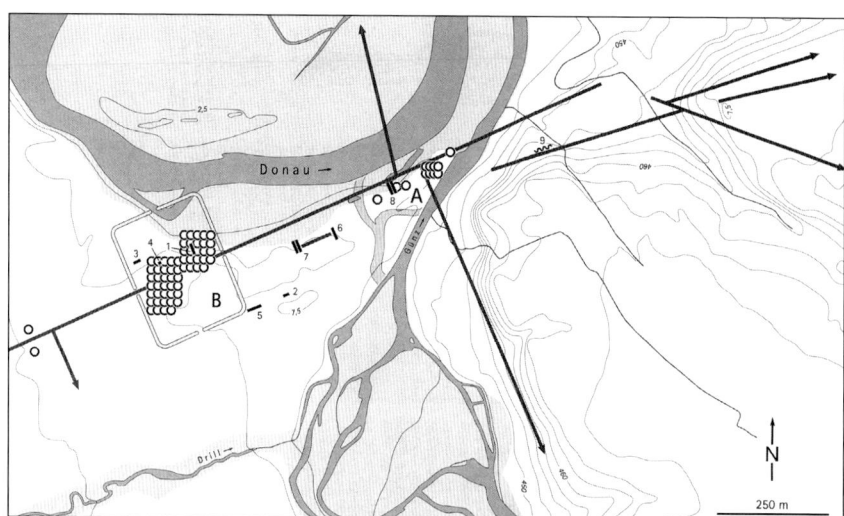

Abb. 126: Das römische Günzburg in der frühen Kaiserzeit. **A:** Militärareal rechts der Günz, **B:** flavisches Militärlager links der Günz. Nach Czysz 2002 Abb. 30.

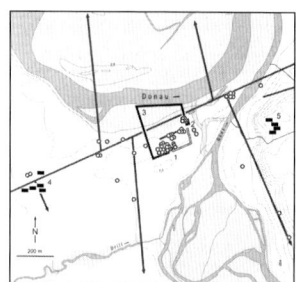

Abb. 127: Das römische Günzburg in der Spätantike. Mit Kastell und Gräberfeldern (4, 5). Nach Czysz 2002 Abb. 220.

vor allem ein großes Gräberfeld erforscht ist. Das 3. Jahrhundert brachte auch hier einen dramatischen Einschnitt: Die Siedlung fiel dem Alamannensturm zum Opfer. Das spätantike Kastell von Günzburg, das in der Unterstadt (an der Ulmer Straße) lokalisiert werden konnte, nahm nur einen Bruchteil der Fläche des älteren Vicus ein **(Abb. 127)**. Als Besatzungstruppe nennt die Notitia dignitatum *milites Ursarienses* unter dem Kommando eines *praefectus militum*. Siedlungsfunde und Gräber bezeugen ein Verweilen des Militärs bis ins 5. Jahrhundert. Unter den Soldaten sind auch solche germanischer Herkunft belegt. Eine kontinuierliche Besiedlung des Platzes in das Mittelalter hinein, wie sie die Übernahme des antiken Namens *Gontia* bis zum heutigen Günzburg nahelegt, ist archäologisch (noch!) nicht erwiesen.

→ *Ein archäologischer Schaupfad informiert über das militärische und zivile Leben in Guntia. Endpunkt des Weges ist der Nachbau eines römischen Grabtempels. Funde: Heimatmuseum Günzburg*

Lit.: SCHÖNBERGER 1985, 456. – W. CZYSZ, in: RiB 1995, 453–456. – J. SCHMID, Gontia. Studien zum römischen Günzburg (München 2000). – W. CZYSZ, 2002. – DERS., in: AJB 2003, 89–93.

Gundremmingen, Lkr. Günzburg, Schw.

Spätantikes Kastell Phoebiana („Bürgle")

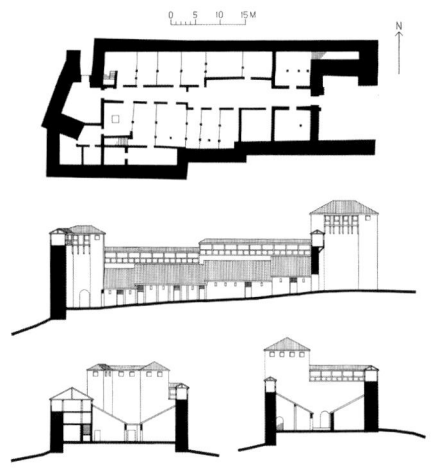

Abb. 128: Das spätrömische Kastell Bürgle bei Gundremmingen. Nach Bersu 1964 Abb. 2.

Etwa 500 m südlich der Ortsverbindungsstraße Gundremmingen–Aislingen liegt das sogenannte Bürgle, ein ovaler bewaldeter Höhenrücken von etwa 60 x 25 m Ausdehnung. Dort findet sich, ca. 10 m über dem Tal gelegen, eine spätrömische Wehranlage, die wohl den ca. 700 m nordöstlich gelegenen Vicus am Aschberg abgelöst hat. Die Größe des eigenartigen langrechteckigen Baues misst 57–66 x 23–28 m, was einer Grundfläche von 0, 16 ha entspricht **(Abb. 128)**. Zwischen einem massiven Turm und einer gut geschützten Toranlage im Westen befinden sich innerhalb der Anlage mit ihren ca. 3 m dicken Mauern mehrstöckige Kasernen entlang eines Mittelweges, darunter auch eine beheizbare Unterkunft („Kommandantenwohnung"). Die Fundamente bestehen z. T. aus Spolien, u. a. Zinnenabdecksteinen aus Kastell oder Vicus von Faimingen (s. o.). Die Mauern werden mit mindestens 6 m Höhe rekonstruiert. Das Aussehen der kleinen, aber massiv erbauten Festung scheint so eher hochmittelalterlichen Burgen als einem römischen Kastell nahegekommen zu sein. Noch im 3. Jahrhundert gegründet, brannte die mehrphasige Anlage im Jahrhundert darauf ab, wurde aber wieder instandgesetzt und bis weit in das 5. Jahrhundert hinein mit Truppen besetzt. Möglicherweise hat der Ort von dem im 3. Jahrhundert aufgelassenen, wenige Kilometer nördlich gelegenen Faimingen den Namen *Phoebiana* (spätantik Febianis) übernommen. Dann wäre hier im 5. Jahrhundert mit der *cohors quinta Valeria frygum* als Besatzung zu rechnen. Laut Ausweis der Funde könnten darunter auch ostgermanische Soldaten mit ihren Familien gewesen sein.

→ *Am „Bürgle" befindet sich eine Infotafel zum Kastell.*
  Funde: Archäologische Staatssammlung München

Lit.: G. BERSU, Die spätrömische Befestigung „Bürgle" bei Gundremmingen. MBV 10 (München 1964). – W. CZYSZ, in: RiB 1995, 430f. – H. BENDER (Hg.), Das „Bürgle" bei Gundremmingen. Die Grabung 1971 und neue Funde. Passauer Univ. Schr. Z. 3 (Espelkamp 1993).

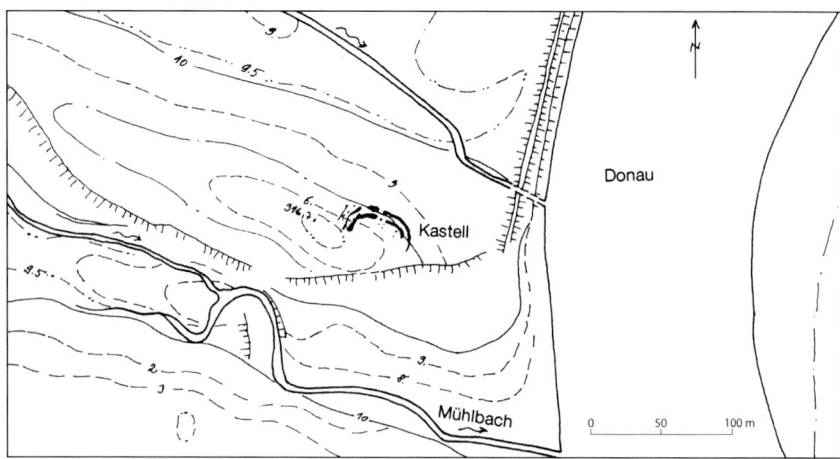

Abb. 129: Lageplan des frühkaiserzeitlichen Kleinkastells von Osterhofen-Haardorf. Nach Bender u. a. Bayer. Vorgesch. Bl. 64, 1999 Karte 1.

Haardorf, Stadt Osterhofen, Lkr. Deggendorf, Ndb.

Frühkaiserzeitliches Kleinkastell

Das Kleinkastell, eine reine Holz-Erde-Anlage, wurde im Luftbild entdeckt und zwischen 1995 bis 1998 wegen drohender Überbauung im Nordbereich ergraben **(Abb. 129)**. Auf einer Kuppe an der Einmündung des Mühlbaches in die Donau gelegen, konnte es den Schiffsverkehr und das Hinterland überwachen. Zwei Spitzgräben mit einer Toröffnung im Norden umgaben die nach dem Vorbild Nersingens mit ca. 24 x 27 m bzw. 0,06 ha rekonstruierte Anlage. Sie wies im Inneren feste Holzbauten auf. Das Fundmaterial datiert die Anlage in die claudisch-frühflavische Zeit.

Lit.: MOOSBAUER/SCHOPPER 1994. – H. BENDER u. a., Das frühkaiserzeitliche Kleinkastell Osterhofen-Haardorf, Lkr. Deggendorf (Ndb.). Bayer. Vorgesch. Bl. 64, 1999, 133–158.

Kellmünz a. d. Iller/Caelius Mons, Lkr. Neu-Ulm, Schw.

Kastell der Spätantike

Am Westrand des Marktfleckens lag etwa 35 m über dem Steilufer der Iller auf dem westlichen Ausläufer eines tertiären Höhenrückens, der im Altertum an drei Seiten vom Fluss umzogen war, eine spätrömische Befestigung **(Abb. 130)**. Als Namen nennt die Notitia dignitatum *Caelio Monte* (Caelius Mons) und als Besat-

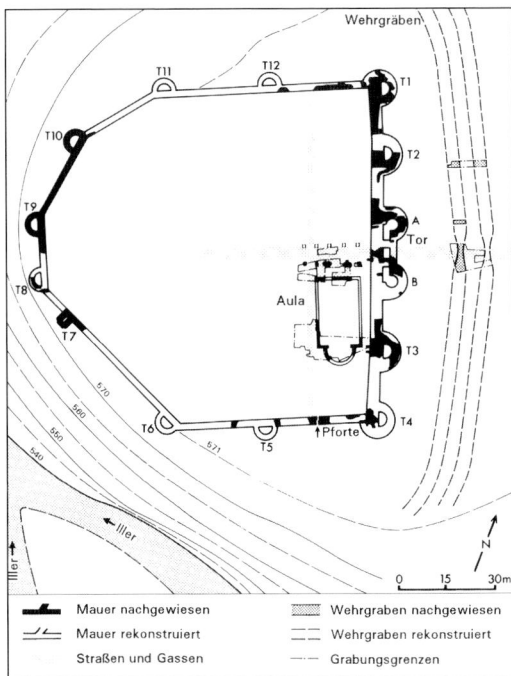

zung die *cohors II Herculea Pannoniorum*, eine unter dem Soldatenkaiser Maximianus Herculius (286–310) neu gebildete Truppe unter dem Kommando eines Tribunen. Die Anlage des Kastells ist auch durch Münzfunde für die Regierungszeit der beiden Augusti Maximianus Herculius und Diokletian, also nach 297 anzunehmen. Neuere Ausgrabungen von M. Mackensen 1986–1993 haben diese Gründungszeit bestätigt und darüber hinaus ergeben, dass der früher angenommene polygonale Grundriss der Befestigungsmauer und die Rekonstruktion des Osttors **(Abb. 131)** berichtigt werden müssen.

Abb. 130: Plan des spätantiken Kastells von Kellmünz. Nach Mackensen 1995 Abb. 60.

Abb. 131: Rekonstruktionszeichnung des Osttores des Kastells Kellmünz. Nach Mackensen 1995 Abb. 49.

Die Größe des Kastells betrug mit ca. 98,5 x 101,5 m Abmessung ungefähr 0,86 ha. Die Ostseite, die ohne natürlichen Schutz war, sicherte eine mächtige Mauer von ca. 3 m Stärke mit sechs mächtigen Eck-, Tor- und Zwischentürmen von halb- bzw. dreiviertelrunder Grundfläche. Bei der Sicherung der durch den Steilabfall geschützten anderen drei Seiten konnte sich die Besatzung mit dünneren Mauern (1,5–1,8 m Stärke) und sieben halbrunden Türmen und einem rechteckigen Turm mit Vorsprung von bescheideneren Ausmaßen begnügen. Die Anlage wurde nach Osten zu von zwei Abschnittsgräben, einem inneren Spitzgraben und einem äußeren Sohlgraben, abgeriegelt. Im Inneren wurde eine große einschiffige Halle festgestellt. Eine Brandschicht und ein 1952 etwa 200 m nördlich des Kastells entdeckter Münzschatz belegen eine Zerstörung wahrscheinlich im Sommer 308 n. Chr., vielleicht im Zusammenhang mit einem Versuch des Usurpators Maxentius seinen Machtbereich nach Norden auszudehnen. Das wieder aufgebaute Kastell wurde bis in das 5. Jahrhundert hinein gehalten. Funde deuten an, dass auch hier Germanen Dienst im römischen Heer getan haben.

→ *Der Besuch des Museumsturms und ein archäologischer Rundgang (Archäologischer Park Kellmünz) durch den Ort (Informationstafeln) sind empfehlenswert.*

Lit.: M. MACKENSEN, Das spätrömische Grenzkastell Caelius Mons-Kellmünz. Führer zu archäologischen Denkmälern in Bayern. Schwaben Band 3 (Stuttgart 1995). – DERS., Das Kastell Caelius Mons (Kellmünz an der Iller) – eine tetrarchische Festungsbaumaßnahme in der Provinz Raetien. Arheoloski vestnik 45 (1994), 145–163. – H.-J. KELLNER, in: RiB 1995, 461f.

Kempten (Allgäu)/Cambodunum, Schw.

Frühmittelkaiserzeitliche Siedlung städtischen Charakters mit frühem Militärposten, Kastell der Spätantike

Die früh - und mittelkaiserzeitliche Siedlung *Cambodunum* (s. **Abb. 2**) östlich der Iller wurde nach den Zerstörungen des 3. Jahrhunderts aufgegeben. Es finden sich dort für die Zeit danach keinerlei Spuren von Bautätigkeit mehr. Allerdings gibt es noch einige Kleinfunde, wie Münzen und Keramik. Es ist aber nicht klar, inwieweit diese von einer behelfsmäßigen Nutzung der Ruinen oder nur von Abbrucharbeiten stammen, denn man hat im 4. Jahrhundert die ältere Bausubstanz auch in *Cambodunum* systematisch niedergelegt und wiederverwertet. Auf der Burghalde westlich der Iller entstand im späten 3. oder im 4. Jahrhundert aus den Spolien eine neue Festung. Deren Mauern beherbergten sowohl die zivile Bevölkerung als auch ein militärisches Kommando. Als Besatzung ist für das frühe 5. Jahrhundert eine Abteilung der *legio III Italica* bezeugt.

→ *Im Archäologischen Park Cambodunum sind der gallorömische Tempelbezirk (teil-rekonstruiert), der Statthalterpalast (originale Reste), Teile des Forums (im Gelände markiert) und die kleinen Thermen zu besichtigen. Funde: Archäologische Staatssammlung München.*

Lit.: G. WEBER, in: RiB 1995, 462–468. – WEBER 2000. – T-J. MORSCHEISER-NIEBERGALL, Neue Funde und Befunde aus dem spätantiken Kempten/Cambodunum. Ber. d. bayer. Bodendenkmalpflege 47/48, 2006/07, 353–384.

Künzing/Quintana, Lkr. Deggendorf, Ndb.

Kastell und vicus der mittleren Kaiserzeit, Kastell der Spätantike

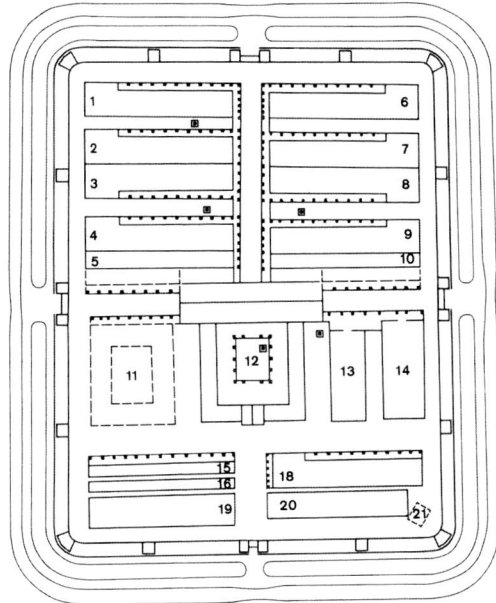

Abb. 132: Das Kastell von Künzing (2. Holzbauphase, ca. 120–135 n. Chr.). 1–10 Kasernen; 11 *praetorium*; 12 *principia*; 13–14: *valetudinarium* bzw. *fabrica*; 15–20 Kasernen, Speicher; 21 Wasserbecken. Nach RiB 1995 Abb. 164.

Das mittelkaiserzeitliche Auxiliarkastell von Künzing wurde von den Grabungen der Römisch-Germanischen Kommission unter der Leitung von H. Schönberger weitgehend erschlossen. Seine Gründung erfolgte um 90 n. Chr. offensichtlich als Nachfolgeanlage für das nur kurzfristig belegte frühflavische Kastell von Moos-Burgstall. Es wies bei der Umwehrung vier Phasen auf, zwei Holz-Erde-Phasen und zwei in Steinbautechnik (**Abb. 132**). Die Größe des Kastells blieb mit 132,5 m x 165,5 m (2,25 ha) in allen Bauperioden annähernd gleich. In Phase 1 (ca. 90–120 n. Chr.) bestand die Befestigung aus einer hölzernen Frontmauer mit angeschüttetem Wall und einem vorgelagerten Spitzgraben. In Phase 2 (120–135 n. Chr.) änderte sich die Konstruktion: Vor einer Mauer aus einem erdverfüllten Kastenwerk mit Front- und Rückschale lagen nun zwei Gräben. In der Phase 3 entstand zwischen 140 und 150 n. Chr. das erste Steinkastell mit bis zu 5 Gräben, das um 200 n. Chr. zerstört wurde. Das darauf folgende Steinkastell der Phase 4 hatte nur noch einen Graben, es fiel spätestens 259/260 n. Chr. ebenso wie der Vicus einer gewaltsamen Zerstörung, wohl durch die Alamannen, zum Opfer. Danach wurde der Standort des mittelkaiserzeitlichen Künzing aufgegeben.

Das spätrömische Kastell samt Gräberfeld wurde nordwestlich des alten Kastells in Donaunähe völlig neu errichtet (s. u.). Als Besatzung der Holzkastelle kommt die *cohors III Thracum equitata civium Romanorum* in Betracht, während der Steinbauphasen belegte die *cohors V (quinta) Bracaraugustanorum equitata* das Kastell. Diese Truppe gab offensichtlich dem Ort den Namen *Quintana*. Der umfangreiche Vicus um das Kastell ist besonders im Nordwesten, im Süden und im Osten großflächig durch Rettungsgrabungen aufgedeckt worden, seine Grenzen sind im Süden und Osten durch Gräberfelder gesichert. Im Westen hat man Teile des Kastellbades freilegen können, im Osten gelang erst kürzlich der Nachweis eines Mithräums (Tempel des Mithraskults) und eines hölzernen Amphitheaters (**Abb. 39**).

Die Straße, die aus der *porta praetoria* kommt, biegt laut Grabungsbefund nach dem Verlassen des Tores in Richtung Nordwesten ab. Sie führte offensichtlich zu einem Hafen, in dessen unmittelbarer Nähe das spätantike Kastell angelegt worden ist. Dieses in den Notitia dignitatum und der Vita Severini erwähnte Kastell der Spätzeit wurde von einer nach Süden ausgreifenden alten Donauschlinge wohl gänzlich beseitigt. Ausgrabungen 1978/79 erbrachten aber aus seinem unmittelbaren Vorfeld so viele Kleinfunde des 4.–5. Jahrhunderts, dass seine Lage hinreichend gesichert ist. Auch das spätantike Gräberfeld derselben Zeit konnte in Ausschnitten erfasst werden. Es erstreckte sich in Ost-West-Richtung über den hochwasserfreien Bereich südlich des spätantiken Kastells und geht anscheinend ohne Bruch in einen frühmittelalterlichen Friedhof des 6. und 7. Jahrhunderts über, aus dem letztlich der heutige Ortsfriedhof um die Dorfkirche St. Laurentius entstand.

Dieser Befund sowie wenige Siedlungsfunde belegen grundsätzlich die Kontinuität des Ortes vom 1. Jahrhundert n. Chr. bis heute, was sich ja deutlich auch in der bruchlosen Überlieferung des Namens von „Quintana" über „Quintzen" bis zum heutigen „Künzing" ausdrückt. Von überörtlicher Bedeutung sind in Künzing acht Hortfunde mit Waffen, Werkzeug und Gerät, deren Verbergung direkt mit dem katastrophalen Ende von Kastell und Vicus um die Mitte des 3. Jahrhunderts zusammenhängt.

→ *Vom Kastell ist nur die versetzte und neu aufgemauerte Apsis des Fahnenheilig-*
tums im Bereich der Schule sichtbar. Das Caldarium und Tepidarium des Kastell-
bades sind durch Platten hinter der Sparkasse markiert, dazu Informationstafel.
Funde: Museum Quintana, Künzing; Museum Boiotro, Passau; Niederbayerisches
Archäologiemuseum Landau; Archäologische Staatssammlung München

Lit.: H. SCHÖNBERGER, Kastell Künzing-Quintana. Die Grabungen von 1958 bis 1966. Limesforsch. 13 (1975).
– TH. FISCHER, Spätrömische Siedlungsfunde aus Künzing/Quintanis. Bayer. Vorgesch. Bl. 54, 1989, 153–187.
– DERS., Zwei neue Metallsammelfunde aus Künzing/Quintana (Lkr. Deggendorf, Niederbayern), in: Spuren-
suche. Festschr. für Hans-Jörg Kellner zum 70. Geburtstag. Kat. d. Prähist. Staatsslg. Beih. 3 (1991) 125–175. –
R. GANSLMEIER/K. SCHMOTZ, Das mittelkaiserzeitliche Kastell Künzing. Arch. Denkmäler im Landkreis Deg-
gendorf 8 (3. überarb. Neuaufl. Deggendorf 2003). – K. SCHMOTZ, Das hölzerne Amphitheater von Künzing,
Lkr. Deggendorf. Kenntnisstand und erste Rekonstruktionsansätze nach Abschluss der Geländearbeiten im
Jahre 2004. Vorträge des 24. Niederbayerischen Archäologentages (Rahden/Westf. 2006), 95–118. – DERS., Der
Ostvicus von Künzing: Lage, Ausdehnung und „Sondereinrichtungen", in: THIEL 2007, 132–149.

Marktbreit, Lkr. Kitzingen, Ufr.

Augusteisches Truppenlager

Im Jahr 1985 entdeckte O. Braasch im Luftbild auf dem Kapellenberg nordöstlich
von Marktbreit nahe des südlichen Maindreiecks Spuren eines Doppelgrabens, der
sich bei ersten Testgrabungen der Außenstelle Würzburg des Landesamts für Denkmalpflege überraschenderweise als Bestandteil eines frührömischen Truppenlagers
erwies **(Abb. 133)**. Weitere Untersuchungen mit Hilfe der Deutschen Forschungs-
gemeinschaft (M. Pietsch, L. Wamser) konnten den Verlauf der Umwehrung klären
sowie zentrale Bereiche der Innenbebauung freilegen.

Das Lager liegt 90 m über dem Maintal auf einem spornartigen Geländerücken.
Diese verkehrsgünstige Lage erlaubte es, Nachschub und Truppenverkehr völlig
auf den Wasserweg zu verlagern, zumal so auch die 278 km bis zur damaligen
römischen Hauptbasis Mainz am besten bewältigt werden konnten. Denn dort ist
wohl der Ausgangspunkt der militärischen Unternehmungen zu suchen, welche
zur Anlage des Lagers von Marktbreit führten.

Ein kleineres älteres Lager von ca. 9 ha, von dem nur ein Spitzgraben, aber keine
Mauerspuren oder Innenbebauung bekannt sind, dürfte als nur kurzfristig belegtes
Marsch- oder Baulager zu interpretieren sein. Das große Lager von etwa 760 x 480
m Ausdehnung besaß ca. 37 ha Innenfläche und einen unregelmäßig trapezför-
migen Umriss, die Umwehrung war ca. 2,3 km lang. Von den zu erwartenden vier
Toren sind bisher zwei, nämlich das Süd- und das Südosttor entdeckt und ergraben

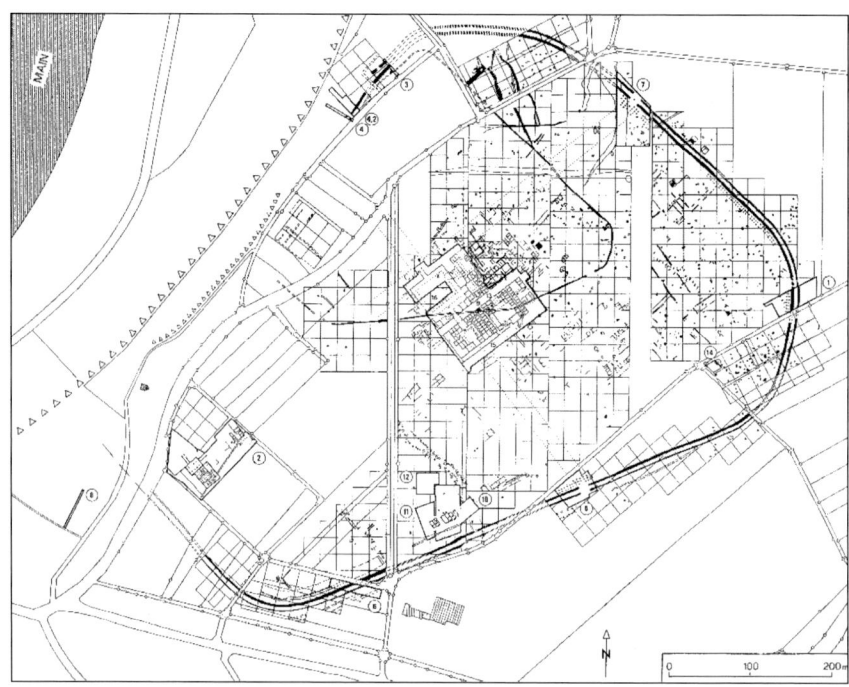

Abb. 133: Plan des augusteischen Lagers von Marktbreit. Nach RiB 1995 Abb. 171.

worden. Die sich kreuzenden Fluchten der durch die Tore führenden Straßen gaben das rechtwinklig sich kreuzende Straßen- und Bebauungsschema vor. Die *principia* weist, wie bei anderen augusteischen Lagern, noch kein Fahnenheiligtum im rückwärtigen Teil auf. An dessen Stelle ist hier eine Verbindung mit dem *praetorium* hergestellt, welches in der Frühzeit z. T. wohl noch dienstlich genutzte Raumeinheiten aufwies. Ein größeres Wirtschaftsgebäude mit kombinierter Heiz-Trocknungsanlage diente vielleicht zur Darrung und Lagerung von Getreide und anderen Vorräten. Eine neuere Deutung als Badegebäude scheint unwahrscheinlich. Von den Kasernen fanden sich massiv ausgebaute Kopfbauten für die Centurionen und Reste von leichter gebauten Mannschaftsunterkünften. Die Anlage wurde nach ihrer Fertigstellung nie in Betrieb genommen. Vielmehr stand das Lager eine Zeitlang leer, um dann von den Erbauern absichtlich durch Feuer zerstört zu werden. Das spärliche Fundmaterial weist das Lager von Marktbreit dem Haltern-Horizont zu, also der Zeit 8/7 v. Chr. bis zum Ende des ersten nachchristlichen Jahrzehnts.

→ *Der Heimatverein Marktbreit hat 2001 einen „Römerrundweg" (ca. 3 km) mit Info-*
tafeln angelegt, der am Parkplatz am Main beginnt, und auf dem man das Römer-
lager umwandern kann.

Lit.: O. BRAASCH, L. WAMSER, Große Befestigungsanlagen auf dem Kapellenberg über Marktbreit, Lkr. Kitzingen, Unterfranken. Arch. Jahr. Bayern 1985, 82ff. – L. WAMSER, Marktbreit, ein augusteisches Truppenlager
am Maindreieck, in: Die römische Okkupation nördlich der Alpen zur Zeit des Augustus. Koll. Bergkamen 1989.
Bodenaltertümer Westfalens 26 (1991), 111ff. – M. PIETSCH, D. TIMPE, L. WAMSER, Das augusteische Truppenlager Marktbreit. Ber. RGK 72, 1991, 264ff. – M. PIETSCH, in: RiB 1995, 475–479.

Miltenberg, Lkr. Miltenberg, Ufr.

Kastelle und Vici der mittleren Kaiserzeit

Kastell Miltenberg-Altstadt

Ungefähr 1 km nordwestlich von Miltenberg zwischen Bahnlinie und Main liegt das Kastell Miltenberg-Altstadt. Nach 150 n. Chr. entstand es zunächst
als Holz-Erde-Kastell von ca. 160 x 170 m Größe,
was ca. 2,7 ha Fläche entspricht. Seine Besatzung
war die *cohors I Sequanorum et Rauracorum equita-*
ta. In gleicher Größe und Grundrissstruktur baute
die Truppe es bald darauf als Steinkastell aus **(Abb.**
134). Dazu lag im Kastell höchstwahrscheinlich ein
berittener Numerus, die *Exploratio Triputensis*. Von
den Innenbauten kennt man die *principia* und ein
horreum. Aus dem Vicus ist das Kastellbad bekannt.
Das Ende von Kastell und Vicus wird um 260 n. Chr.
angenommen. Das Kastell wurde im Mittelalter als
befestigte Stadt (Walehusen) genutzt, die im 13.
Jahrhundert aufgegeben wurde.

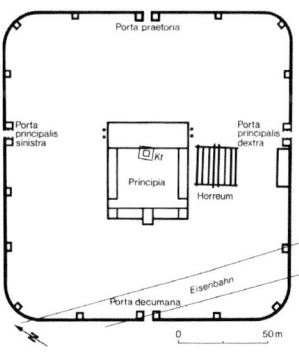

Abb. 134: Plan des Steinkastells
von Miltenberg. Nach RiH 1982
Abb. 403. Archiv Saalburgmuse-
um/Archäologische Denkmalpflege Hessen.

→ *Information am Kastell Miltenberg-Altstadt, am Badegebäude und an den Turm-*
resten der Kirche. Fundamente des Badegebäudes zwar in Teilen konserviert, aber
nur schwer zu finden.

Kastell Miltenberg-Ost

Ein zweites Kastell am Ort, ein von Beginn an steinernes Numeruskastell von 0,6 ha
Größe, lag 2,3 km südöstlich vom Altstadtkastell entfernt **(Abb. 135)**. Als Besatzung
ist ein 120 Mann starker *Numerus Exploratorum Seiopensium* bekannt. Das Kastell
besaß vier Tore, neueste Grabungen belegen die Errichtung eines späten Badege-

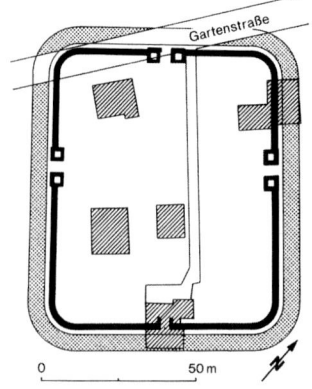

Gartenstraße

bäudes nach einer ersten Brandzerstörung von 233 n. Chr. im Inneren des Kastells. In dieser Spätphase scheint die Truppe reduziert worden zu sein und nur noch einen Teil des Kastellinneren benutzt zu haben. Ein Vicus ist belegt, aber wenig erforscht.

→ *Funde aus beiden Kastellen: Museum der Stadt Miltenberg.*

Lit.: F. LEONHARD, ORL B Nr. 38 (1910). – K. STADE, ORL B Nr. 38a (1929). – B. BECKMANN, in: RiH 1982, 437–440. – SCHÖNBERGER 1985, 479. – BAATZ 2000, 215ff. – M. JAE, AJB 1998, 80ff. – A. LEBEDA/J. WERNARD, AJB 1998, 82–85. – I. JÜTTING, Der neu entdeckte Vicus von Miltenberg, Lkr. Miltenberg. Beitr. z. Archäologie (Büchenbach 2000), 147–163. – B. BECKMANN, Neuere Untersuchungen zum römischen Limeskastell Miltenberg–Altstadt. Materialhefte z. Bayer. Vorgesch. A 85 (Kallmünz 2004).

Abb. 135: Plan des Numeruskastells in Miltenberg-Ost. Nach RiH 1982 Abb. 405.3. Archiv Saalburgmuseum/Archäologische Denkmalpflege Hessen.

Moos-Burgstall, Lkr. Deggendorf, Ndb.

Kastell und Vicus der mittleren Kaiserzeit

Auf einem heute künstlich versteilten Sporn über der Isaraue befinden sich im Bereich der mittelalterlichen Befestigung „Burgstall" die Reste eines römischen Auxiliarkastells, das bis auf die Südostecke der Abschwemmung durch die Isar zum Opfer gefallen ist. Luftbilder haben gezeigt, dass das Kastell ursprünglich direkt östlich der Isar lag, wo die Donautalstraße den Fluss überschritt. Auf diese wichtige Ost-West-Verbindung traf kurz vor dem Flussüber-

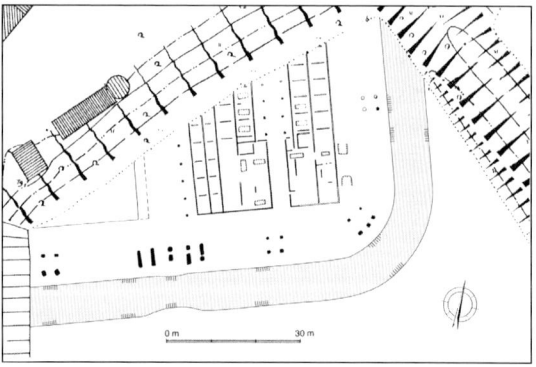

Abb. 136: Plan des Holz-Erde-Kastells von Moos-Burgstall. Nach Fischer 1988 Abb. 3.

gang, also auf dem westlichen Ufer, die Isartalstraße. Die Reste des Kastells wurden von 1978 bis 1980 von der Römisch-Germanischen Kommission in Frankfurt (H. Schönberger) untersucht. Von dem Holz-Erde-Kastell ließ sich die Länge der Schmalseiten mit ca. 140 m rekonstruieren, die Längenausdehnung ist unbekannt (Abb. 136). Es fand sich ein Spitzgraben von fast 9 m Breite und fast 4 m Tiefe. Die Mauer war eine reine Rasensodenkonstruktion ohne Holzeinbauten, die Grabungen erbrachten die Pfostenstellungen des Südtores, des südöstlichen Eckturmes sowie dreier Zwischentürme. Von der Innenbebauung wurden die Reste von Mannschaftsbaracken samt Kopfbauten erfasst. Während die Umwehrung zwei Phasen aufwies, scheint die Innenbebauung einphasig gewesen zu sein.

Erbaut wurde das Kastell von Moos in der Spätzeit Vespasians, es war damit sicherlich der Vorgängerbau des nahe gelegenen Künzing, das erst um 90 n. Chr. errichtet wurde. In der Nachkastellzeit entwickelte sich aus dem Kastellvicus ein größerer Zivilvicus, der aber nur durch Lesefunde erschlossen ist, auch Brandgräber sind von dort bekannt. Dieser Vicus wurde im 3. Jahrhundert zerstört und nicht mehr aufgebaut.

→ *Funde: Museum Boiotro in Passau*

Lit.: H. SCHÖNBERGER, Moos-Burgstall: Ein neues Römerkastell. Ber. RGK 63, 1982, 179. – SCHÖNBERGER 1985, 458. – TH. FISCHER, in: RiB 1995, 483. – BAATZ 2000, 331.

Munningen/Losodica, Lkr. Donau-Ries, Schw.

Kastell und Vicus der mittleren Kaiserzeit

Nördlich des Ortes lag auf einer Anhöhe ca. 6 m über der Talniederung ein Kastell, das die spätflavische Alblinie mit dem westlichen Ende des raetischen Limes verband. Sein antiker Name war *Losodica*. Seit den Forschungen der Reichslimeskommission wurde in dem Holz-Erde-Kastell und dem darüber liegenden zivilen Vicus immer wieder gegraben. Das Kastell (150 x 179 m) besaß eine Fläche von 2,7 ha und wurde von einem 6 m breiten und 3 m tiefen Wehrgraben umgeben. Von der Innenbebauung kennt man bisher nur Mannschaftsunterkünfte (Abb. 137). Als Besatzung wird eine 500 Mann starke

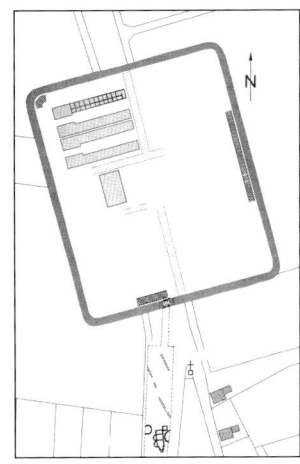

Abb. 137: Plan des Kastells von Munningen. Nach Czysz, in: Frei/Krahe 1979 Abb. 72.

cohors equitata vermutet. Das Lager wurde um 90 n. Chr. erbaut und dann bereits um 110 n. Chr. wieder aufgegeben. Das Kastellbad wurde südlich der Wehranlage erforscht. Aus dem bisher nur spärlich belegten Kastellvicus entwickelte sich ein ziviler Vicus, der bis in das 3. Jahrhundert hinein belegt war.

→ *Vom Kastell selbst ist nichts mehr zu sehen. Eine Tafel am Radweg Richtung Oettingen weist auf den Kastellgrundriss hin.*

Lit.: H. EIDAM, ORL B Nr. 68a (1929). – D. BAATZ, Saalburg–Jahrb. 33, 1976, 11–62. – W. CZYSZ, in: H. FREI/G. KRAHE, Archäologische Wanderungen im Ries (Stuttgart 1979), 186–191. – W. CZYSZ, in: RiB 1995, 484f.

Nassenfels/Vicus Scuttarensium, Lkr. Eichstätt, Obb.

Kastell und Vicus der mittleren Kaiserzeit

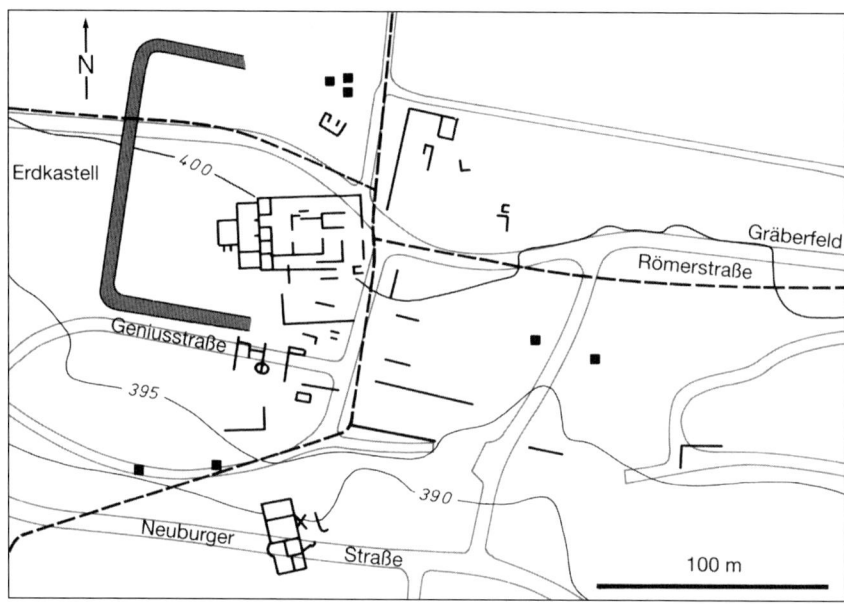

Abb. 138: Plan der Kastellumwehrung von Nassenfels und Befunde der späteren Vicusbebauung. Nach RiB 1995 Abb. 182.

Nassenfels liegt nördlich der Donau am Kreuzungspunkt wichtiger Ost–West- und Nord–Süd-Verbindungen am Südrand der Fränkischen Alb und am Ostende des Ingolstätter Beckens; die für kleinere Wasserfahrzeuge schiffbare Schutter verbindet den Ort mit der Donau. Schon immer hat man hier als Ursprung des römischen Ortes ein Kastell vermutet, dessen Nachweis gelang aber erst gegen Ende des 20.

Jahrhunderts. Es dürfte ca. 1,5 bis 1,7 ha groß gewesen sein, wurde in den 90er-Jahren des 1. Jahrhunderts n. Chr. erbaut, dann aber bereits am Beginn des 2. Jahrhunderts von Pfünz abgelöst. Es blieb aber ein ziviler Vicus, der sich rasch zu einem bedeutenden Zentralort mit vielfachen wirtschaftlichen Aktivitäten entwickelte (**Abb. 138**). Belegt sind Töpfereien und ein Bildhauerbetrieb. Von den öffentlichen Bauten sind Thermen und ein Verwaltungsbau gesichert, Heiligtümer kann man durch Inschriften und Skulpturen nachweisen. Laut einer von mehreren heute in der Kirche St. Nikolaus eingemauerten Inschriften lautete der Name des ca. 4 bis 5 ha großen Ortes *Vicus Scuttarensium* (vom Flussnamen Schutter/Scuttara? abgeleitet).

An der östlichen Ausfallstraße nach Kösching konnte man auf ca. 400 m Länge ein großes Gräberfeld nachweisen. Durch Luftbilder wurde südlich des Ortes Nassenfels im Schuttertal eine große Villa Rustica entdeckt. Im 3. Jahrhundert n. Chr. wurde der Ort zerstört und nicht wieder aufgebaut.

→ *Funde: Schulsammlung des Ortes Nassenfels; Museum für Vor- und Frühgeschichte Eichstätt; Archäologische Staatssammlung München*

Lit.: P. ESCHBAUMER, Nassenfels in römischer Zeit, in: A. BAUER u. a. (Hg.), Nassenfels. Beiträge zur Natur- und Kulturgeschichte des mittleren Schuttertales (Kipfenberg 1986) 107–140. – DERS., in: RiB 1995, 485f.

Nersingen, Lkr. Neu-Ulm, Schw.

Frühkaiserzeitliches Kleinkastell

Das frühkaiserzeitliche Kleinkastell von Nersingen sicherte im Rahmen der tiberisch-claudischen Donaulinie eine Donaufurt. Es besaß einen Doppelgraben mit Unterbrechung im Torbereich, eine Rasensodenmauer von ca. 32 x 36 m mit Innenversteifung und ein einfaches Tor mit Torturm, dem eine kleine Schlupfpforte (zum Wasserholen?) gegenüberlag. An Innenbebauung sind eine Mannschaftsbaracke und ein Wirtschaftsbau belegt. Auch eine Latrine in der Ecke, ein Backofen und eine Schmiedeesse konnten nachgewiesen werden (**Abb. 139**). Die Datierung um 40 n. Chr. bis in flavische Zeit ist wesentlich länger, als die der Anlage von Burlafingen. Als Besatzung vermutet Mackensen eine Auxiliarvexillation von ca. 12 Mann. Es liegt auf der Hand, dass eine solch kleine Besatzung kaum militärische Funktionen im Sinne der Verteidigung eines festen Platzes wahrnehmen konnte, sondern als Straßenkontroll- und Zollstation diente.

→ *Funde: Archäologische Staatssammlung München*

Lit.: M. MACKENSEN, Frühkaiserzeitliche Kleinkastelle bei Nersingen und Burlafingen an der oberen Donau. MBV (München 1987). – W. CZYSZ, in: RiB 1995, 486ff.

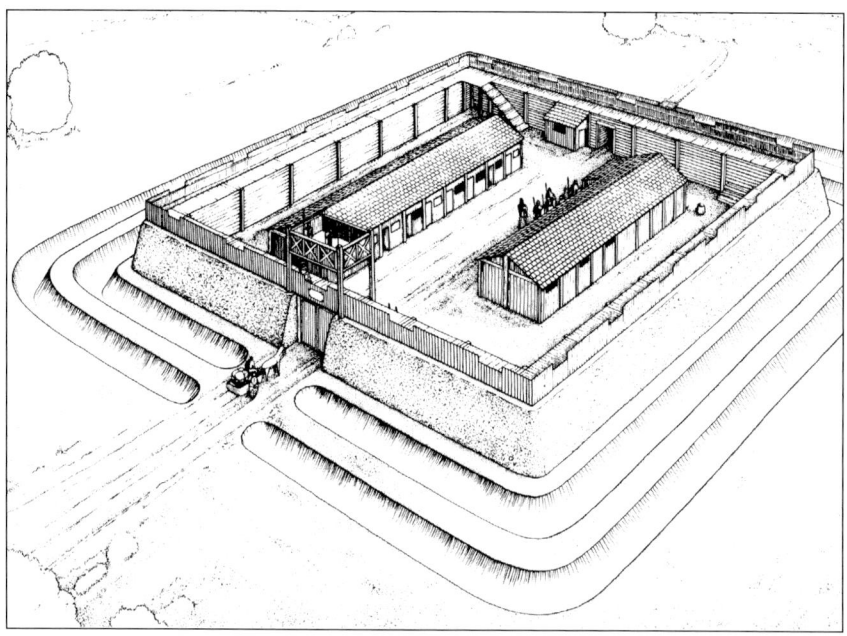

Abb. 139: Rekonstruktionszeichnung des frühkaiserzeitlichen Kleinkastells von Nersingen. Nach Mackensen 1987 Abb. 27.

Neuburg a. d. Donau/Venaxamodurum, Lkr. Neuburg-Schrobenhausen, Obb.

Kastell und Vicus der frühen und mittleren Kaiserzeit, Kastell der Spätantike

In Neuburg haben jüngste Forschungen endlich das schon seit Längerem vermutete Holz-Erde-Kastell der claudischen Zeit auf dem Stadtberg nachweisen können. Die Anlage, in spättiberisch-frühclaudischer Zeit gegründet und bis in die frühflavische Zeit hinein besetzt, war ein Kleinkastell von 24,5 x 33 m (809 m²) mit zwei vorgelagerten Spitzgräben. Eine massiv gebaute holzverschalte Holz-Erde-Mauer von 3 m Stärke und zahlreiche Funde weisen auf einen festen, über Jahrzehnte genutzten Bau hin, über die Innenbebauung ist hingegen noch nichts bekannt.

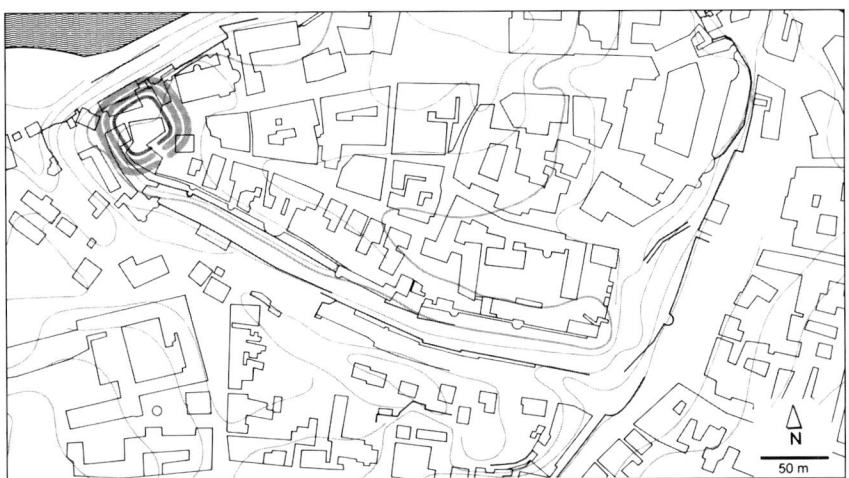

Abb. 140: Plan der Oberstadt von Neuburg a. d. Donau mit dem claudischen Kleinkastell im Westen. Nach RiB 1995 Abb. 185.

Die markante Lage des Kastells am Westende des aufragenden Neuburger Stadtberges erlaubte die Kontrolle der Land- und Wasserwege. Aus den *militaria* und der Größe des Kastells lässt sich eine Besatzung von ca. 80 Infanteristen, also von einer Centurie, erschließen. Diese dürfte von einem benachbarten Kastell (Oberstimm oder Burghöfe) dorthin abkommandiert worden sein. In der flavischen Zeit ließ man das Kastell auf und es entwickelte sich ein ziviler Vicus, von dem vor allem Grabfunde bekannt sind; er fiel den Alamanneneinfällen des 3. Jahrhunderts zum Opfer. Sein Name ist mit *Venaxamodurum* überliefert. Auf dem Westplateau des Stadtberges entstand gegen Ende des 3. Jahrhunderts das gleichnamige spätrömische Kastell (**Abb. 140**), als dessen Besatzung die Notitia dignitatum eine *cohors VI Valeria Raetorum* nennt. Seine Größe betrug ca. 0,8 ha. Sein Grundriss zeigt eine dreieckige Form. Man kennt außerdem zwei spätrömische Friedhöfe mit starken germanischen Elementen, darunter Personen alamannischer und ostgermanischer Herkunft. Für die 1. Hälfte des 5. Jahrhunderts sind auch Elbgermanen böhmischer Herkunft durch Keramik des Typs Friedenhain-Přešťovice bezeugt.

→ *Funde: Archäologie-Museum im Schloss Neuburg; Archäologische Staatssammlung München*

Lit.: E. KELLER, Das spätrömische Gräberfeld von Neuburg an der Donau. Materialh. z. Bayer. Vorgesch A40 (München 1980). – K. H. RIEDER/A. TILLMANN (Hg.), Neuburg a. d. Donau. Archäologie rund um den Stadtberg (Buch am Erlbach 1993). – C.-M. HÜSSEN, in: RiB 1995, 488ff.

Niedernberg, Lkr. Miltenberg, Ufr.

Kastell und Vicus der mittleren Kaiserzeit

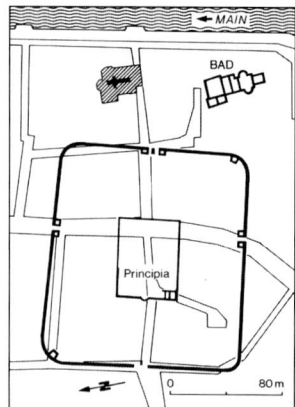

Abb. 141: Plan des Kastells von Niedernberg. Nach RiH 1982 Abb. 424.4. Archiv Saalburgmuseum/Archäologische Denkmalpflege Hessen.

Dieses Steinkastell über dem Hochufer des Mains zeigte mit der Prätorialfront zum Fluss und besaß eine Fläche von 2,2 ha. Es war von einem Spitzgraben umgeben. Die Anlage ist wegen der modernen Überbauung schlecht erforscht, Gründungsdatum und ein evtl. hölzerner Vorgängerbau sind nicht bekannt (**Abb. 141**). Die Porta Praetoria war mit doppelter Durchfahrt versehen, sonst gab es nur einfache Durchfahrten. Von den Innenbauten ist nur die Principia in ihrem Umfang bekannt. Der Vicus ist kaum ergraben, nur das Kastellbad zwischen Kastell und Main wurde freigelegt, ein Gräberfeld ist zumindest lokalisiert. Als Besatzung ist die *cohors I Ligurum et Hispanorum civ. Rom.* inschriftlich belegt. Neueste Grabungen haben die älteren Befunde der Umwehrung des Kastells etwas präzisiert und Teile eines Südvicus erschlossen.

→ *Obertägig ist von Kastell und Vicus nichts mehr zu sehen, aber Markierungen im Straßenpflaster des Ortes kennzeichnen die Lage der Torturmfundamente. Ca. 600 m nördlich der Kirche St. Cyriakus hat man eine Kopie des Grabsteines von Marcellus Bolgedonis aufgestellt. Infotafeln sind vorhanden.*
Funde: Stiftsmuseum Aschaffenburg

Lit.: W. CONRADY, ORL B Nr. 34 (1896). – B. BECKMANN, in: RiH 1982, 455f. – SCHÖNBERGER 1985, 465. – BAATZ 2000, 177. – M. HOPPE, AJB 2000, 75ff. – M. JAE, AJB 2005, 76–79.

Obernburg, Lkr. Miltenberg, Ufr.

Kastell und Vicus der mittleren Kaiserzeit

Im heutigen Ortskern lag ein Steinkastell von 3 ha Größe, das nur fragmentarisch erforscht ist (**Abb. 142**). Ein älteres Holzkastell, wohl aus den 90er-Jahren des 1. Jahrhunderts n. Chr. ist anzunehmen, aber noch nicht bekannt. Eine der Besatzungen war laut inschriftlicher Zeugnisse die *cohors III Aquitanorum equitata civium Romanorum*, die bis 90 n. Chr. noch in Friedberg lag. Man kennt die vier Tore mit jeweils zwei Durchfahrten mit der Prätorialfront im Norden. Von den Principia ist wenigstens der Umriss bekannt. Das Kastell eines inschriftlich bezeugten *Numerus Brittonum Nemaningensium* wird südlich des Steinkastells vermutet. Jüngst entdeckte Gräben eines weiteren Kastells können vorerst nur als Vorgängerbau, Baulager oder als zweites, parallel zum Steinkastell existierendes Truppenlager gedeutet werden. Vom Vicus ist wenig bekannt, eine überraschend gut erhaltene Beneficiarierstation wurde 1954 entdeckt. Grabungen in den letzten Jahren durch B. Steidl (Archäologische Staatssslg. München) konnten interessante Details der Station und zahlreiche Weihesteine sichern. Ein Altar für die Campestres, die Schutzgötter des militärischen Übungsplatzes, lassen auf einen solchen Exerzierplatz im Umfeld des Kastells schließen.

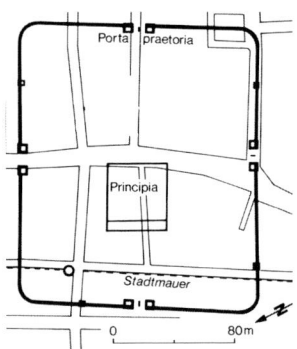

Abb. 142: Plan des Kastells von Obernburg. Nach RiH 1982 Abb. 427.7. Archiv Saalburgmuseum/ Archäologische Denkmalpflege Hessen.

→ *Markierung der Porta Praetoria im Straßenpflaster, eingemauerter Inschriftenstein. Kopie einer Jupitergigantensäule und Mauerzinnendeckel sind im Stadtbereich aufgestellt. Architektur- und Steinfragmente befinden sich in der Annakapelle.*
Funde: Römermuseum Obernburg

Lit.: W. CONRADY, ORL B Nr. 35 (1903). – B. BECKMANN, in: RiH 1982, 457ff. – SCHÖNBERGER 1985, 465f. – BAATZ 2000, 178f. – F. TEICHNER, Zur Chronologie des römischen Obernburg a. Main, Lkr. Miltenberg. Ber. D. Bayer. Bodendenkmalpflege 1989/90, 1994, 179–234. – M. HOPPE/A. LÜDEMANN, AJB 1996, 132–135. – B. STEIDL, AJB 2000, 81ff. – DERS., AJB 2002, 78ff. – DERS., Ein Altar für die Campestres aus Obernburg am Main, Bayer. Vorgesch. Bl. 68, 2003, 89–100. – M. JAE, AJB 2004, 97ff. – B. STEIDL, Die Station der beneficiarii consularis in Obernburg am Main: Vorbericht über die Ausgrabungen 2000/2002. Germania 83, 2005, 1, 67–94. – M. JAE, AJB 2006, 91–94.

Oberstimm, Gde. Manching, Lkr. Pfaffenhofen a. d. Ilm, Obb.

Kastell und Vicus der frühen und mittleren Kaiserzeit

Oberstimm liegt westlich des Flüsschens Brautlach kurz vor dessen Einmündung in die Donau, südöstlich von Ingolstadt. H. Schönberger (Römisch-Germanische Kommission Frankfurt) konnte weite Bereiche des claudischen Kastells im Ortsbereich freilegen (**Abb. 143**). Seine ersten Phasen geben einen guten Einblick in Aufbau und Einteilung eines claudischen Auxiliarkastells. Eine erste Phase wurde etwas später als Aislingen in den 40er-Jahren des 1. Jahrhunderts erbaut. Die fast quadratische

Anlage war von einem Graben im Westen, sonst mit Doppelgräben umgeben (Größe 132 x 108 m = 1,4 ha). Innen stand zunächst nur ein kurzfristiges Provisorium (Baulager?), dann erfolgte der Ausbau für eine *cohors quingenaria equitata*. Um ein zentrales Stabsgebäude und die Kommandantenunterkunft gruppierten sich in regelmäßiger Anordnung die Mannschaftsbaracken und Pferdeställe; den Namen der Reitertruppe, die in Oberstimm untergebracht war, wissen wir

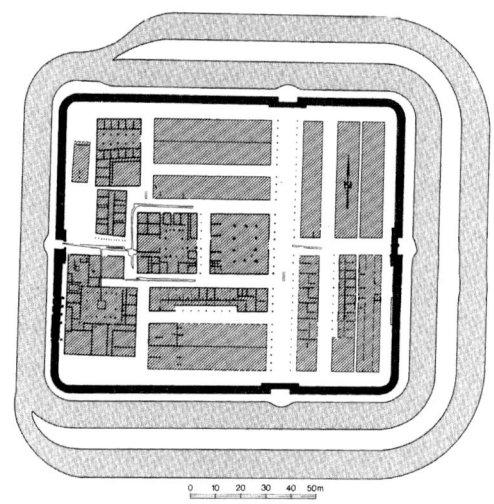

Abb. 143: Plan des claudischen Kastells von Oberstimm. Nach Wamser 2000 Abb. 48.

noch nicht. Alle Gebäude waren aus Holzbalken und Flechtwerkwänden mit Lehmbewurf erbaut. Eine sehr große *fabrica* mit Räucherkammer wird dahingehend gedeutet, dass Oberstimm als östlichstes Kastell am raetischen Donaulimes Versorgungsbasis für kleinere östlich anschließende Posten war. Das Kastell wurde 69/70 n. Chr. aufgelassen, aber nicht zerstört, die Wiederbesetzung erfolgte unter Vespasian, ein völliger Neubau unter Domitian. *Praetorium* und *principia* erhielten nun Steinfundamente. Unter Hadrian zunächst erweitert, ließ man die Anlage bald auf. Man kann während ihrer ganzen Belegdauer von einer teilberittenen Auxiliartruppe *(cohors quingenaria equitata)* ausgehen. Truppen- und Ortsnamen sind nicht überliefert. Ein Hafen in der Brautlach wurde nach den Dendrodaten 91/92 n. Chr. erbaut, dort gefundene Ruderschiffe für Militärpatrouillen entstanden in den Jahren 90/102 +- 10 n. Chr. Nach dem Abzug der Truppe blieb der Ort als ziviler Vicus weiter besiedelt, zahlreiche Siedlungs- und Grabfunde sind bekannt, aber noch nicht ausgewertet. Im 3. Jahrhundert ging der Ort gewaltsam zugrunde. Eine nördlich des Kastells entdeckte quadratische Grabenanlage könnte von einem vorflavischen Kleinkastell stammen, aber auch einer anderen Periode, z. B. der frühen Eisenzeit, angehören.

→ *Funde: kelten römer museum manching (darunter zwei Römerschiffe); Stadtmuseum Ingolstadt (u. a. Modell des Kastells von Oberstimm); Archäologische Staatssammlung München*

Lit.: H. SCHÖNBERGER, Kastell Oberstimm, Limesforsch. 18 (Berlin 1978). – DERS., 1985, 447f. – DERS. u. a., Neue Ergebnisse zur Geschichte des Kastells Oberstimm. 70. Ber. RGK 1989, 243–350. – W. CZYSZ, in: RiB 1995, 493f.

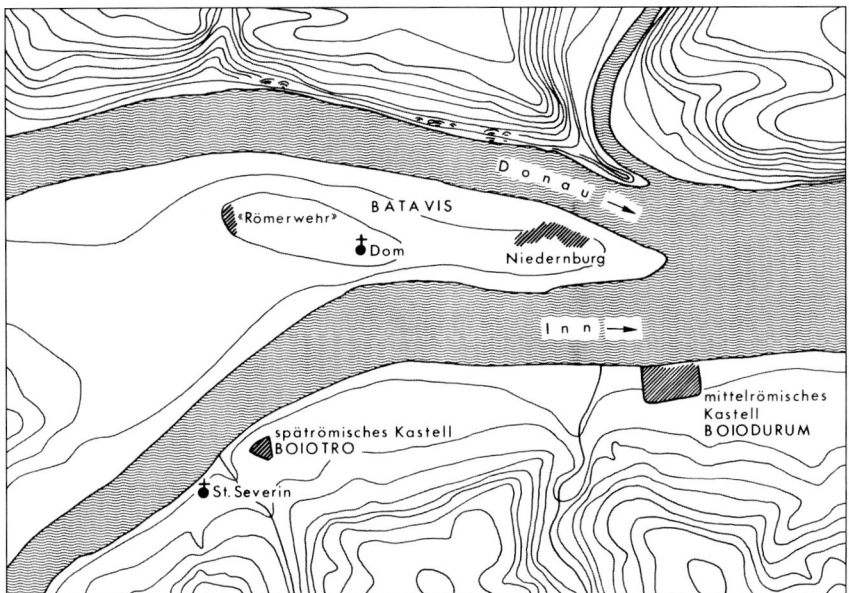

Abb. 144: Passau in römischer Zeit beiderseits des Inn. Nach RiB 1995 Abb. 191.

Passau/Batavis/Boiodurum/Boiotro, Ndb.

Kastelle und Vicus der mittleren Kaiserzeit, Kastelle der Spätantike,
spätrömischer Burgus

Im heutigen Stadtgebiet von Passau liegen mehrere römische Fundstellen, die westlich des Inn zur Provinz Raetien, östlich des Inn zur Provinz Noricum gehörten (**Abb. 144**).

Passau-Altstadt

Vor der römischen Besiedlung gab es am Ort eine dichte spätkeltische Besiedlung um ein zwischen Donau und Inn gelegenes Oppidum, die aber ohne irgendwelche Kontinuität fast ein Jahrhundert vor der römischen Besetzung abbrach. Daher ist es beim gegenwärtigen Stand der Forschung nicht möglich, den für die mittlere Kaiserzeit überlieferten Namen *Boiodurum* (spätantik *Boiotro;* **Abb. 145**) für die Kastelle und den Vicus auf der östlichen (norischen) Seite des Inn, der sich zweifelsfrei auf die keltischen Boier bezieht, auch für das keltische Oppidum in Anspruch zu nehmen. Als ältester römischer Fund aus dem Stadtgebiet fand sich bisher unter dem Kloster Niedernburg ein Terra Sigillata-Fragment, das noch in claudisch-neronische Zeit zu datieren wäre. Spätestens in der spätflavischen Zeit setzt in der Altstadt eine dichte römische Besiedlung ein, deren Struktur aber noch weitgehend unklar scheint. Grabenspuren einer Holz-Erde-Befestigung im Bereich der Hängebrücke und der staatlichen Bibliothek lassen sich in das 2. Jahrhundert n. Chr. datieren, man kann sie aber nicht einem

Abb. 145: Römermuseum im Kastellgelände von Passau-Boiotro. Foto: Th. Fischer.

geläufigen Kastelltyp zuordnen. In einzelnen Siedlungsfunden sowie in Brandgräbern unter der St.-Johannes-Kirche am Rindermarkt tauchten Militaria des 2. und 3. Jahrhunderts auf. Steinerne und hölzerne Streifenhäuser des späten 1.–3. Jahrhunderts unter dem Kloster Niedernburg gehören zu Wohn- und Gewerbebauten, die um die Mitte des 3. Jahrhunderts abbrannten. Ein größerer Steinbau mit Kanalheizung, der in das 3. Jahrhundert datiert, wurde nur in geringen Ausmaßen von der Grabung erfasst. Insgesamt stellt sich das raetische Passau der mittleren Kaiserzeit als ausgedehnter Vicus mit einem Donauhafen und vielleicht einer militärischen Garnison unbekannter Art und Größe dar.

Im Bereich der Klosterkirche Hl. Kreuz zu Passau–Niedernburg waren schon vor dem 1. Weltkrieg spätantike Einzelfunde erwähnt worden. Doch erst die Grabungen R. Christleins von 1978–1980 haben in der Klosterkirche von Niedernburg umfassende spätrömische Bauspuren und Kulturschichten des 4. und 5. Jahrhunderts erschließen können. Über den Baustrukturen der mittleren Kaiserzeit lag hier in anderer, Ost–West ausgerichteter Orientierung ein spätantiker Steinbau (Mauerwinkel mit auf der Innenseite begleitenden Pfeilern), der wohl zu einem Binnenkastell innerhalb der größeren spätantiken Festungsstadt zu rechnen ist. Deren Entstehung ist schon im ausgehenden 3. Jahrhundert anzunehmen, sie wird im letzten Drittel des 5. Jahrhunderts verlassen. Zwischen dieser Zeit und der Errichtung der ersten Vorgängerkirche der heutigen Klosterkirche Hl. Kreuz, frühestens in der Zeit um 700, klafft eine deutliche Lücke.

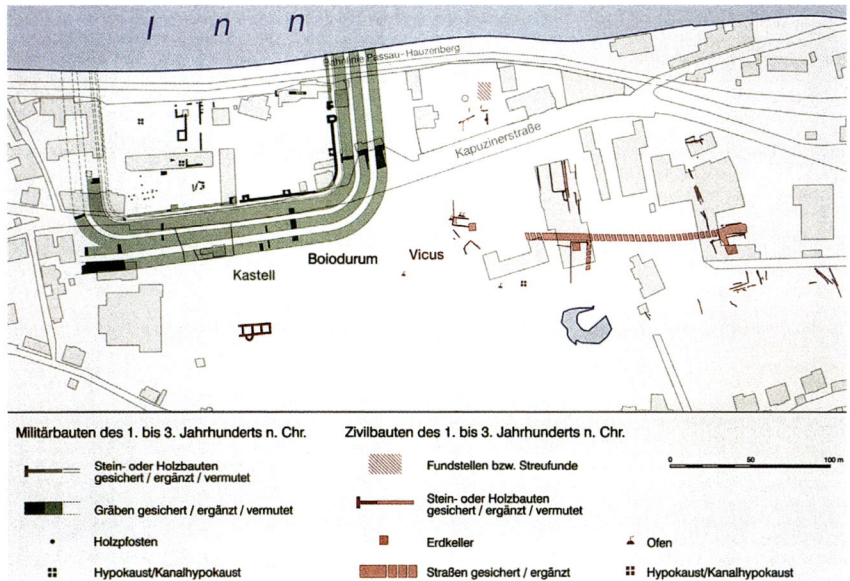

Abb. 146: Kastell und Lagerdorf Passau-Innstadt (Boiodurum). Nach Fischer 2002 Abb. 27.

Kleinere Sondagen und Aufsammlungen auf Baustellen erbrachten auch westlich von Niedernburg spätrömisches Fundmaterial, ohne dass man die genauere Ausdehnung des spätrömischen *Batavis*, wie es in der Notitia dignitatum und in der Vita Severini genannt wird, festlegen könnte. Das Fundmaterial des späten 4. und 5. Jahrhunderts steht überwiegend in romanischer Tradition mit deutlichen Ostbezügen, dies gilt besonders für die Keramik. Funde belegen auch Menschen germanischer Herkunft, u. a. durch Keramik vom Typus Friedenhain-Přešťovice.

Passau-Innstadt

Auf der östlichen, norischen Seite des Inn wurde um 90 n. Chr. ein nicht ganz rechtwinkliges 1,2–1,3 ha großes Kleinkastell, vielleicht ein Numeruskastell, errichtet **(Abb. 146)**. Eine Holzbauphase des Steinkastells konnte bisher nicht nachgewiesen werden. Als Besatzung ist durch Ziegelstempel vielleicht ein *Numerus Boioduren-sis* zu vermuten. In den letzten Jahren fanden sich bei zahlreichen Notgrabungen Reste (Streifenhäuser, Öfen) des sich entlang des Inn ausdehnenden Kastellvicus sowie im Westen ein Brandgräberfeld. Kastell und Vicus gingen im 3. Jahrhundert zugrunde.

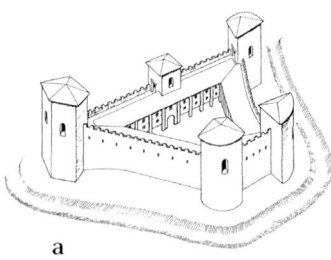

a

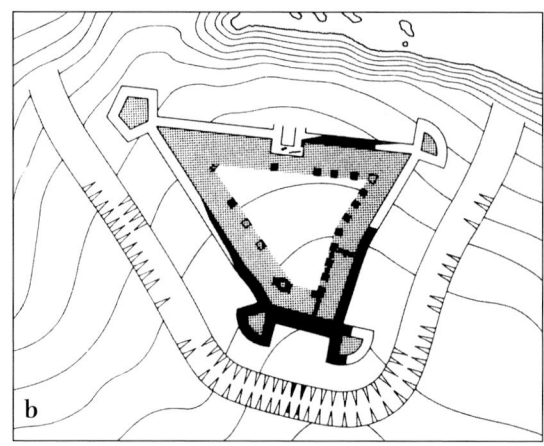

b

Abb. 147a/b: Passau-Innstadt, spätrömisches Kastell Boiotro. a: Rekonstruktion; b: Grundriss. Nach Fischer, Führer Römermuseum II (München 1987) Abb. 10, 11

Passau-Boiotro

Anstelle des in den Alamanneneinfällen des 3. Jahrhunderts zerstörten Kastells *Boiodurum* entstand etwas innaufwärts das spätantike Kastell *Boiotro* in Form eines unregelmäßigen Trapezes, bei dem an der Südseite Fächertürme norisch-pannonischer Art, in der Mitte der im Norden gelegenen Innseite ein Tor nachgewiesen wurden. Die auf Pfahlgründungen erbauten Bruchsteinmauern waren 2,4 bis 3,6 m stark. Seine Nord–Süd–Ausdehnung betrug ca. 47 m, die größte Ost–West–Ausdehnung an der Innseite kann man mit ca. 65 m rekonstruieren. Die Innenbebauung lehnte sich an die Außenmauern an, wobei Arkadenreihen mit tiefgründig fundamentierten Pfeilern miteinbezogen wurden **(Abb. 147a/b)**.

Die Erbauung der Anlage datiert wohl erst in die valentinianische Zeit. In der Südostecke des Kastells fand sich eine spätere Einbauphase, bei der Holz- und Steinbauten in die Pfeilerreihe eingefügt worden waren. Die Kleinfunde datieren die Einbauten in das fortgeschrittene 5. Jahrhundert. Die Münzreihe und andere Beobachtungen legen den Schluss nahe, dass die Anlage im fortgeschrittenen 5. Jahrhundert nicht mehr militärisch besetzt war. Vielmehr bietet sich in der Zusammenschau mit der Überlieferung des Eugippius die Interpretationsmöglichkeit, in der letzten, aus dem fortgeschrittenen 5. Jahrhundert stammenden römischen Bauphase in Boiotro die Überreste des von Severin gegründeten Klosters zu sehen.

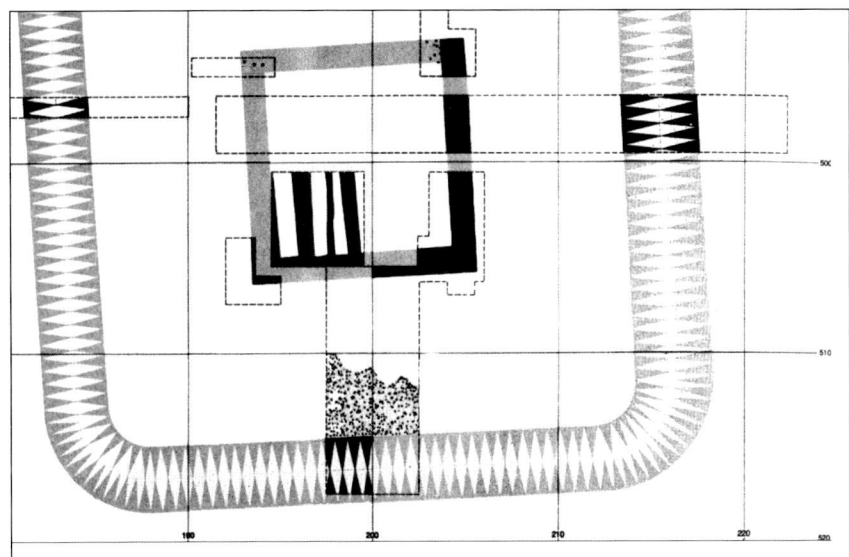

Abb. 148: Plan des spätrömischen Wachturms von Passau-Haibach. Nach Fischer 2002 Abb. 198.

LEGENDE

- ■ römische Mauer
- ▨ römische Mauer ergänzt
- ◈ römischer Graben
- ▨ römischer Graben ergänzt
- - - - - Grabungsschnitte
- ▨ Ziegelofen

Passau-Haibach

Ca. 5 km östlich der Innmündung wurde 1978/79 durch H. Bender ein spätrömischer Wachturm ausgegraben **(Abb. 148)**. Am Donauufer stand auf Pfahlrostgründung ein Turm von 12,2 x 12,3 m mit 1,4 m breitem Fundament, der von einem ca. 4 m breiten und ca. 1 m tiefen Spitzgraben umgeben war. Das Fundmaterial datiert die Belegung des Baues in die 2. Hälfte des 4. Jahrhunderts und in das 5. Jahrhundert.

→ *Rekonstruierte und konservierte Reste des Kastells Boiotro im Freigelände um das Römermuseum Boiotro. Im Museum selbst finden sich Ausgrabungsgegenstände aus allen archäologischen Stätten Passaus und aus Ostbayern.*

Lit.: H. SCHÖNBERGER, Das Römerkastell Boiodurum-Beiderwies zu Passau-Innstadt. Saalburg-Jahrb. 15, 1956, 42–79. – R. CHRISTLEIN, Das spätrömische Kastell Boiotro zu Passau-Innstadt, in: J. WERNER/E. EWIG (Hg.), Von der Spätantike zum frühen Mittelalter. Forsch. und Vortr. 25 (1979), 91–123. – H. BENDER, Ein spätrömischer Wachturm bei Passau-Haibach. Ostbair. Grenzmarken 24, 1982, 55–77. – SCHÖNBERGER 1985, 475. – TH. FISCHER, Passau in römischer Zeit. Vortr. d. 5. niederbayer. Archäologentages (1987), 96–131. – DERS., Passau im 5. Jh.. Anzeiger des Germanischen Nationalmuseums 1987 (1988), 89–104. – DERS., in: RiB 1995, 494–498. – U. BRANDL, in H. FRIESINGER/F. KRINZINGER (Hg.) Der römische Limes in Österreich (Wien 1997), 145–157. – J.-P. NIEMEIER/H. WOLFF/H. BENDER, Im römischen Reich, in: E. BOSHOFF u. a. (Hg.), Geschichte der Stadt Passau (Regensburg 1999) 29–58. – FISCHER 2002, 31ff. – MOOSBAUER 2003, 264.

Pfatter, Lkr. Regensburg, Opf.

Kleinkastell und Vicus der mittleren Kaiserzeit

Dieses Kleinkastell wurde erst 1980 aus der Luft entdeckt und dann intensiv begangen. Es umfasste mit ca. 60 x 70 m etwa 0,42 ha. Im Westen, Süden und Osten ist es von einem Vicus umgeben (**Abb. 149**). Lesefunde belegen einen Beginn um 100 n. Chr., ein Ende in der 2. Hälfte des 3. Jahrhunderts. Einige Funde scheinen auch eine spätantike Nutzung des Platzes anzudeuten.

Lit.: TH. SCHMIDTS, Ein römischer Münzfund des 3. Jahrhunderts aus Pfatter-Seppenhausen, Lkr. Regensburg. Bayer. Vorgesch. Bl. 67 (2002) 43–77, Taf. 2–6. – B. STEIDL, Militärdiplome aus dem neuen raetischen Donaukastell von Pfatter. Bayer. Vorgesch. Bl. 70, 2005, 133–152. – J. FASSBINDER/M. PIETSCH, AJB 2005, 73–76.

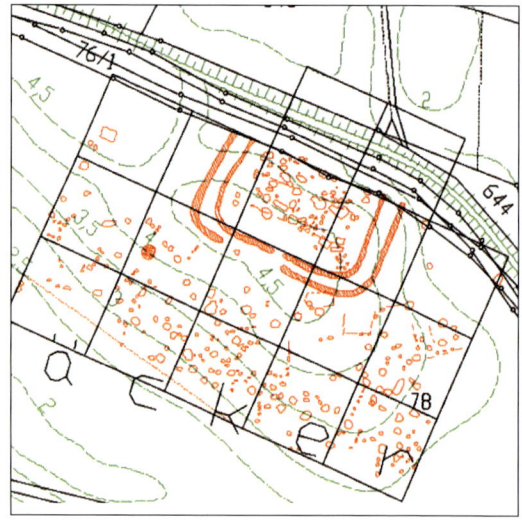

Abb. 149: Plan des Kleinkastells und Vicus von Pfatter. Nach AJB 2005 Abb. 99.

Regensburg/Reginum/Castra Regina, Opf.

Kastelle mit Vicus, Legionslager mit canabae legionis, spätantiker Burgus

Im Donaubogen bei Regensburg erreicht der Strom seinen nördlichsten Punkt. Gleichzeitig stellen hier die Einmündungen der Flüsse Naab und Regen wichtige Fernverbindungen zum mainfränkisch-mitteldeutschen und zum böhmischen Raum dar. Frühe Funde im Altstadtbereich könnten Hinweise auf ein claudisches Kleinkastell geben.

Kohortenkastell Regensburg-Kumpfmühl

Dieses aus einem Holz-Erde-Kastell mit etwas anderen Abmessungen hervorgegangene Steinkastell hatte eine Ausdehnung von 183 x 150 m und eine Fläche von 2,8 ha (**Abb. 151**). Als Besatzungen sind die *cohors III Britannorum quingenaria equitata*

Abb. 150: Regensburg-Kumpfmühl, Schatzfund verborgen in der Zeit der Markomannenkriege. In einem Bronzekessel lagen 25 Goldmünzen (Aurei), 617 Silbermünzen (Denare) und drei Bronzemünzen sowie ein silberner Becher und Schmuck. Historisches Museum der Stadt Regensburg. Foto: P. Ferstl.

und die *cohors II Aquitanorum quingenaria equitata* durch Inschriften und Ziegelstempel gesichert. Als Gründungszeit konnte die frühflavische Epoche um 79/81 n. Chr. ausgemacht werden, das gewaltsame Ende kam mit den Markomannenkriegen nach 170/172 n. Chr. Um das Kastell entwickelte sich gleichzeitig, besonders nach Osten und Süden zu, ein Vicus mit Kastellbad, einem Rasthaus *(mansio)* sowie hölzernen und steinernen Streifenhäusern. Eine Ziegelei, Töpfereien sowie metallverarbeitende Werkstätten sind nachgewiesen. Im Süden, Südosten und im Südwesten des Vicus lagen, wie üblich an den Hauptausfallstraßen, die Gräberfelder. 1989 wurde im Westbereich des Kastells bei Bauarbeiten ein Schatzfund entdeckt, der ganz offensichtlich im Rahmen der Markomannenkriege in den Boden gekommen ist: Ein Bronzekessel enthielt Gold- und Silbermünzen sowie Frauenschmuck, die jüngsten Münzen datieren 166 n. Chr. (Abb. 150).

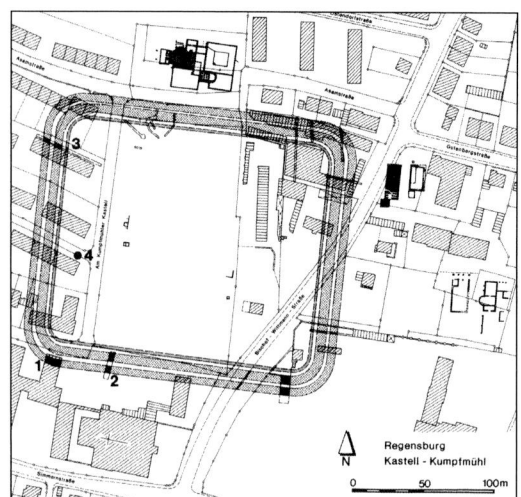

Abb. 151: Plan des Kohortenkastells von Regensburg-Kumpfmühl. Nach AJB 1997 Abb. 73.

Mutmaßlicher Kastellvicus Regensburg-Bismarckplatz

Gleichzeitig mit den Kumpfmühler Anlagen, vielleicht etwas später gegründet, existierte bis zu den Markomannenkriegen die sogenannte „Donausiedlung", in der man mit großer Wahrscheinlichkeit den Vicus eines bisher noch unbekannten Kastells sehen kann. Er wurde dann nach 179 n. Chr. von den *canabae legionis* überbaut. Am Südende des Bismarckplatzes beginnt das zugehörige frühe Gräberfeld.

Regensburg-Altstadt: Legionslager Reginum/ Castra Regina und Zivilsiedlung *(canabae legionis)*

Bald nach 179 n. Chr. bezog die während der Markomannenkriege neu ausgehobene 3. Italische Legion ihr Standlager am südlichen Donauufer gegenüber der Mündung des Regen. Mit seinen Ausmaßen von 542 x 453 m besaß es eine Fläche

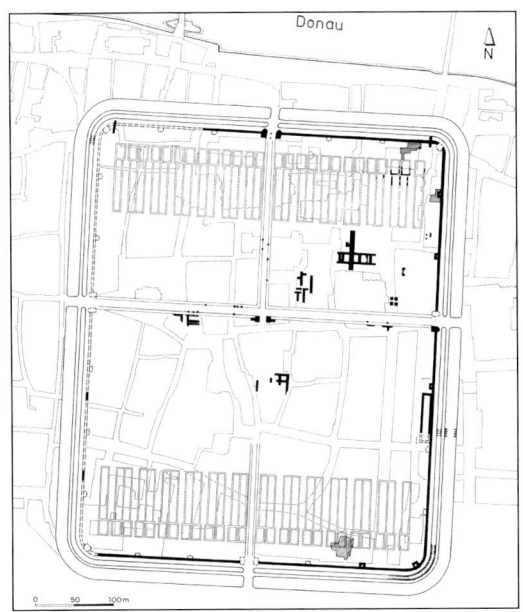

Abb. 152: Plan des Legionslagers Reginum/Castra Regina von Regensburg. Nach RiB 1995 Abb. 200.

von ca. 25 ha. Bruchstücke der monumentalen Bauinschrift von der *porta principalis dextra* (Osttor) datieren die Fertigstellung in das Jahr 179 n. Chr. Bemerkenswert stellt sich die Bauweise der Umfassungsmauer dar: Eine ca. 8 m hohe und 2 m breite Quadermauer aus Kreidesandstein und Kalkstein, die im Süden, Osten und Norden in weiten Teilen heute noch sichtbar ist, schloss die rechteckige Anlage mit den abgerundeten Ecken ein (**Abb. 152**). Ein 7 m breiter und 3 m tiefer Spitzgraben sowie vielleicht ein äußerer Sohlgraben von 16 m Breite und 3 m Tiefe umgaben als Annäherungshindernis die Mauer, wobei ihre Gleichzeitigkeit nicht gesichert ist, d. h. der Sohlgraben könnte auch spätantiker oder gar mittelalterlicher Zeitstellung sein. An allen vier Seiten befand sich gegenüberliegend je ein Tor mit zwei starken Türmen. Vom Nordtor zur Donau, der *porta praetoria*, sind eine der zwei Toröffnungen von 4 m Breite und 5,80 m Höhe und ein Turmrest von noch 11 m Höhe erhalten (**Abb. 153**). Ursprünglich hatte das Tor zwei halbrund vorspringende Flankentürme, deren Höhe nach dem Vorbild der sehr ähnlich konstruierten und zeitgleichen Porta Nigra in Trier mit etwa 20 m angenommen wird. Zu den 8 Tortürmen und 4 Ecktürmen des Lagers kamen noch 18 Zwischentürme, von denen so viele bekannt sind, dass ihre Anzahl insgesamt rekonstruierbar ist.

Von der Innenbebauung des Legionslagers ist durch die kontinuierliche Weiterbesiedlung im Mittelalter und in der Neuzeit wenig übrig geblieben. Von den *principia* in der Mitte des Lagers und dem südlich davon anzunehmenden Legatenpalast kennt man nur einzelne Mauerzüge aus gewaltigen Quadern, die die Mächtigkeit und Ausstattung dieser Gebäude erahnen lassen. Aus dem Bereich des *scamnum tribunorum*, also den Quartieren nördlich der *via sagularis*, wo die Stabsoffiziere wohnten, sind Reste einer Badeanlage nur in notdürftiger Baubeobachtung bekannt geworden. Es ist nicht einmal klar, ob hier, wie z. B. in Budapest/Aquincum, die Lagerthermen lagen oder ob es sich nur um ein kleines Privatbad gehandelt hat. Von den offenen Säulenhallen *(porticus)*, die die *via praetoria* von der *porta praetoria* zu den *principia* und die *via principalis* in Ost-West-Richtung beiderseits begleiteten, hat man einzelne mächtige Basen und Stümpfe gefunden, die zeigen, wie großartig diese Straßen sich dem Zeitgenossen dargestellt haben mögen. Wenig Überreste wurden bis heute von den Mannschaftskasernen entdeckt, die zunächst als Holzbaracken und erst Anfang des 3. Jahrhunderts als Fachwerkbauten mit Steinsockeln errichtet wurden. Allerdings hatte man die heizbaren Kopfbauten der Mannschafts-

Abb. 153: Porta Praetoria. Foto: altro - die fotoagentur – Regensburg.

quartiere, wo die Centurionen wohnten, von Anfang an in massiver Steinbauweise errichtet. Von den Wohnhäusern der Militärtribunen (Stabsoffiziere), dem Lazarett *(valetudinarium)*, den Vorratsspeichern *(horrea)*, dem Lagergefängnis *(carcer)* und den anderen Einrichtungen fehlt noch jeder Nachweis. Dagegen kennt man die Reste einer Lagerwerkstatt *(fabrica)* oder eines Waffenmagazins, das man im 3. Jahrhundert entlang der Ostmauer nachträglich eingefügt hatte. Zur Wasserversorgung des Lagers sind Brunnen nachgewiesen. Eine Wasserleitung, welche Quellwasser aus dem Bereich des tertiären Hügellandes ins Lager geführt hätte, wäre theoretisch denkbar, ist aber noch nicht entdeckt worden, dagegen kennt man mächtige aus Quadern gefügte Abwasserkanäle.

Die zu jedem Lager gehörige zivile Siedlung *(canabae legionis)* wurde für Regensburg gleichzeitig mit der Erbauung des Lagers angelegt. Diese canabae wuchsen rasch, sind aber noch wenig erforscht, so ist neben zwei größeren steinernen Wohnbauten am Arnulfsplatz und bei St. Emmeram und Streifenhäusern am Bismarckplatz nur ein Heiligtum orientalischer Gottheiten unter dem Neubau des Justizgebäudes bekannt geworden. Von den gewiss zahlreichen Gewerbebetrieben kennt man bislang eine Töpferei vor der südöstlichen Lagerecke.

Im 4. Jahrhundert hatte sich das mittelkaiserzeitliche Legionslager *Reginum* der Legio III. Italica zur spätantiken Festungsstadt *Castra Regina* entwickelt. Diese nahm eine militärische Garnison und die Zivilbevölkerung auf. Als Folge verheerender Alamanneneinfälle des 3. Jahrhunderts, die das Lager mindestens zweimal schwer getroffen hatten, sowie der diokletianisch-constantinischen Reformen war die Legion in sechs Teileinheiten aufgespalten worden, von denen nur eine hier verblieb, bis schließlich auch diese an einen Ort namens Vallatum abgezogen wurde. Die Annahme, die restliche militärische Garnison habe sich in die Nordostecke des Lagers, wohl in ein separiertes Binnenkastell, zurückgezogen, hat vieles für sich. Bemerkenswert ist ferner, dass der vermutete Sitz der spätantiken Restgarnison im Bereich der späteren agilolfingischen Herzogspfalz liegt. In der Grasgasse im Süden des Lagers dagegen ergaben sich aus dem Baubefund und im Fundgut eher Anzeichen dafür, dass in diesem Bereich die Zivilbevölkerung siedelte. Historisch ist die Kontinuität des Platzes durch die bruchlose Tradierung des Namens von Castra Regina über Reganespurc–Regensburg erwiesen; inzwischen kann diese Kontinuität durch entsprechendes Fundmaterial abgesichert werden. So nimmt es auch nicht wunder, wenn Regensburg (unter dem sonst nicht belegten Namen Radaspona) von Arbeo von Freising für das 7. Jahrhundert als Herzogssitz der Agilolfinger erwähnt wird.

Gräberfelder
Ein großes römisches Gräberfeld lag im Süden der westlichen Lagervorstadt, es wurde beim Bahnbau im 19. Jahrhundert erschlossen, spätere Untersuchungen folgten. Es war vom ausgehenden 2. Jahrhundert n. Chr. bis in das frühe Mittelalter hinein durch eine römische bzw. romanisierte Bevölkerung belegt.

Tempelbezirk auf dem Ziegetsberg
Auf der Höhe des Ziegetsberges, von wo aus der Donaubogen gut zu überblicken war, befand sich westlich der Straße nach Augsburg ein um 180 n. Chr. gegründeter Tempelbezirk. Zahlreiche zerschlagene Kultbilder und Weihedenkmäler belegen den Kult des Merkur und seiner Mutter Maia. Neben einem großen Umgangstem-

pel mit Apsis von ca. 14 x 14 m Seitenlänge fanden sich zwei Kapellen und die Standspuren von mindestens sechs Kultmonumenten. Als Stifter von Weihedenkmälern und Erbauer der Kultgebäude sind Angehörige der Regensburger Legion und Kaufleute aus Trier inschriftlich belegt. Da die Funde bis in die Spätantike reichen, nimmt man die abschließende Zerstörung durch christliche Eiferer an.

Kleinkastell Regensburg-Großprüfening

Gegenüber der Naabmündung entstand gleichzeitig mit dem Legionslager ein zweiphasiges Steinkastell samt Vicus (**Abb. 154**). Bei einer Größe von 60 x 80 m war es mit Ecktürmen, zweiphasigem Spitzgraben und zwei Toren versehen. Die Wehrmauer hatte 8–9 m Höhe (!), mit einem hölzernen Wehrgang. Dies ließ sich nachweisen, weil Teile der Mauer, die auf der Innenseite Brandspuren, aber keinen Erdwall aufwiesen, nach außen in den Graben gekippt waren und so die Mindesthöhe noch zu ermitteln war. Das Ende des Vicus, von dem auch zwei Gräberfelder bekannt sind, kam um 260 n. Chr., nachdem schon um 250 n. Chr. umfangreiche Zerstörungen festgestellt worden sind.

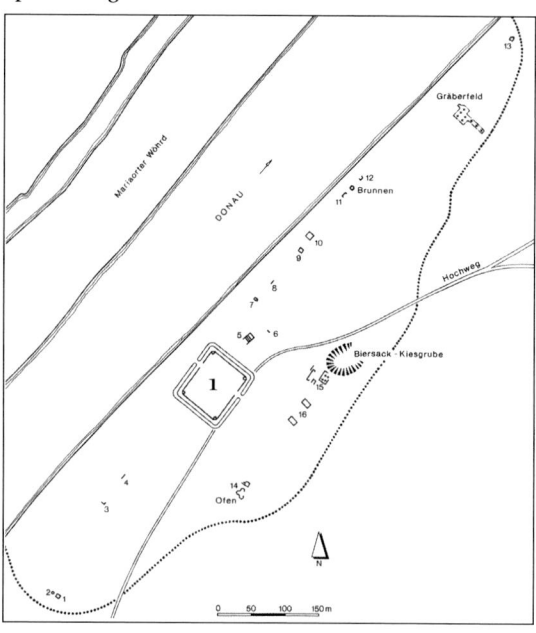

Abb. 154: Plan des Kleinkastells Regensburg–Großprüfening (1) mit Vicus und Gräberfeldern. Nach Dietz/Fischer 1996 Abb. 49.

→ *Gut erhaltene Reste der Quadermauer des Legionslagers Reginum/Castra Regina befinden sich im Süden am Petersweg, an der Südostecke, Ostseite, besonders im Parkhaus am Dachauplatz, an der Nordostecke, an der Nordseite der Porta Praetoria und im „document Niedermünster". Am Kornweg im Stadtteil Großprüfening Fundamente eines Gewerbegebäudes unter Schutzbau, Erläuterungstafeln.*
Funde: Historisches Museum der Stadt Regensburg.

Lit.: S. v. SCHNURBEIN, Das römische Gräberfeld von Regensburg. Materialhefte z. Bayer. Vorgesch. A31 (Kallmünz 1977). – K. DIETZ/U. OSTERHAUS/S. RIECKHOFF-PAULI/K. SPINDLER, Regensburg zur Römerzeit (Regensburg 1979). – TH. FISCHER/S. RIECKHOFF-PAULI, Von den Römern zu den Bajuwaren. Stadtarchäologie in Regensburg. Bavaria Antiqua (München 1982). – FISCHER 1990. – TH. FISCHER, Zur ländlichen Besiedlung der Römerzeit im Umland von Regensburg, in: Bauern in Bayern. Von den Anfängen bis in die Römerzeit (Straubing 1992), 79–91. – A. FABER, Das römische Auxiliarkastell und der Vicus von Regensburg-Kumpfmühl. MBV 49 (München 1993). – TH. FISCHER, in: RiB 1995, 503–508. – K. DIETZ/TH. FISCHER, Die Römer in Regensburg (Regensburg 1996). – S. CODREANU-WINDAUER, AJB 1997, 116–119. – DIES., AJB 2004, 91ff. – BAATZ 2000, 327–330. – G. H. WALDHERR, Auf den Spuren der Römer. Ein Stadtführer durch Regensburg (Regensburg 2001). – TH. SCHMIDTS, Ein Hallenbau im Legionslager Castra Regina–Regensburg. Bayer. Vorgesch. Bl. 66, 2001, 95–140. – S. REUTER, Ein Zerstörungshorizont der Jahre um 280 n. Chr. in der Retentura des Legionslagers Reginum/Regensburg. Die Ausgrabungen in der Grasgasse–Maximilianstraße 26 in den Jahren 1979/80. Bayer. Vorgesch. Bl. 70, 2005, 183–281. – M. KONRAD, Die Ausgrabungen unter dem Niedermünster II. Bauten und Funde der römischen Zeit. Auswertung. MBV 57 (München 2005).

Seebruck/Bedaium, Gde. Seeon-Seebruck, Lkr. Traunstein, Obb.

Vicus der mittleren Kaiserzeit und Kastell der Spätantike

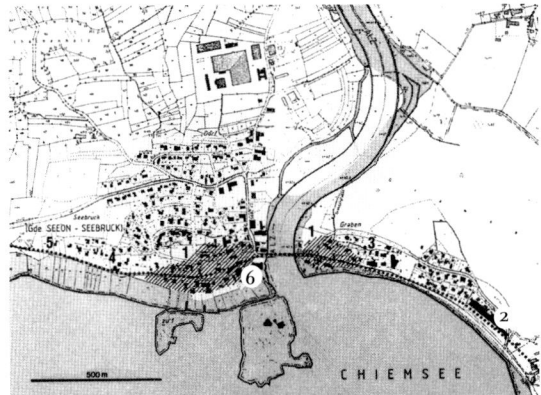

Offenbar ohne militärische Initialphase entstand in der frühen Kaiserzeit am Ausfluss der Alz am nördlichen Ufer des Chiemsees ein ziviler Vicus. Seine frühe Bevölkerung könnte von der nur 2 km nordwestlich gelegenen spätkeltischen Siedlung von Stöffling hierher umgesiedelt worden sein.

Abb. 155: Plan des römischen Vicus von Seebruck. Nr. 6 spätrömische Kleinfestung; restliche Nummerierung: Vicusbauten; Nr. 2 Gräberfeld. Nach Fischer 2002 Abb. 150.

An den wichtigen Römerstraßen Bregenz–Salzburg und Augsburg–Salzburg in der Provinz Noricum gelegen, entwickelte sich bald beiderseits der Alz eine langgezogene Straßensiedlung entlang des Seeufers **(Abb. 155)**. Der Name *Bedaium* leitet sich von der einheimischen Gottheit Bedaius, wohl einer Personifikation des Chiemsees, her. Sein Heiligtum ist durch Inschriften belegt, aber noch nicht lokalisiert. Im mit Streifenhäusern bebauten Vicus sind eine Benefiziarierstation, metallverarbeitendes Gewerbe und eine Werft nachgewiesen, Heiligtümer und sonstige öffentliche Gebäude fehlen bisher. Das östliche Gräberfeld ist fast komplett ergraben und publiziert. Der Vicus wurde im 3. Jahrhundert n. Chr. zerstört und aufgelassen, an seine Stelle trat noch im selben Jahrhundert im Bereich der heutigen Kirche ein massives, z. T. aus Spolien errichtetes, Kleinkastell der Spätantike. Wie lange dieses belegt war, ist momentan schwer abzuschätzen, auch die wenigen spätantiken Gräber am Ort geben hier keine Auskunft.

→ *Fundamentreste des spätrömischen Kastells bei der Kirche St. Thomas und St. Stefan. Funde: Römermuseum Bedaium, Seebruck; hier beginnt und endet auch ein 27 km langer archäologischer Rundweg.*

Lit.: P. FASOLD, Das römisch-norische Gräberfeld von Seebruck-Bedaium. Materialh. z. Bayer. Vorgesch. A 64 (1993). – S. BURMEISTER, in: RiB 1995, 515f. – DERS., Vicus und spätrömische Befestigung von Seebruck-Bedaium. Materialh. z. Bayer. Vorgesch A76 (1998). – FISCHER 2002, 100ff.

Steinkirchen, Gde. Stephansposching, Lkr. Deggendorf, Ndb.

Beim Dammbau in den 30er-Jahren des 20. Jahrhunderts in Steinkirchen wurden die Reste eines steinernen Kleinkastells von ca. 0,4 ha leider weitgehend zerstört. Funde belegen die Errichtung vielleicht eines Vorgängerbaus um 100 n. Chr. Auch ein Vicus ist bekannt, hierin fanden sich jüngst Hinweise auf ein Dolichenus-Heiligtum. Die Siedlung wurde im 3. Jahrhundert zerstört, wovon u.a. ein großer Metallhortfund zeugt, der nach einem Brand aus den Ruinen zusammengetragen worden ist. Hinweise auf eine Existenz des Ortes in der Spätantike sind nicht sicher zu werten.

→ *Im Ort Infotafel zum Kleinkastell.*

Lit.: SCHÖNBERGER 1985, 474. – FISCHER 1999, 42 Nr. 116.

Stockstadt a. Main, Lkr. Aschaffenburg, Ufr.

Kastelle und Vicus der mittleren Kaiserzeit

In Stockstadt gibt es Belege für mehrere römische Wehranlagen am Hochufer des Mains (**Abb. 156a/b**). Man kennt ein Kleinkastell in Holz-Erde-Technik von 0,3 ha Fläche, das um 90 n. Chr. erbaut worden war. Benachbart lag 50 m nordwestlich ein weiteres Kastell unbekannter Größe in Holz-Erde-Technik, das wahrscheinlich später entstand und etwas größer als das Kleinkastell war. Um 100 n. Chr. errichtete die *cohors III Aquitanorum equitata civ Romanorum* südlich der beiden Anlagen ein Kohortenkastell in Holz-Erde-Technik, das 3,2 ha groß war. Die Truppe wurde in der 1. Hälfte des 2. Jahrhunderts nach Neckarburken (Gemeinde Etztal im Odenwald) versetzt. Ihre Nachfolgeeinheit, die *cohors II Hispanorum equitata pia fidelis* baute das Kastell in Stein aus. Um 200 n. Chr. folgte ihr dann die *cohors I Aquitanorum veterana equitata* aus dem Kastell Arnsburg am Wetteraulimes.

Vom Kastell kennt man die Umwehrung mit einem Graben, die Principia sowie mehrer kleine in Stein erbaute Raumeinheiten, die ursprünglich nur Bestandteile größerer Fachwerkbauten waren. Ein Baukomplex in der Ostecke wird als Bäckerei gedeutet, was allerdings ein singulärer Befund in einem Limeskastell wäre. Nördlich, östlich und südlich des Kastells gab es einen großen Vicus mit Gräberfeldern. Von seinen Bauten wurden das Kastellbad, ein Dolichenustempel, ein Mithraeum und eine Benefiziarierstation ausgegraben. Ein Fortunaheiligtum sowie ein Heiligtum von Quellnymphen sind durch Funde erwiesen, aber nicht lokalisiert. Ferner kennt man einen Anlegekai am Main, einen Ziegelofen sowie Töpferöfen. Dass der Ort um 170 n. Chr. von einem Chatteneinfall betroffen war, wird aus einem Schatzfund mit einschlägig datierten Münzen (1316 Denare und 6 Aurei) erschlossen. Spätestens um 260 n. Chr. wurden Kastell und Vicus aufgegeben.

→ *Über das Kastell Stockstadt informiert eine Tafel an der Einmündung der Wallstädter in die Obernburgerstraße. Das Kastellbad hat man im Nilkheimer Park in Aschaffenburg neu angelegt. Werk- und Inschriftensteine befinden sich im Römerkastell Saalburg. Funde: Heimatmuseum Stockstadt am Main.*

Lit.: F. DREXEL, ORL B Nr. 33 (1910). – D. BAATZ, in: RiH 1982, 479ff. – SCHÖNBERGER 1985, 465. – BAATZ 2000, 176f.

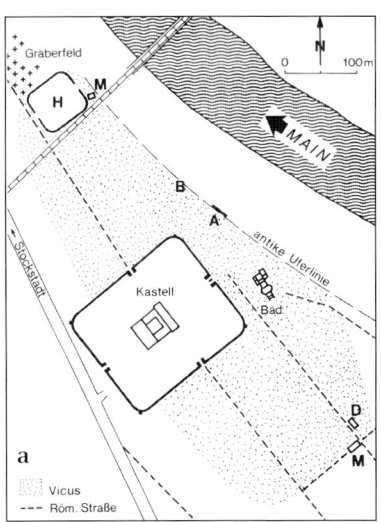

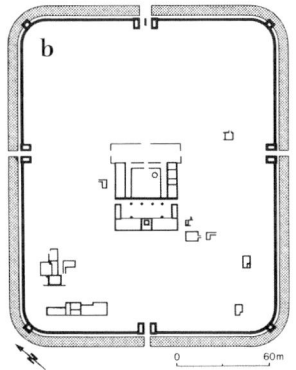

Abb. 156a/b: Stockstadt. **a**: Main, Lageplan der römischen Kastelle samt Vicus, Kastellbad und Gräberfeld; **b**: Plan des Kohortenkastells. Nach RiH 1982 Abb. 454/455.5. Archiv Saalburgmuseum/Archäologische Denkmalpflege Hessen.

Straubing/Sorviodurum, Ndb.

Kastell und Vicus der mittleren Kaiserzeit, römischer Hafen,
Kastell der Spätantike

Ein römischer Helm aus der Zeit um die Mitte des 1. Jahrhunderts v. Chr., der beim Schanzlweg aus der Donau gefischt wurde, ist derzeit schwer einzuordnen. Sicheren Boden mit dem Beginn der römischen Besiedlung Straubings betritt man mit dem Kastell IV: Westlich des großen Steinkastells III, auf dem Ostenfeld auf einer Terrasse über dem Allachbach gelegen, entstand in frühflavischer Zeit ein Kohortenkastell von nicht gesicherter Größe mit

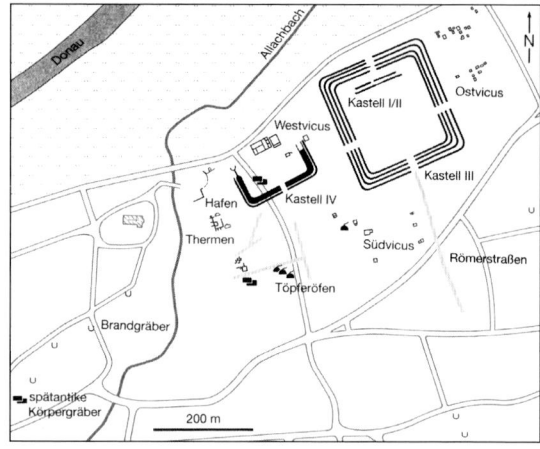

Abb. 157: Plan der mittelkaiserzeitlichen Kastelle und des Vicus von Straubing/Sorviodurum. Nach RiB 1995 Abb. 220.

zwei Holzbauphasen und einer Steinbauphase, die mit den Markomannenkriegen um 170 n. Chr. endete. Besatzung war eine *cohors II Raetorum*. Von diesem Kastell kennt man auch den Vicus und das Bad südwestlich der Wehranlage.

Östlich daneben errichtete man das Kastell I unter dem späteren Kastell III. Bekannt von diesem Kleinkastell I der spätflavischen Zeit sind Teile der Südfront mit einem einfachen Tor und einer Rasensodenmauer. Um 100 n. Chr. wurde es von einem benachbart gelegenen Holz-Erde-Kastell II unbekannter Größe abgelöst, von dem nur die Nordfront mit Tordurchfahrt bekannt ist. Seine Besatzung dürfte die *cohors III Batavorum* gewesen sein **(Abb. 157)**. Sie wurde um 116 n. Chr. von der *cohors I Flavia Canathenorum milliaria sagittariorum equitata* abgelöst, einer teilberittenen Bogenschützeneinheit von 1000 Mann, die im jüdischen Krieg Vespasians in Kanatha in Syrien, dem heutigen Qanawat, ausgehoben worden war. Diese errichtete das 3,1 ha große Kastell III, zunächst als Holz-Erde-Kastell, dann als Steinkastell mit vier Gräben. Auch das Kastell III wurde um 170 n. Chr. in den Markomannenkriegen zerstört. Um das Kastell entwickelte sich bald ein umfangreicher Vicus mit Töpfereien und Metallverarbeitung, der spätestens nach den Markomannenkriegen mit dem des aufgegebenen Kastells IV zusammenwuchs. Auch

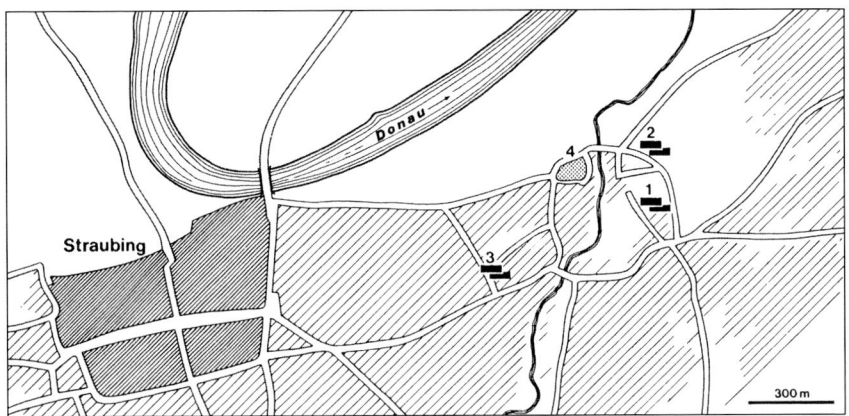

Abb. 158: Straubing in der Spätantike. 1–3: Gräberfelder; 4: Kastell unter St. Peter. Nach Fischer 1988 Abb. 17.

Gräberfelder und ein Hafen sind bekannt. Kastell und Vicus wurden nach 250 n. Chr. zerstört und aufgegeben. In diesem Zusammenhang darf man den größten und bedeutendsten römischen Schatzfund am raetischen Limes sehen, der 1950 bei Bauarbeiten auf dem Gelände einer Villa rustica in Alburg, ca. 3 km westlich des Straubinger Kastells, zutage kam. Er enthielt in einem großen Bronzekessel Paraderüstungsteile **(s. Abb. 31)** und Götterstatuetten aus Bronze sowie eiserne Waffen, Werkzeug und Gerät.

In der Spätantike wurde ein Kastell unbekannter Größe erbaut, das jüngst unter der romanischen St.-Peter-Kirche sicher lokalisiert werden konnte **(Abb. 158)**. Dazu kennt man drei spätantike Gräberfelder, die weit bis in das 5. Jahrhundert hinein belegt waren und deren Beigaben auch auf Elbgermanen böhmischer Herkunft ab der Zeit um 400 hinweisen. Ein westlich von Straubing postulierter spätantiker Burgus hat sich jüngst als älterer Bau ohne militärischen Hintergrund erwiesen.

→ *Funde: Gäubodenmuseum Straubing. In der römischen Abteilung wird nicht nur der spektakuläre Schatzfund präsentiert, sondern hier erhält man umfassende Informationen über die Straubinger Kastelle und ihre Truppen.*

Lit.: N. WALKE, Das römische Donaukastell Straubing-Sorviodurum. Limesforschungen 3 (Berlin 1965). – J. KEIM/H. KLUMBACH, Der römische Schatzfund von Straubing. MBV 3 (München1976). – TH. FISCHER, Römer und Bajuwaren an der Donau (Regensburg 1988). – J. PRAMMER, Das römische Straubing. Ausgrabungen–Schatzfund–Gäubodenmuseum (München/Zürich 1989). – G. MOOSBAUER, Kastell und Friedhöfe der Spätantike in Straubing. Römer und Germanen auf dem Weg zu den ersten Bajuwaren. Passauer Universitätsschriften zur Archäologie 10 (Rahden/Westf. 2005).

Trennfurt, Lkr. Miltenberg, Ufr.

Numeruskastell und Vicus (?) der mittleren Kaiserzeit

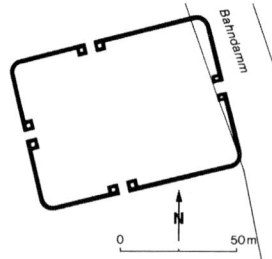

Im Ortsgebiet lag ein steinernes Numeruskastell von 88 x 63 m (0,6 ha) mit vier Toren und einer ungewöhnlich lang gestreckte Form (**Abb. 159**). Bisher sind weder Innenbauten noch ein Vicus nachweisbar.

Lit.: W. CONRADY, ORL B Nr. 37 (1900). – B. BECKMANN, in: RiH 1982, 482f. – SCHÖNBERGER 1985, 478f. – BAATZ 2000, 215.

Abb. 159: Plan des Numeruskastells von Trennfurt. Nach RiH 1982 Abb. 458. 8. Archiv Saalburgmuseum/Archäologische Denkmalpflege Hessen.

Türkheim/Rostrum Nemaviae, Lkr. Unterallgäu, Schw.

Kastell der Spätantike auf dem Goldberg

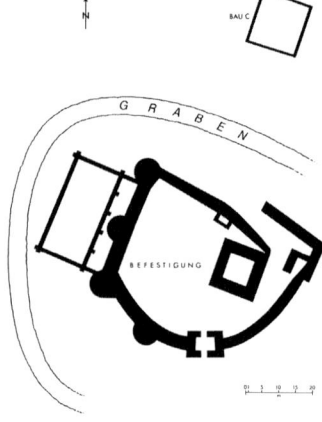

Abb. 160: Plan des spätantiken Kastells auf dem Goldberg bei Türkheim. Nach RiB 1995 Abb. 145.

Der Goldberg bei Türkheim ist ein Sporn, der ca. 20 m hoch als Ausläufer der Iller-Lech-Platte über dem Tal der Wertach aufragt. Im Tal der Wertach verläuft die Römerstraße Kempten–Augsburg. An römischen Siedlungen der frühen und mittleren Kaiserzeit ist seit jüngster Zeit ein Vicus unterhalb des Goldberges bekannt. Der topografische Bezug zur Straße Kempten–Augsburg legt eindeutig nahe, dass das spätrömische Kastell zu deren Überwachung errichtet worden ist. Im Mauerschutt des Kastells fand man einen Meilenstein, auf dem geschrieben steht, dass unter Kaiser Septimius Severus (193–211) die wichtigsten Straßen und Brücken in der Provinz Raetia wiederhergestellt wurden. Um 280 n. Chr. wurde hier ein Graben einer kurz darauf zerstörten Befestigung unbekannter Art, Bauweise und Größe angelegt. Um 300 n. Chr. baute man dann einen massiven steinernen Burgus von 15 x 15 m mit bis zu 3,5 m starken Mauern. Nach 335 n. Chr. fügte man an diesen Turm ein 1,5 ha großes, D-förmiges Kastell mit Torturm und Außentürmen an. An der Nordseite außerhalb der Befestigung erbaute man einen großen quadratischen Bau unbekannter Zweckbestimmung. Kleinere Verstärkung und der Anbau eines großen Horreums an der Westseite werden der Zeit des Kaisers Valentinian I. (364–375) zugeschrieben (**Abb. 160**). Die Anlage war bis weit in das 5. Jahrhundert hinein belegt, auch von Soldaten germanischer Herkunft.

→ *Funde: Südschwäbisches Archäologie-Museum Mindelheim (u. a. „Meilenstein v. Türkheim"; Modell des Kastells auf dem Goldberg); Archäologische Staatssammlung München*

Lit.: I. MOOSDORF-OTTINGER, Der Goldberg bei Türkheim. Bericht über die Grabungen in den Jahren 1942–1944 und 1958–1961. MBV 24 (München 1981). – W. CZYSZ, in: RiB 1995, 449f.

Untersaal, Gde. Saal a. d. Donau, Lkr. Kelheim, Ndb.

Kleinkastell der Spätantike

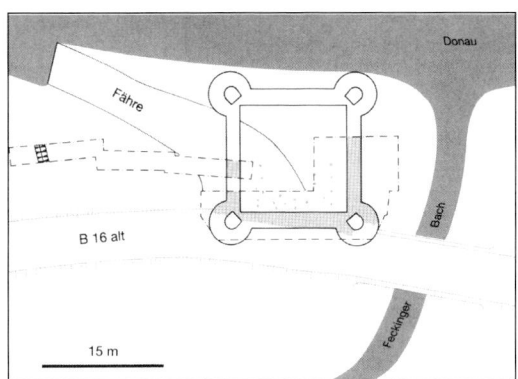

Abb. 161: Plan des spätantiken Kleinkastells bei Untersaal nach RiB 1995 Abb. 231.

Östlich von Kelheim bei Untersaal lag direkt am Ufer der Donau im Zwickel der Einmündung des Feckinger Baches ein spätantikes Kleinkastell von 17 m Seitenlänge und vier halbrunden Ecktürmen (**Abb. 161**). Im Westen ist in 22 m Abstand ein ca. 3,5 m breiter Spitzgraben belegt. Im 170 m² großen Innenraum sind Pfosten von hölzernen Bauten und eine Zisterne nachgewiesen. Vor dem Kastell sind Holzpfähle bekannt, die auf eine Schiffsanlegestelle hinweisen. Das spärliche Fundmaterial sowie allgemeine historische Überlegungen haben die Errichtung der Anlage in einen Zusammenhang mit dem Ausbau der spätrömischen Grenzsicherung durch Kaiser Valentinian I. (364–375) gebracht. Heute ist die Anlage von einer Brücke der B 16 überbaut.

Lit.: J. GARBSCH, Die Burgi von Meckatz und Untersaal und die valentinianische Grenzbefestigung zwischen Basel und Passau. Bayer. Vorgesch. Bl. 32, 1967, 51–82. – W. CZYSZ, in: RiB 1995, 526.

Weltenburg, Stadt Kelheim, Lkr. Kelheim, Ndb.

Frühkaiserzeitliche Kleinkastelle, spätrömische Höhensiedlung
Frühkaiserzeitliches Kleinkastell Frauenberg

Auf dem Frauenberg, einem markanten Jurasporn über dem Donaudurchbruch bei Weltenburg, belegen zahlreiche Lesefunde (Münzen, Keramik, Glas, Militaria) einen claudischen Militärposten. Das Fundmaterial streut innerhalb des Areals der vor- und frühgeschichtlichen Höhensiedlung, die vom inneren Wall, dem sogenannten Wolfgangswall, begrenzt wird. Spätrömische Lesefunde auf dem Weltenburger Frauenberg führten 1978/80 zu Grabungen durch K. Spindler, bei denen ein Steingebäude zutage kam. Dieses wurde vom Ausgräber als spätantikes Kleinkastell interpretiert, wobei allerdings der Grundriss wenig Parallelen zu dieser Zeit besaß, auch der für diesen Bautyp obligatorische Wehrgraben fehlte. Spätrömisches Fundmaterial gab es zwar im Umfeld, jedoch nicht im Gebäude selber. Die Kleinfunde weisen einen starken germanischen Einschlag auf und reichen bis weit in das 5. Jahrhundert hinein. Neuere Forschungen haben nun erwiesen, dass das von K. Spindler ergrabene Gebäude nicht der Römerzeit angehört. Vielmehr bildete es zusammen mit einer südöstlich davon gelegenen, von W. Sage 1966 freigelegten steinernen Toranlage am Westende des hochmittelalterlichen Wolfgangswalles den Bestandteil einer Burg des 10. Jahrhunderts. Die anhand des Fundmaterials zweifellos zu postulierende spätrömische Wehranlage (Kleinkastell? Burgus?) auf dem Frauenberg ist demnach noch zu lokalisieren.

Auf der südlichen Höhe über dem Ost–West verlaufenden Taleinschnitt, der den Frauenberg vom übrigen Juramassiv abtrennt, fand sich bei der Erschließung eines Neubaugebietes in der Flur „Am Galget" 1989 ein frühkaiserzeitliches Kleinkastell, das von der Kreisarchäologie Kelheim ergraben wurde. Es hat eine Innenfläche von ca. 50 x 50 m (0,2 ha), die Befestigung besteht aus einer Rasensodenmauer mit hinterer Holzverschalung, einem Tor mit Torturm, Ecktürmen sowie aus drei Gräben. Nach dem spärlichen Fundmaterial datiert die Anlage in die claudisch/frühflavische Zeit. Zweck des Kleinkastells war wohl die Kontrolle der Donautalstraße, die hier durch den oben erwähnten Taleinschnitt führte.

→ *Vom Kloster Weltenburg aus führt ein archäologischer Wanderweg mit informativen Schautafeln zum Frauenberg. Funde: Archäologisches Museum der Stadt Kelheim.*

Lit.: K. SPINDLER (Hg.), Die Archäologie des Frauenberges von den Anfängen bis zur Gründung des Klosters Weltenburg (1981). – M. RIND, AJB 1979, 118ff. – DERS., Ein neuentdecktes frührömisches Kleinkastell in Weltenburg, Lkr. Kelheim, Ndb., Ausgrabungen und Funde in Altbayern 1989–1991, Kat. d. Gäubodenmus. Straubing 18 (1991), 77f. – DERS., Ein neu entdecktes Kleinkastell im Bebauungsgebiet Weltenburg „Am

Galget", in: M. RIND (Hg.), 80 000 Jahre Müll (1991), 54–62. – TH. FISCHER, Das Reihengräberfeld von Staubing. Kat. d. Prähist. Staatsslg. 26 (1993). – M. HENSCH, Von Römern und Bischöfen am Weltenburger Frauenberg – Wunschgedanken und historische Wahrscheinlichkeiten. Vorträge des 25. Niederbayerischen Archäologentages (Rahden/Westf. 2007), 287–309.

Wörth a. Main, Lkr. Miltenberg, Ufr.

Numeruskastell und Vicus der mittleren Kaiserzeit

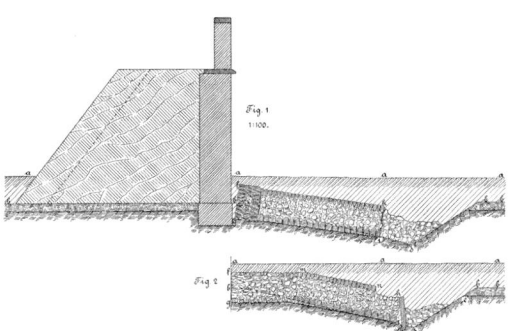

Abb. 162: Wörth am Main. Umgefallene und in voller Höhe erhaltene Kastellmauer mit Resten des Wehrgangs. Nach ORL.

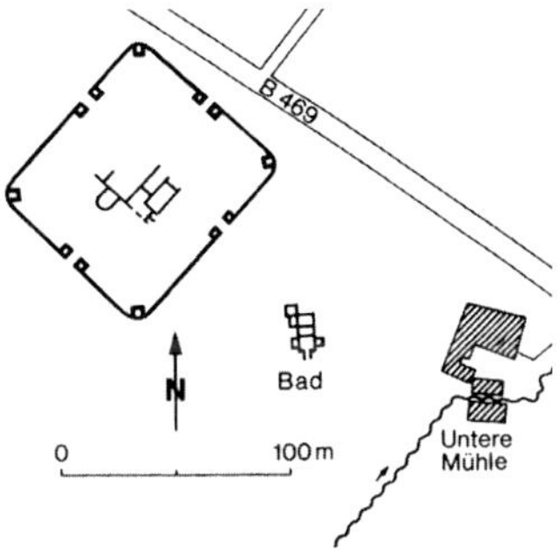

Abb. 163: Lageplan des Nume-ruskastells von Wörth am Main. Nach RiH 1982 Abb. 475. Archiv Saalburgmuseum/Archäologische Denkmalpflege Hessen.

Dieses Steinkastell am nördlichen Ortsende von Wörth mit einer Fläche von 0,8 ha war wohl von einem unbekannten Numerus erbaut worden, es besaß vier Tore und einen Graben. Eine Besonderheit stellt die in den Graben gekippte Wehrmauer **(Abb. 162)** dar, aus der sich die ursprüngliche Höhe von ca. 6 m (einschließlich der Zinnen) ergab. Von den Innenbauten ist nur die Principia bekannt **(Abb. 163)**. Es liegen Funde von der Mitte des 2. bis zur Mitte des 3. Jahrhunderts vor. Nach neue-ren Forschungen muss ein älteres (wahrscheinlich) Holzkastell aus domitianischer Zeit vorhanden gewesen sein. Vom Vicus ist vor allem das Kastellbad bekannt. Die neueste Magnetometerprospektion hat Anzeichen für einen zweiten Graben, höl-zerne Innenbebauung und für ein spätes Reduktionskastell (?) ergeben.

→ *Funde: Schifffahrts- und Schiffbaumuseum und Bürgerhaus Wörth a. Main*

Lit.: W. CONRADY, ORL B Nr. 36 (1900). – B. BECKMANN, in: RiH 1982, 497f. – SCHÖNBERGER 1985, 466. – BAATZ 2000, 179 – J. FASSBINDER/H. LÜDEMANN, in AJB 2002, 65ff.

Abgekürzt zitierte Literatur

AJB: Das archäologische Jahr in Bayern. Hg. von der Gesellschaft für Archäologie in Bayern

BAATZ 2000: D. Baatz, Der römische Limes. Archäologische Ausflüge zwischen Rhein und Donau (4. Aufl. Berlin 2000)

BABUCKE u.a. 2000: V. Babucke/L. Bakker/A. Schaub, Archäologische Ausgrabungen im Museumsbereich. In: P. Rummel (Hg.), Diözesanmuseum St. Afra in Augsburg (Augsburg 2000), 99–128

BRAUN u. a. 1992: R. Braun/Th. Fischer/J. Garbsch, Der römische Limes in Bayern. 100 Jahre Limesforschung. Ausstellungskataloge der Prähistorischen Staatssammlung 22 (München 1992)

CZYSZ 2002: W. Czysz, Gontia. Günzburg zur Römerzeit. Archäologische Entdeckungen an der bayerisch-schwäbischen Donau (Friedberg 2002)

FISCHER 1988: Th. Fischer, Römer und Bajuwaren an der Donau. Bilder zur Frühgeschichte Ostbayerns (Regensburg 1988)

FISCHER 1990: Th. Fischer, Das Umland des römischen Regensburg. MBV 43 (München 1990)

FISCHER 1993: Th. Fischer, Das bajuwarische Reihengräberfeld von Staubing. Kataloge der Prähist. Staatsslg. 26 (Kallmünz 1993)

FISCHER 1999: Th. Fischer, Hortfunde Materialhorte des 3. Jhs. in den römischen Grenzprovinzen zwischen Niedergermanien und Noricum. In: Das mitteleuropäische Barbaricum und die Krise des römischen Weltreiches im 3. Jahrhundert. Spisy Arch. Ústavu AV Brno (1999), 19–50

FISCHER 2002: Th. Fischer, Noricum. Orbis Provinciarum (Mainz 2002)

FÜHRER WEISSENBURG-GUNZENHAUSEN 14: Landkreis Weißenburg-Gunzenhausen. Führer zu archäologischen Denkmälern in Deutschland 14, Archäologie und Geschichte (Stuttgart 1987)

FÜHRER WEISSENBURG-GUNZENHAUSEN 15: Landkreis Weißenburg-Gunzenhausen. Führer zu archäologischen Denkmälern in Deutschland 15, Denkmäler und Fundstätten (Stuttgart 1987)

MACKENSEN 1987: M. Mackensen, Frühkaiserzeitliche Kleinkastelle bei Nersingen und Burlafingen an der oberen Donau. MBV (München 1987)

MBV: Münchner Beiträge zur Vor- und Frühgeschichte

MOOSBAUER/SCHOPPER 1994: G. Moosbauer/F. Schopper, Das frühkaiserzeit-liche Kleinkastell vom Haardorfer Mühlberg, Stadt Osterhofen, Lkr. Deggendorf. Vorträge 12. Niederbayerischer Archäologentag (Rahden/Westf. 1994), 207–237

MOOSBAUER 2003: G. Moosbauer, Das römische Ostraetien: Neue Forschungen zu Militärlagern und Gutshöfen. Vorträge des 21. Niederbayerischen Archäologen-tages (Rahden/Westf. 2003), 247–293

ORL: E. Fabricius/ F. Hettner/O. von Sarvey (Hg.), Der Obergermanisch-raetische Limes des Roemerreiches. Abt. A Strecken (1915ff.), Abt. B Kastelle (1894ff.)

RiB 1995: W. Czysz/K. Dietz/Th. Fischer/H.-J. Kellner, Die Römer in Bayern (Stutt-gart 1995)

RiH 1982: D. Baatz/F. R. Herrmann (Hg.), Die Römer in Hessen (Stuttgart 1982)

SCHALLMAYER 2006: E. Schallmayer, Der Limes. Geschichte einer Grenze (Mün-chen 2006)

SCHÖNBERGER 1985: H. Schönberger, Die römischen Truppenlager der frühen und mittleren Kaiserzeit zwischen Nordsee und Inn. 66. Ber. RGK 1985, 321–497

THIEL 2005: A. Thiel, Wege am Limes. 55 Ausflüge in die Römerzeit (Stuttgart 2005)

THIEL 2007: A. Thiel (Hg.), Forschungen zur Funktion des Limes. Beiträge zum Welterbe Limes 2 (Stuttgart 2007)

ULBERT/FISCHER 1983: G. Ulbert/Th. Fischer, Der römische Limes in Bayern. Von Dinkelsbühl bis Eining (Stuttgart 1983)

WAMSER 1984: L. Wamser, Biriciana-Weißenburg zur Römerzeit (Stuttgart 1984)

WAMSER 2000: L. Wamser (Hg.), Die Römer zwischen Alpen und Nordmeer. Zivilisatorisches Erbe einer europäischen Militärmacht. (Mainz 2000)

WEBER 2000: G. Weber (Hg.), Cambodunum-Kempten. Erste Hauptstadt der römischen Provinz Raetien? (Mainz 2000)

Museen mit Funden vom Limes und seinem Hinterland

(Die im Führungsteil beschriebenen sichtbaren und restaurierten Teile des Limes und der Kastelle selber sind hier nicht mehr aufgeführt)

Aalen, Bad.-Württ.
Limesmuseum
St.-Johann-Straße 5 · 73430 Aalen
Tel. 07361/5282870
Limesmuseum.aalen@t-online.de
www.limesmuseum.de

Altmannstein, Lkr. Eichstätt, Obb.
Marktmuseum Altmannstein
Mühlgasse 3 · 93336 Altmannstein
Tel. 09446/9021-0

Ansbach, Mfr.
Markgrafenmuseum
Kaspar-Hauser-Platz 1 · 91522 Ansbach
Tel. 0981/977 5056
www.ansbach.de
(u.a. Hortfund von Bronzegeschirr
des 3. Jhs. n. Chr. aus Dambach)

Aschaffenburg, Ufr.
Stiftsmuseum der Stadt Aschaffenburg
Stiftsplatz 1a · 63739 Aschaffenburg
Tel. 06021/444 795-0
stiftsmuseum@aschaffenburg.de
www.aschaffenburg.de

Augsburg, Schw.
Römisches Museum
Dominikanergasse 15 · 86150 Augsburg
Funde aus Augsburg, auch von
Augsburg-Oberhausen
Tel.: 0821/324-4131;-4134
roemisches.museum@augsburg.de
www.augsburg.de

Bad Abbach, Lkr. Kelheim, Ndb.
Museum Bad Abbach
Rathaus · Raiffeisenstraße 72
93077 Bad Abbach · Tel. 09405/9590-35
E-Mail: markt@bad-abbach.de
www.bad-abbach.de

Bad Gögging, Stadt Neustadt a. d. Donau, Lkr. Kelheim, Ndb.
Römisches Museum für Kur- und Bade-
wesen in der Andreaskirche
Trajanstraße 8 · 93333 Neustadt a. d. Donau – Bad Gögging · Tel. 09445/9575-0
E-Mail: tourismus @badgoegging.de
www.bad-goegging.de
www.historia-romana.de

Burgheim, Lkr. Neuburg–Schroben-hausen, Obb.
Archäologisches Museum
im Rathauskeller
Marktplatz 13 · 86666 Burgheim
Tel. 08432/94120 · www.burgheim.de
(Funde u.a. aus dem Kastell *Parodunum*.
Reste des Kastells sind am Burgberg im
Aufgang zur Kirche sichtbar)

Donauwörth, Lkr. Donau-Ries, Schw.
Archäologisches Museum im Tanzhaus
Stadt Donauwörth
Reichsstraße 34 · 86609 Donauwörth
Tel.: 0906/789170 oder 789151
museen@donauwoerth.de

Eichstätt, Obb.
Museum für Ur- und Frühgeschichte
Eichstätt · Willibaldsburg
Burgstraße 19 · 85072 Eichstätt
Tel 08421/8945-0 · Info@bsv.bayern.de
www.museumfuerurundfruehgeschichte.de
(Vor allem Funde aus Pfünz und
Nassenfels)

Eining/Abusina, Stadt Neustadt a. d. Donau, Lkr. Kelheim, Ndb.
Südlich des Ortes an der Straße nach
Neustadt a. d. Donau liegt das einge-
zäunte Gelände des Kastells, Informati-
onstafeln, Parkplatz
Römerkastell Abusina
Abusinastraße 1
93333 Neustadt a. d. Donau-Eining
Tel. 09443/2674

Ellingen/Sablonetum, Lkr. Weißen-burg-Gunzenhausen, Mfr.
Kastell auf einer Hochfläche östlich von
Ellingen gelegen.
Informationstafeln, Parkplatz
Tourist-Info Ellingen
Tel.: 09141/976543
www.ellingen.de

Faimingen/Phoebiana, Stadt Lauingen/Donau, Lkr. Dillingen a. d. Donau, Schw.
Teilrekonstruktion des Podientempels
des Apollo Grannus. Informationstafeln,
ganzjährige Besichtigung möglich
Stadt Lauingen
Herzog-Georg-Straße 17
89415 Lauingen · Tel.: 09072/9980
stadt@lauingen.de
www.lauingen.de

Feldmühle, Gde. Rennertshofen, Lkr. Neuburg-Schrobenhausen, Obb.
Archäologisches Museum im Gut
Feldmühle
Gutsverwaltung Feldmühle
86643 Rennertshofen · Tel. 08427/223
(Fundmaterial von der prähistorisch rö-
mischen Sumpfbrücke)

Günzburg, Schw.
Heimatmuseum Günzburg
(Nachbau eines römischen Grabtempels)
Rathausgasse 2 · 89312 Günzburg
Tel. 08221/38828
Grabert@rathaus.guenzburg.de
tourist-information@guenzburg.de

Spätrömische Kastellmauer
im „Hotel Römer"
Ulmer Straße 26 · 89312 Günzburg
Tel. 08221/36738-0
www.hotel-roemer.de

Gunzenhausen, Lkr. Weißenburg-Gunzenhausen, Mfr.
Museum für Vor- und Frühgeschichte
Brunnenstraße 1 · 91710 Gunzenhausen
Tel. 09831/508-306
www.gunnet.de/museum

Ingolstadt, Obb.
Stadtmuseum Ingolstadt
Auf der Schanz 45 · 85049 Ingolstadt
Tel. 0841/305-1885
stadtmuseum@ingolstadt.de
www.Ingolstadt.de/stadtmuseum

Kelheim, Ndb.
Archäologisches Museum
der Stadt Kelheim
Lederergasse 11 · 93309 Kelheim
Funde auch aus Eining
Tel. 09441/10492
Museum.Kelheim@t-online.de
www.archaeologisches-museum-
kelheim.de

Kellmünz, Lkr. Neu-Ulm, Schw.
Archäologischer Park mit Turmmuseum
Führungen für Gruppen u.
Schulklassen nach Vereinbarung
Tel.: 0731/265539
(Kreisarchäologie Neu-Ulm)

Kempten/Cambodunum, Schw.
Archäologischer Park Cambodunum
Memminger Straße 5 · 87439 Kempten
Tel. 0831/2525-200
museen@kempten.de
www.apc-kempten.de

Kipfenberg, Lkr. Eichstätt, Obb.
Römer und Bajuwaren Museum,
Infopoint Limes
Burg Kipfenberg · 85110 Kipfenberg
Tel. 08465/9057-07
bajuwarenmuseum@altmuehlnet.de
www.bajuwaren-kipfenberg.de

Kösching, Lkr. Eichstätt, Obb.
Museum Markt Kösching
Klosterstraße 3 · 85092 Kösching
Tel. 08456/963009; 9891-0
info@markt-koesching.de

Künzing, Lkr. Deggendorf, Ndb.
Museum Quintana (**Abb. oben**)
Osterhofener Straße 2 · 94550 Künzing
Tel. 08549/9731-12
museum@kuenzing.de
www.museum-quintana.de

Landau a. d. Isar,
Lkr. Dingolfing-Landau, Ndb.
Niederbayerisches Archäologiemuseum
(Kastenhof), Zweigstelle der Archäolo-
gischen Staatssammlung München
Oberer Stadtplatz 20
94405 Landau a. d. Isar
Funde aus Künzing
Tel. 09951/2385
kastenhof@ithnet.com
www.kastenhof.landau-isar.de

Landshut, Ndb.
Museen der Stadt Landshut
in der Stadtresidenz
Altstadt 300 · 84028 Landshut
Tel. 0871/9223890
museen@landshut.de
(Vor allem Funde aus Eining)

**Manching,
Lkr. Pfaffenhofen a. d. Ilm, Obb.**
Kelten Römer Museum Manching
Zweigmuseum der Archäologischen
Staatssammlung München
Im Erlet 2 · 85077 Manching
Tel. 08459/32373-0
info@museum-manching.de
www.museum-manching.de
(Funde aus Oberstimm, darunter
zwei Schiffe)

Miltenberg, Lkr. Miltenberg, Ufr.
Museum der Stadt Miltenberg
Marktplatz 169–175 · 63897 Miltenberg
Tel. und Fax: 09371/404153
museum@miltenberg.de
www.miltenberg.de

Möckenlohe, Lkr. Eichstätt, Obb.
Rekonstruierte Villa Rustica mit
Museum und römischem Haustierpark
(Abb. oben)
Verein Römervilla Möckenlohe e.V.
Tauberfelder Weg 1 · 85111 Adelschlag
Tel. 08424/277
www.roemervilla-moeckenlohe.de

München, Obb.
Archäologische Staatssammlung
Lerchenfeldstraße 2 · 80538 München
Funde aus ganz Bayern, u.a. Helme von
Theilenhofen, Hortfund von Eining
Tel. 089/2112-402
archaeologische.staatssammlung@
extern.lrz-muenchen.de
www.archaeologie-bayern.de

Nassenfels, Lkr. Eichstätt, Obb.
Schulsammlung
(nur in der Schulzeit geöffnet)
Schulstraße 9 · 85128 Nassenfels
Tel. 08424/89110

**Neuburg an der Donau,
Lkr. Neuburg-Schrobenhausen, Obb.**
Archäologie–Museum
Zweigmuseum der Archäologischen
Staatssammlung München
Schloss Neuburg
Philipp-Wilhelm-Bau, 2. OG
86633 Neuburg a. d. Donau
Tel. 08431/6443-0
www.archaeologie-bayern.de/
zw_nb.html.
www.neuburg.de

Neu-Ulm
Archäologisches Museum
Zweigmuseum der Archäologischen
Staatssammlung München
Petrusplatz 4 · 89231 Neu-Ulm
Tel. 0731/9726180 · www.neu-ulm.de
(Funde u. a. aus Nersingen, Burlafingen)

Nürnberg, Mfr.
Germanisches Nationalmuseum
Karthäusergasse 1 · 90402 Nürnberg
Tel. 0911/13310 · www.gnm.de
(Funde u. a. aus Niedernberg,
Theilenhofen)

Obernburg, Lkr. Miltenberg, Ufr.
Römermuseum Obernburg
Untere Wallstraße 29a
63785 Obernburg · Tel. 06022/506311
roemermuseum@obernburg.de

Passau, Ndb.
Römermuseum Kastell Boiotro
Lederergasse 43 · 94032 Passau
Funde aus Passau und Künzing
Tel. 0851/34769
joerg-peter.niemeier@passau.de
www.stadtarchaeologie.de

Pförring, Lkr. Eichstätt, Obb.
Ausstellung eines Teils
der Funde im Rathaus
Gemeindeverwaltung Pförring
Marktplatz 1 · 85104 Pförring
Tel. 08403/9292-0

Pfünz, Gde. Walting,
Lkr. Eichstätt, Obb.
Erläuterungstafeln, Parkplatz. Wegen
Führungen sollte man sich wenden an:
Heimatverein Vetoniania Pfünz e.V.
Helmut Drieger · Schrannenweg 12
85137 Walting-Pfünz · Tel. 08426/98188
helmut@drieger.de · www.vetoniana.de
Funde in Eichstätt (s. dort)

Regensburg, Opf.
Historisches Museum der Stadt
Regensburg
Dachauplatz 2-4 · 93047 Regensburg
Tel. 0941/5072448
museum_der_stadt@regensburg.de
www.museen-regensburg.de

Ruffenhofen, Gde. Weiltingen,
Lkr. Ansbach, Mfr.
Römerpark Ruffenhofen
(jederzeit zugänglich)
Schulstraße 15 · 91749 Wittelshofen
Führungen auf Anfrage: Tel. 09854/204
info@roemerpark-ruffenhofen.de
www.roemerpark-ruffenhofen.de

Ausstellung im Trachten- und Heimat-
museum
Schlossweg 11 · 91744 Weiltingen
Tel. 09853/253

Saalburg, Stadt Bad Homburg
v. d. Höhe, Hessen
Römerkastell Saalburg
Archäologischer Park
Rekonstruiertes Kastell mit Museum
(Funde vom obergermanischen Limes)
61350 Bad Homburg v. d. Höhe
Tel. 06175/93740
www.saalburgmuseum.de

Seebruck, Gde. Seeon-Seebruck,
Lkr. Traunstein, Obb.
Römermuseum Bedaium
Römerstraße 3 · 83358 Seebruck
Tel. 08667/7503 · www.bedaium.de

Stockstadt am Main,
Lkr. Aschaffenburg, Ufr.
Heimatmuseum · Maingasse 1
63811 Stockstadt am Main
Tel.: 06027/2005-0

Straubing, Ndb.
Gäubodenmuseum
Fraunhoferstraße 9 · 94315 Straubing
Tel. 09421/9741-10
gaeubodenmuseum@straubing.de
www.gaeubodenmuseum.de
(u. a. Schatzfund)

Thalmässing, Lkr. Roth, Mfr.
Vor- und frühgeschichtliches Museum
der Naturhistorischen Gesellschaft
Nürnberg
Marktplatz 1 · 91177 Thalmässing
Tel. 09173/9134
(Funde von WP 14/64 bei Erkertshofen)

Theilenhofen/Iciniacum, Lkr. Weißenburg-Gunzenhausen, Mfr.
Nordwestlich von Theilenhofen, westlich der Straße in Richtung Pfofeld,
rekonstruierte Fundamente des Badegebäudes, als Römerbad ausgeschildert,
Parkplatz.

Treuchtlingen, Lkr. Weißenburg-Gunzenhausen, Mfr.
Villa rustica beim Weinberghof
konserviert. Vom Parkplatz an der Altmühltherme ausgeschildert. Parkmöglichkeit in unmittelbarer Nähe.
Volkskundemuseum
Heinrich-Aurnhammer-Straße 12
91757 Treuchtlingen
Tel. 09142/202180
www.treuchtlingen.de
(u. a. Modell des röm. Gutshofes)

**Weißenburg in Bayern,
Lkr. Weißenburg-Gunzenhausen, Mfr.**
Grundmauern des Alenkastells Biriciana
konserviert und zu besichtigen.
Das Nordtor (Porta Decumana) ist originalgetreu rekonstruiert (vgl. Umschlag
und Abb. 79).
Römische Thermen unter einem Schutzbau konserviert und in Teilen rekonstruiert (vgl. Abb. 81).
Erläuterungstafeln, Parkplätze
Am Römerbad 17a · 91781 Weißenburg
Tel. 09141/901-124; -126
akut@weißenburg.de

Römermuseum Weißenburg
Zweigmuseum der Archäolischen
Staatssammlung München und Limes-
Informationszentrum der Stadt Weißenburg
Martin-Luther-Platz 3
91781 Weißenburg · Tel. 09141/907-124
www.weissenburg.de
(Funde aus Weißenburg und anderen
Limeskastellen, Schatzfund)

Wörth am Main
Schifffahrts- und Schiffbaumuseum
Rathausstraße 72
63939 Wörth am Main
Tel. 09372/72970

Museum im Bürgerhaus
Stadtverwaltung
Luxburgstraße 10
63939 Wörth am Main
Tel. 09372/9893-0
www.woerth-am-main.de
(u. a. virtuelle Rekonstruktion des
Wörther Kastells)

**Allgemeine Internetadressen
zum Limes**
www.blfd.bayern.de
www.bayerischer-limes.de
www.deutsche-limeskommission.de
www.deutscher-limes.de
www.gesellschaft-fuer-archaeologie.de
www.limesprojekt.de
www.limesstrasse.de
www.roemer-am-limes.de
www.unesco.de

Register

Stichworte

Orte, Gewässer
(fette Seitenzahlen = längere Beschreibung)

Personen, Völker